U0716697

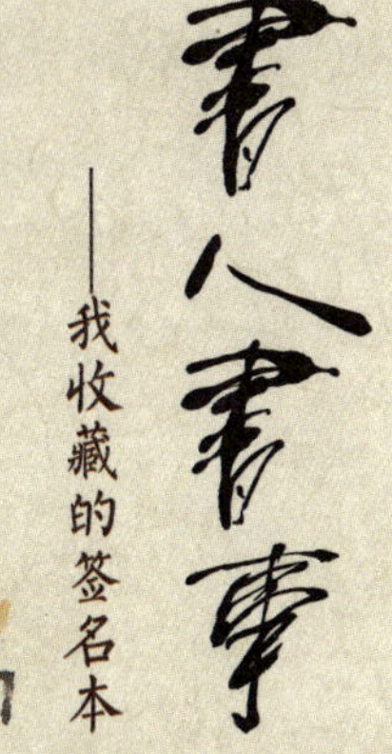

書人書事

——我收藏的签名本

吕振 著

浙江文艺出版社

自序

签名本，是指由作者、编者或译者亲笔签名的书。对于爱书之人，签名本有特殊的意义：通过题款内容和字迹，能看出作家与受赠者之间的关系，能看出作家个人的性情，还能了解不少文坛掌故。这既是人与人之间情感交流的记录，也是文学传播过程的反映，所以说，作家墨迹，值得珍惜。

我从大学时代开始喜欢收藏签名本，本科和研究生七年时间，读的都是中文系，毕业后又从事文艺工作，所以自己的阅读视野、兴趣爱好大都集中在文史哲领域。更具体地讲，主要集中在中国现当代文学作品和学术著作这两类。从本书选取的一百本签名本（六十位作家，四十位学者）来看，大部分属于这个领域。我收藏的签名本有三个来源：一是作家或学者签赠给我本人，二是师友将别人签赠他们的著作转赠予我，三是从全国各地的旧书店或旧书网上淘来，日积月累，也有了几百册。

什么样的签名本才是有价值的呢？我觉得：签名有上款，自然比没有上款好；赠书者和受赠者是名家，自然比非名家好；所赠之书是作者的代表作，自然比其他非代表作好；除了题款和日期，若还有几句赠言，自然比只有题款好；若是毛笔题写，自然比钢笔圆珠笔题写好；如果再有著者钤印，自然比没有印章好。总的来看，最值得收藏的签名本应该是名家签赠名家的代表作，有毛笔题款、赠言、钤印。当然，这种签赠本是可遇而不可求的。

因为喜欢收藏签名本，一些关于签名本的著作就进入了我的视野，比如于润琦编著《唐弢藏书·签名本风景》、曹正文著《珍藏的签名本》、陈子善著《签名本丛考》等。看了这些书后，觉得很有意思，于是也想写一点这方面的书话文章。考虑到今年是新文学发轫一百周年（1917—2017），我从自己收藏的签名本中挑选了一百本，每本书写一篇小文章，想用这种方式来纪念新文学百年历程。在选择收录哪些签名本的时候，我遵循两个原则，一是尽量选取有知名度的作家，二是尽量选取有故事的作品。除了介绍著作版本及题签内容外，如与作者有个人交往，则重点谈谈逸闻趣事，兼及著作本身。如与作者并无交往，则重点谈谈作者与受赠者之间的关系，以及我的阅读感受，有话则长无话则短。在成书体例上，不管成就大小，皆以作者年龄排序。由于自己掌握的资料有限，个别史实如有差错，还请诸位方家指教。

这本小书的写作，其实是一个副产品——是读书藏书的副产品，是获得名家签赠本后激动之余记录心情的副产品，是与师友们交游忆往的副产品，是学习先贤著作思想的副产品。生命中有这些人、这些书，是一笔不可多得的精神财富。以书话的形式将此记录下来，以图片的形式将作家墨迹展示出来，与爱书者分享，供研究者参阅，也算实现了作为爱书之人的一个小小心愿，如此而已。

王实甫在《西厢记》里写道："量着穷秀才人情则是纸半张。"是啊，自古文人多寂寥，礼尚往来也就是几杯薄酒，几篇诗文。秀才人情纸半张，再也没有其他值钱的东西可以相赠。正如这些签名本，虽然不是金银财宝，但也是文人友谊的见证。有的人以为是废纸一堆，可对于热爱文学热爱藏书的人，这承载着"秀才人情"的几张纸几本书，是多么珍贵啊！以后的生活中，我可能还会认识更多的作家、学者，可能还会有更多的签名本摆在我的案头，这都是上天的恩赐，是大欢喜，作为有思想的人类，还有什么比认识精神上的朋友，比获得精神礼物，更让人激动的呢？

著名藏书家唐弢写过一首诗："平生不羡黄金屋，灯下窗前长自足。购得清河一卷书，古人与我诉衷曲。"我亦庆幸自己与书结缘，以自己喜欢的方式生活。在工作之余，给朋友们奉上这本闲书，如果能从中了解一点有趣的事情，借以点缀似水的光阴，吾愿足矣。

目录

（按作者年龄排序）

作家卷

学者卷

作家卷

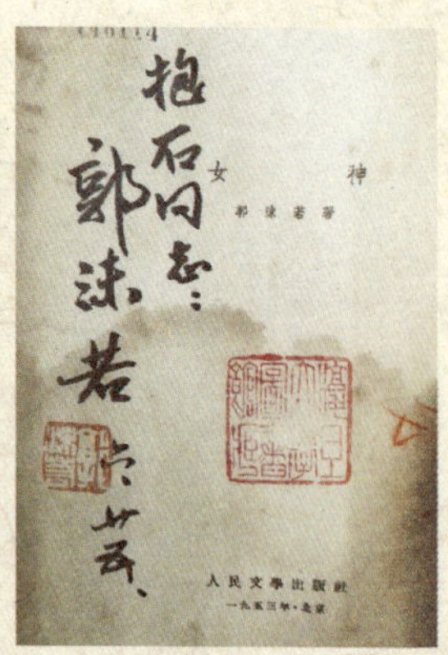

作家与画家的翰墨缘

——郭沫若《女神》

郭沫若的代表作《女神》，1921 年 8 月由上海泰东图书局初版，是“五四”新文学运动中影响最大的一部诗集，收录了他 1919 年到 1921 年间的主要诗作，连同序诗共五十七篇，多为诗人留学日本时所作。其中代表诗篇有《凤凰涅槃》《炉中煤》《日出》《地球，我的母亲！》《天狗》《立在地球边上放号》等。在诗歌形式上，《女神》突破了旧观念的束缚，创造了雄浑奔放的自由诗体，为“五四”以后自由诗的发展开拓了新天地，成为中国现代新诗的奠基之作。

我手中这本《女神》，是 1953 年 4 月由人民文学出版社再版，封面左侧是书名，右侧是两个飞天女神像。打开扉页，有郭沫若毛笔题签：“抱石同志：郭沫若　六、廿五”，并钤印。题签右侧有一枚较大的朱文印，是篆书“复旦大学图书馆藏”八个字。从郭沫若的社会交往来推测，此书应该是郭沫若签赠给著名画家傅抱石，傅抱石捐赠或因为其他原因被复旦大学图书馆收藏，之后又流落到了旧书肆。

郭沫若是大文豪，傅抱石是画坛巨匠，二人虽术业不同，但交谊深厚。他们初识是在日本。傅抱石 1933 年 3 月到东京留学，在东京帝国美术学校攻读东方美术史，此时郭沫若因“四一二”政变流亡日本，住在离东京不远的千叶县，当年 5 月傅抱石到郭沫若住所拜访，请教甲骨文和美术考古的问题，郭沫若热情接待了他，并为傅抱石《笼鸡图》题跋。1934 年 5 月 10 日，“傅抱石中国画展览”在东京举行，共展出书画篆刻作品一百七十余件，郭沫若题写了展名。自此，这两位年纪相差十二岁、同样属龙的大师级人物，建立了亦师亦友的情谊。

抗战爆发后，郭沫若秘密回国参加抗日，担任国民政府军事委员会政治部第三厅厅长。1938 年春，在江西老家赋闲的傅抱石接到郭沫若电报，邀请他到第三厅秘书室工作，傅抱石随即赴任。1940 年郭沫若到重庆，傅抱石随后前往，在西迁的中央大学教授中国美术史。

郭沫若一生和美术界交往频繁，他为许多画家的画作题过诗和跋，据不完全统计，仅在傅抱石的画作上，就题了四十多首，珠联璧合成为美谈。现举其中几例。傅抱石早期画作《笼鸡图》，郭沫若题五律一首借物喻志：笼中一天地，天地一鸡笼。饮啄随吾分，和调赖此躬。高飞何足羡，巧语徒兴戎。默默还默默，幽期与道通。1944 年，周恩来赴重庆与国民党谈判，傅抱石将画作《湘夫人》赠送给周恩来，郭沫若用行楷题写了一首别有立意的七律：沅湘今日蕙兰焚，别有奇忧罹此君。独立怆然谁可语？梧桐秋叶落纷纷。夫人矢志离湘水，叱咤风雷感屈平。莫道婵娟空太息，献身慷慨赴幽并。这首题诗，既表达了对当时政治环境的隐忧，又赞扬了共产党人为求国内和平赴重庆谈判的勇气和自信。1944 年 9 月，“郭沫若书法·傅抱石国画联展”在昆明举行，成为当年的文化盛事，也是二人深情厚谊的见证。

1953 年 9 月，中国画研究会在京举办第一届国画展览会，傅抱石携带《抢渡大渡河》《更喜岷山千里雪》到京参展，并赠送郭沫若画作《丽人行》，郭喜出望外，设宴款待傅抱石，并请老舍、曹禺等作陪。1957 年 12 月，人民美术出版社出版了精美的《傅抱石画集》，共收录他 1942 年至 1957 年间的代表作《桐阴论画》《丽人行》《平沙落雁》等共四十幅，开卷第一页即是郭沫若题词手迹：“抱石作画别具风格，人物善能传神，山水独开生面。盖于旧法基础之上摄取新法，而能脱出窠臼，体现自然。吾尝言：我国画界南北有二石。北石即齐白石，南石则抱石。今北石已老，尚望南石经历风霜，更臻岿然”，并为傅抱石画室题写“南石斋”三字。从中可以看出郭沫若对傅抱石艺术造诣的充分肯定和更高期许。

再回到案头这本《女神》，从今天来看，可能有的读者对其文学价值并不认可，但放到九十年前的时代语境中来看，《女神》出现的历史意义远大于文学意义，那种反抗的精神和爱国的热情，那种汪洋恣肆的情感流露和比喻象征的手法运用，摆脱了传统诗歌的束缚，开一代诗风，具有重要的文学史意义。

手中的这本纸页泛黄的《女神》，已经经历了六十多年历史，翻页时一不小心就会脱落。一本薄薄的旧书，却见证了两位大艺术家之间的友谊，从这个角度来看，真可以算得上是文物了。

至善至真至美宛然圣者

——叶圣陶《叶圣陶序跋集》

《叶圣陶序跋集》是由叶圣陶之子叶至善、叶至诚选编，1983年12月由三联书店出版。作者在前衬页上题签：“张棣华同志　叶圣陶　八月五日上午”，并钤印。叶圣陶是著名作家、教育家、出版家，那受赠者张棣华何许人也？

在一次拍卖会上，我注意到有一批现代文化名人信札，其中就有叶圣陶写给张棣华的三封信，信封上写的是：“杭州枪杆巷七十号　张棣华同志　北京叶缄”。信都不长，现摘录一封如下：

棣华惠鉴：今日接来书，甚欣慰。我书法甚平常，既承贤伉俪嘱托，自当写奉。爱人之字之第二字是否“礼”字，认之未清，希作答，然后执笔。尊翁佳健，请代陈问候之忱。

勿复。即颂双福。叶圣陶　四月二十日下午

从这封信札中可以知道几个信息：张棣华住在浙江杭州枪杆巷七十号，其父与叶圣陶是朋友，张棣华夫妇曾向叶老求字，叶老欣然提笔。从另外的两封信中，也能看出张棣华家庭与叶圣陶家庭关系较熟，叶圣陶曾寄两张与孩子的合影给张棣华留念。目前我所能查考到的关于该书受赠者张棣华的资料仅有这些。

序跋类的书我向来喜欢，从中可以看出写序者与作者的关系，该书如何写成、如何出版，书的大致内容如何，作者的见解、兴趣、交游等，都可以在序跋中了解。

《叶圣陶序跋集》分为四辑。第一辑是为自己的书写的序或后记，包括《倪焕之》《脚步集》《四三集》《西川集》《叶圣陶童话选》等，按写作时间编排，具有很高的文学史价值。第二辑是为别人的书写的序，此类涵盖广泛，蔚为大观，有现代文学书籍，如朱光潜《我与文学及其他》《夏丏尊文集》《吴伯箫散文集》；有古文书籍，如陈友琴编《清人绝句选》；有体育书籍，如郭希汾《中国体育史》；有美术书籍，如《抗战八年木刻选集》《刘海粟论艺术文集》《丰子恺漫画选》；有化学书籍，如顾均正译《化学奇谈》；有战争书籍，如王伯祥《中日战争》；有建筑书籍，如陈从周《苏州园林》；有翻译书籍，如奚若译《天方夜谭》、郑振铎译《天鹅》；有语文教学书籍，如《中学作文指导实例》《学习国文的新路》。这既反映了叶圣陶知识涉猎广泛，友人遍布各业，同时也反映了大家对叶老文品人品的认可和尊重。叶老晚年视力不佳，看书只能靠子女们给他读，但仍然有不少新朋旧友寄来作品请他写序，可见叶老人格魅力所在。第三辑是为几种刊物写的发刊辞，包括 1926 年 6 月中国济难会创办的

《光明》，1942 年 8 月文光书店创办的《国文杂志》，1949 年 5 月开明书店创办的《进步青年》。第四辑是几篇题记，主要是回忆与王伯祥、顾颉刚、夏丏尊等友人的交往。

在现代文学史上，叶圣陶是位老资历的作家。他 1894 年 10 月生于江苏苏州，1921 年与周作人、沈雁冰、郑振铎等人发起成立“文学研究会”，共同举起“为人生”的现实主义文学旗帜，1923 年，进入商务印书馆从事编辑出版工作，1925 年在《小说月报》发表了短篇小说《潘先生在难中》，1928 年在《教育杂志》连载了长篇小说《倪焕之》，成功塑造了小市民知识分子的典型形象。除了文学创作，叶圣陶在文坛还有“伯乐”的美誉，丁玲、巴金等被他慧眼发现，在《小说月报》等刊物推出他们的作品，经不断扶持，这些作家成为文坛巨匠。著名诗人臧克家曾经说过：“温、良、恭、俭、让这五个大字是做人的一种美德，我觉得叶老先生身上兼而有之。”叶老由商务印书馆转到开明书店后，以丰富的教学经验和深厚的国学功底，编辑《中学生》杂志，编写一系列教学用书，他编的《开明国语课本》（四册），成为当时最畅销的教材。

另外，说叶圣陶，不得不聊一聊叶家四代人与文学的缘分，这在 20 世纪中国是一道独特的文化景观。第一代自然是“五四”时期的文坛风云人物叶圣陶。第二代是叶圣陶长子、编辑家、科普作家、中国少年儿童出版社原社长叶至善，叶圣陶次子、编辑家、作家、《雨花》杂志原主编叶至诚。第三代是叶至诚之子、先锋派作家叶兆言，代表作有《一九三七年的爱情》《花影》《花煞》《艳歌》《夜泊秦淮》《枣树的故事》等。第四代是活跃于当前文坛的 80 后作家、叶兆言之女叶子，代表作有《带锁的日记》《马路在跳舞》《苏苏的幸福开始》等。

1988年2月16日，叶老在京逝世，享年九十四岁。著名诗人汪静之以学生的身份敬送挽联："至善至真至美宛然圣者，极清极洁极纯仿佛陶潜"。这副挽联准确生动地概括了叶圣陶的伟大人格。

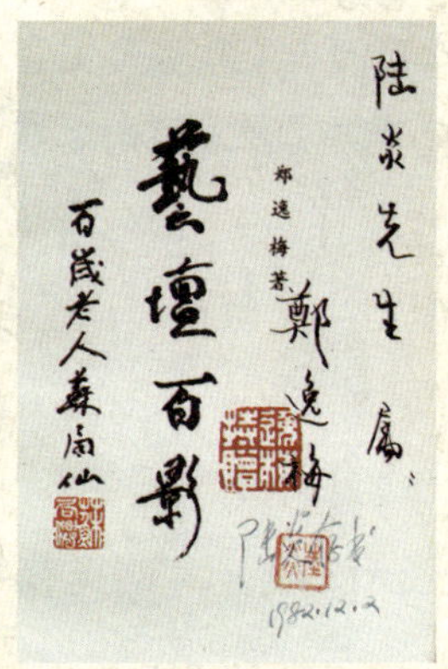

熟悉文坛掌故的“补白大王”

——郑逸梅《艺坛百影》

文坛掌故，最为有趣，它不是正史，但有时候比正史更温暖，更有人情味，更被人津津乐道。口口相传的文坛掌故，文朋诗友的酒肆谈资，成就了一部生动的民间文学史。

上海文史专家郑逸梅先生，堪称文坛“八卦大师”，其笔下著述，多以清末民国文苑逸事为内容，广摘博采，蔚为大观，为了解近现代文艺界情形提供了宝贵资料。他从中学开始就经常为《申报》《新闻报》《时报》等撰稿，与那些出版巨头、写作名家都有极深的交情，所以也就占有了文坛第一手资料，别人知道的事他肯定知道，别人不知道的事他也知道。他用自己了解的文坛掌故，为报纸的边边角角写了一辈子的随笔，字数超过一千万字，人称“补白大王”，结集出版的著作有《人物品藻录》《逸梅小品》《艺坛百影》《影坛旧闻》

《三十年来之上海》《清娱漫笔》《艺林散叶》《书报话旧》《南社丛谈》《文苑花絮》《清末民初文坛轶事》《近代名人丛话》等几十种。

这本《艺坛百影》，1982年6月由中州书画社出版，封面由著名历史学家、复旦大学教授、全国人大常委会原副委员长周谷城先生题写书名，扉页由一百零九岁高寿的著名诗人、书法家苏局仙题写书名。作者在扉页上用毛笔题签："陆炎先生属　郑逸梅"，并钤印。另有受赠者陆炎钢笔所记"陆炎存书　1982.12.2"，并钤印。陆炎具体资料不详。

该书收录文字一百零二篇，所记人物范围很广：书法界有王蘧常、黄蔼农、潘勤孟，绘画界有吴昌硕、黄宾虹、吴湖帆、刘海粟，篆刻界有马万里、陈巨来，诗文界有章太炎、柳亚子、俞平伯、汪辟疆、张恨水，政界有李大钊、黄炎培、沈钧儒，建筑界有陈从周、徐棣山，新闻界有史量才、陈冷血。这些人物大多是作者熟稔的朋友，有的更是知交，因而写得亲切生动。

郑逸梅在该书前言中说：

> 我从生活片段照，悟到描写人物的窍巧，认为写人物，倘使一本正经用传记方式写，那就和端坐或挺立着照相差不多，呆板而不够味。倒不如抓住人物的片段活动及其艺术修养来写，或许能增强些吸引力。我这本册子，就是这样写成的。那《艺坛百影》的"影"字，无非寓照影留痕的意思罢了。……我回忆过去，由少而壮，由壮而老，今已白发苍苍，年寿八十有七了。这许多朋友，当然和我年龄差不多，间或有比我稍长几岁的。老年人的死亡率，比起少壮者高得多，尤其十年动乱，含冤受屈而死的累累皆是。历劫不磨，目前

尚屹然健存的，已寥寥无几了。再经若干年，我也离开人世，这些艺人艺事若不及时记录下来，恐怕以后很少有人知道，甚至没有人知道了。任它湮没，岂不可惜。不如乘我风灯残年，知道一些写一些，写成一个册子留下来，管窥蠡测，也算小小贡献哩。

现在来看，郑逸梅老人当时的决定是多么正确，这一百多位艺坛名家，正因为他的讲述，让后人觉得鲜活了许多，让中国艺术史丰富了许多。环顾今天的文坛，作家学者不计其数，但能够口口相传的文人故事却寥寥无几，是没人去关注和研究这些文坛故事了呢，还是今天的作家艺术家压根儿就没有了充满个性的故事？记得山东省作协主办的《时代文学》杂志曾办有一个《名家侧影》栏目，由评论家何镇邦主持，是请作家的朋友们来写作家，不知现在是否还在继续刊登。希望这样鲜活的文章多一些，这才是真实的生活，也是正在发生着的当代文学。

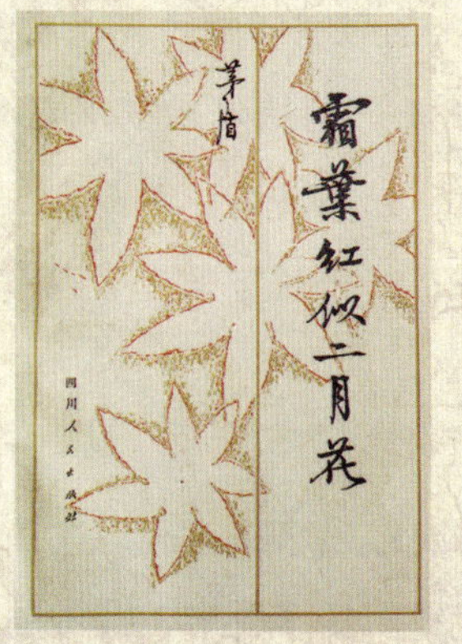

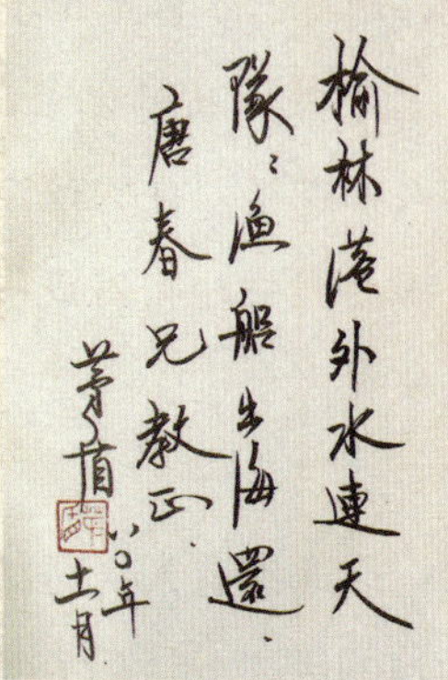

一部文学史上的未竟之作

——茅盾《霜叶红似二月花》

《霜叶红似二月花》是茅盾的一部未完成的长篇小说。1941 年他在桂林期间，用了两个半月写成第一部分，当时着急赶赴重庆，为了张罗盘缠，迫于经济压力，就把已完稿的这一部分交给一个私家出版社出版了。该书以“五四”前夕江南村镇为背景，描写新兴资本家和地主豪绅钩心斗角、相互倾轧，以及他们与农民的尖锐矛盾，中间穿插着几对青年男女的感情纠葛，广泛地反映了那个时代的社会生活。

唐代诗人杜牧《山行》诗曰：远上寒山石径斜，白云生处有人家。停车坐爱枫林晚，霜叶红于二月花。对于小说的名字和创作目的，茅盾在《新版后记》中有自己的解释：“这一句（霜叶红于二月花）正面的意思我以为是：人家都说二月的花盛极一时，可是我觉得经霜的红叶却强于二月的花。但是还有暗示的意思，大抵是这样：少年得意的幸运儿虽然像二月的花那样大红大紫，气势凌人，可是他们经不起风霜，怎及得枫叶经霜之后，比二月的花更红。这样，霜叶就比喻虽不得志但有学问抱负的人，也可以说，杜牧拿它来比自己的。……但是为什么我又改‘于’为‘似’而后用作我的书名呢？这就要谈一谈我写这本书的企图。本来打算写从‘五四’到一九二七这一时期的政治、社会和思想的大变动，想在总的方面指出这时期革命虽遭挫折，反革命虽暂时占了上风，但革命必然取得最后胜利；书中一些主要人物，如出身于地主阶级和小资产阶级的青年知识分子，最初（在一九二七年国民党叛变以前）都是很‘左’的，宛然像是真的革命党人，可是考验结果，他们或者消极了，或者投向反动阵营了。如果拿霜叶作比，这些假左派，虽然比真的红花还要红些，究竟是冒充的，‘似’而已，非真也。再如果拿一九二七以后反革命势力暂时占了上风的情况来看，他们（反革命）得势的时期不会太长，正如霜叶，不久还是要凋落。这就是我所以借用了杜牧这句诗，却又改了一个字的理由了。”

“文革”结束后，茅盾曾想续写完这本书，因为故事只展开了前一半，主要人物的命运也还没有交代。另外，续写以前的作品意义大，风险小，读者也有期待。他曾让子女们替他找出一本《霜叶红似二月花》的单行本仔细阅读，因为时间隔得太久，一些细节都模糊了，书的风格也需要回顾和重新把握，以便续写时能够衔接。遗憾的是，这本书终究还是没有写完。据茅盾的儿子韦韬在《父亲茅盾的晚年》中说：“爸爸没有把续篇完成，续篇的后半部只留下了提要。那时爸爸身体虚弱，常常头晕腿软，爬楼困难，急于搬往平房；从看房、修房、准备搬迁到迁入新居，前后忙乱了好几个月。搬家后先忙于别事，后又从上海来了亲戚长住，就把续写《霜叶红似二月花》的事耽搁下来。从主观上说，上篇和续篇写作时间相隔太久——三十多年，要找回当年创作上篇时的激情相当困难，特别是在‘文革’这样的环境中。爸爸的写作态度一向严肃认真，他认为续篇必须保持上篇的风格，前后必须浑然一体，要做到这一点就要有充分的准备，慢慢地‘磨合’，不能草率从事。所以爸爸不想急于求成，凡有其他事要办，总是把续写的事搁下，为别的事让路。不过爸爸心中一直惦记着这件事。‘文革’后，四川人民出版社重印《霜叶红似二月花》时，爸爸特地把其中一段文字作了修改，便是为了能与尚未完成的续篇的内容相衔接。这说明，‘文革’以后爸爸仍坚信总有一天能重新把续篇完成。”

我手中这本《霜叶红似二月花》，就是 1980 年 7 月由四川人民出版社重印再版的，首印即十万六千册，可见 80 年代文学作品的市场火爆程度。前衬页上，有茅公用毛笔题写的两行清秀笔迹：“榆林港外水连天，队队渔船出海还。唐春兄教正。茅盾　八〇年十一月”，并钤印。受赠人唐春资料不详。

茅盾为何题写这两句诗，这两句诗出处何在，我在一篇文章中找到了答案。2013 年 12 月的《西安晚报》有一篇名为《令人惋惜的茅盾》的文章，是香港作家潘耀明所作，回忆了自己与晚年茅盾的交往，其中提及茅盾在 1980 年 10 月曾写了一张书法条幅送他，内容是一首七言绝句，题目是《兔尾岭远眺》：榆林港外水连天，队队渔船出海还；万顷碧波齐踊跃，东风吹遍五洲间。榆林港是海南省三亚市东南部海港，港湾水深浪静，群山环抱。兔尾岭位于亚龙湾与大东海之间，紧邻榆林港，渔舟点点，如诗如画。眺望着万顷波涛，百舸争流，这位八十多岁的老人心潮澎湃，联想到改革开放后的中国新面貌，他难掩喜悦之情，欣然写下了这首诗。

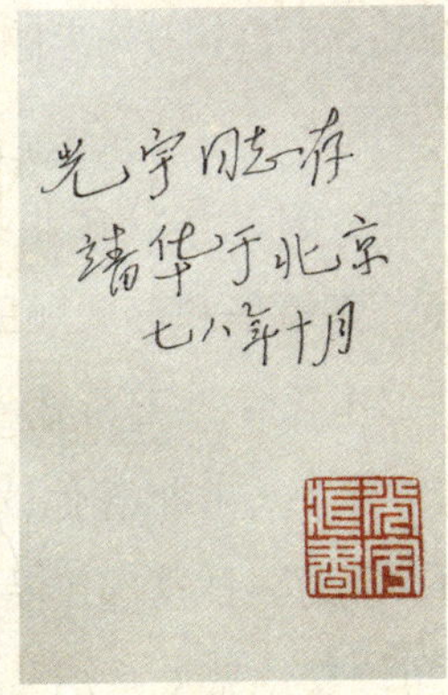

别求新声于异邦

——曹靖华《飞花集》

曹靖华是我国杰出的文学家、翻译家、教育家，原名曹联亚，1897 年生于河南省卢氏县，早年投身“五四”新文化运动，1924 年加入文学研究会，曾两赴苏联学习，1933 年回国后在大学任教，并从事文学翻译工作。新中国成立后曾任北京大学俄语系主任、《世界文学》主编、中国作协书记处书记、中国苏联文学研究会名誉会长等职。

这本《飞花集》，1978 年 5 月由上海文艺出版社出版，封面是一棵柳树、两只燕子和几株桃花，带有扑面而来的春天气息。作者在前衬页上题签：“光宇同志存　靖华于北京　七八年十月”，下面有受赠者藏书章“光宇藏书”。该书收录曹靖华散文三十九篇，其中有怀人散文，表达对周恩来、董必武、鲁迅等友人的怀念，有抒情散文，表达对云南、福建、广西等地风土人情的赞美。其中最具特色的，应该是写鲁迅的文章，占了本书一半的篇幅。下面就来谈一谈鲁迅与曹靖华非同一般的友谊。

早在1922年，曹靖华就在北大旁听过鲁迅的“中国小说史”课程。1925年春，曹靖华和苏联顾问团成员王希礼（俄国人）在开封国民革命军第二军工作，王希礼喜欢中国古典文学，曹靖华建议他多看点现代文学作品，并推荐他读鲁迅的《阿Q正传》。王希礼读完以后非常激动，决意要把这部作品翻译到苏联去。当王希礼把译完的《阿Q正传》初稿交给曹靖华后，曹靖华把他不懂的问题汇集起来，给鲁迅先生写了一封求教信，信中还请鲁迅给俄译本写序和自传，还希望鲁迅寄赠一张近照供出版用。鲁迅收到信的次日，即给曹靖华写了回信。信中回答了曹靖华所提的疑难问题，并满足了他提出的其他要求，这让曹靖华和王希礼感动不已。后来，《阿Q正传》俄译本1929年由列宁格勒激浪出版社出版。从鲁迅写给曹靖华的这第一封信起，直到1936年10月鲁迅逝世，据《鲁迅日记》载，鲁迅共寄给曹靖华二百九十二封信，其中还有一些信没有记入日记，由此可以看出鲁迅和曹靖华之间的深厚情谊。1976年7月，上海人民出版社曾出版《鲁迅书简——致曹靖华》，收录了鲁迅写给曹靖华的大部分信件。曹靖华亲自为每封信做了注释。

1925年8月，在鲁迅倡议下，进步文学团体未名社成立，正式成员六人，除鲁迅外，还有曹靖华、韦素园、韦丛芜、台静农、李霁野。他们在鲁迅的领导下，为翻译介绍外国文学做出了贡献。他们不但为中国新文学的发展一起奔走呼号，在生活上也是相互关心，曹靖华曾专门给鲁迅带过果脯、红枣、小米、猴头菇等特产，为了给曹靖华的女儿治病，鲁迅也给曹靖华寄过药片和海参。另外，受曹靖华之约，鲁迅还曾为其父亲曹植甫撰写了《河南卢氏曹先生教泽碑文》，赞扬曹靖华之父的教育事迹，并收入鲁迅的《且介亭杂文》。

曹靖华在苏联期间，鲁迅主要委托他做了两件事。

一是翻译绥拉菲莫维奇的小说《铁流》。1930 年，鲁迅应约为上海神州国光社编一套“现代文艺丛书”，他写信给曹靖华，希望他能翻译《铁流》，曹靖华接受了这一任务。当曹靖华冒着零下四十度的严寒翻译完该书并寄给鲁迅时，国内形势却发生了变化，出版社迫于政治压力不敢出版。但鲁迅非常重视这本书，他亲自校订并作后记，然后假托一个不存在的“三闲书屋”的名义，先后自费印出了《铁流》《毁灭》等书。《铁流》印出后便遭查禁，鲁迅又委托内山书店，把书放在柜台下面，将一千册书一点一滴地“渗”到读者中间。

二是收集购买苏联木刻版画。20 年代末 30 年代初，鲁迅为倡导新兴木刻运动，写了很多文章，并先后举办了三次木刻展览，还多次从国外购买木刻作品供我国青年学习借鉴，其中的苏联木刻作品，大部分是由曹靖华替鲁迅购买的。他一方面收受鲁迅寄往苏联的宣纸，送给苏联木刻家，一方面又克服重重困难，为鲁迅搜集木刻拓片、画集和插图本文学名著，其中有《死魂灵》《浮士德》《俄罗斯民间故事》的插画等。经过几年的积累，鲁迅用中国宣纸之“砖”，引来了苏联木刻之“玉”，并将收集的一百多幅木刻作品编成《引玉集》自费出版，使大量带有革命性的苏联木刻作品与中国读者见面。

鲁迅一生写的最后一封信，是他逝世前两天（1936 年 10 月 17 日）写给曹靖华的。鲁迅逝世的第二日，在北平教书的曹靖华收到了这封信，他打开一看，信中写道：“我病医疗多日，打针与服药并行，十日前均停止，以观结果，而不料竟又发热，盖有在肺尖之结核一处，尚在活动也。日内当又开手疗治之。此病虽纠缠，但在我之年龄，已不危险，终当有痊可之一日，请勿念为要。兄之小说集，已在排印，二十以前可校了。”曹靖华读后潸然泪下。这是鲁迅生平付邮的最后一封信，当收信人收到时，写信人却已撒手人寰，怎不令人悲痛。

信中提到的“兄之小说集”，就是曹靖华译的《苏联作家七人集》。为了出版这本书，鲁迅拖着沉重的病体奔走了两个多月，并先后五次致信该书编辑赵家璧，在他逝世的前两天，还为这本书作了一篇深情的序言，这也是鲁迅生平写的最后一篇序文。在序言中，鲁迅这样评价道：“曹靖华就是一声不响，不断的翻译着的一个。他二十年来，精研俄文，默默的出了《三姐妹》，出了《白茶》，出了《烟袋》和《四十一》，出了《铁流》以及其他单行小册很不少，然而不尚广告，至今无煊赫之名，且受排挤，两处受封锁之害。但他依然不断的在改定他先前的译作，而他的译作，也亦然活在读者们的心中。”

曹靖华一生翻译了大量苏联革命文学作品，有高尔基的《一月九日》、肖洛霍夫的《在顿河流域》、卡达耶夫的《我是劳动人民的儿子》、列昂诺夫的《侵略》、费定的《城与年》、西蒙诺夫的《望穿秋水》、爱伦堡的《烟袋》等，据不完全统计，他的译作共约四十种，近三百万字。

在上世纪七八十年代，他又陆续出版了《花》《春城飞花》《飞花集》《曹靖华散文选》等散文集，或歌颂祖国锦绣河山，或追忆前辈嘉言懿行，具有很强的感染力。

1987 年 9 月 8 日，曹靖华与世长辞，享年九十岁。1989 年开始，《曹靖华译著文集》陆续由北京大学出版社和河南教育出版社联合出版，共十一卷三百八十万字，囊括了他的主要译作和散文等。

百年前，鲁迅就说要“别求新声于异邦”，指翻译的目的是从“异邦”获取“新声”，曹靖华这位鲁迅的弟子、好友，一生都在践行这句话，给人间盗来天火，“他的译作，也亦然活在读者们的心中”。

两位藏书大家的友谊见证

——阿英《近代外祸史》

说起读书藏书，有几位藏书大家，提起来都不陌生，一位是福建长乐郑振铎（西谛），一位是安徽芜湖钱杏邨（阿英），一位是浙江镇海唐弢（晦庵）。郑振铎以收藏宋明善本见长，著有《西谛书话》；钱杏邨以收藏晚清小说戏曲和野史见长，著有《阿英书话》；唐弢则以收藏现代文学期刊及现代作家作品闻名，著有《晦庵书话》。他们穷毕生之心力，藏书数万卷，为后人留下了宝贵的精神遗产。

这本《近代外祸史》，由阿英编校，柳亚子题写书名并作序，1950年1月由潮锋出版社出版。阿英在扉页上题签：“唐弢同志：　阿英　五月四日于北京”。我估计，这可能是新中国成立后，藏书家阿英签赠给同样是藏书家唐弢的第一本书，见证了两位现代文学大家的友谊，弥足珍贵。据《文艺报》载，唐弢收藏的最早的一本签名书，就是阿英的《桃花源》，该书出版于1938年12月，阿英的签赠时间是“十二月十五日”，可见此书甫一面世，阿英即赠唐弢，距离签赠这本《近代外祸史》，已经过去了十几年。

阿英，即钱杏邨，1900年生于安徽芜湖，原名钱德富，笔名有钱谦吾、张若英、鹰隼等。1926年加入中国共产党，1927年从芜湖逃亡到武汉，之后到上海长期从事革命文艺活动，与蒋光慈等发起成立“太阳社”，编辑《太阳月刊》《海风周报》等，曾任《救亡日报》编委。1941年去苏北参加新四军革命文艺工作。1946年任中共华东局文委书记，后任中共大连市文委书记。新中国成立后曾任天津市文化局长、华北文联主席、全国文联副秘书长等职。著有历史剧《郑成功》《李闯王》《碧血花》《杨娥传》等，其他著述有《小说闲谈》《夜航集》《现代中国文学论》《阿英书话》等。1977年逝世后，家乡芜湖建立“阿英纪念馆”，他的藏书大都陈列于此，以供后人参观瞻仰。

阿英长期从事革命工作，经济并不宽裕，每次购书总是节衣缩食。他到旧书摊一本本地寻宝，将并不受人关注的通俗小说、坊间唱本、小报小刊、笔记野史等悉数收集，久而久之，许多看似不起眼的书籍就这样得以妥善保管，也为后人保存了珍贵的第一手史料。《上海近代藏书纪事诗》作者周退密先生曾写诗盛赞阿英藏书：“节衣缩食事收藏，志在拯危与救亡。万帙缥缃雅兼俗，杏花开处满春光。”

这本《近代外祸史》，也是阿英在自己的藏书中挑选、编校的。所集书目有：无名氏著《中秘日录》、刘名誉著《越事备考案略》、无名氏辑《谏止中东和议奏疏》、无名氏撰《冤海述闻》、王炳耀煜初辑《甲午中日战辑（一、二、三）》、王镜航编《庚辛之际月表》、李秉信撰《庚子传信录》、邹渭三撰《榆关纪事》、陈守谦述《附燕晋弭兵记》、毕公天著《辱国春秋》、徐珂辑编《晚清祸乱稗》。

阿英在书前的“编例”中，将此书的编辑目的和选编思路作了简要介绍：

一、近百年来，中国最为多难，鸦片战争以后，即继之以英法联军圆明园之役。嗣后又有甲申中法战争，甲午中日战争，庚子八国联军，日俄东三省之战。民国以还，各国与中国之关系，虽渐趋友善，而中日间之纠纷则有加无已，卒至引起神圣之抗战。今者抗战胜利，耻辱悉告湔雪，河山重整，薄海腾欢，惟外祸仍未全消，黩武主义者仍谋卷土重来。惩前毖后，凛多难兴邦之训，吾人实有重温昔日外祸历史之必要。

二、在此诸多国难之中，典籍载记，无虑万千，惟以年深月久，大都散佚，欲加搜集，殊非易事。间有存者，或以当时多所顾虑，未能畅所欲言，或以道途传闻，每多失实，欲求可称极是难能。故辑印此项散佚册子，以资借鉴，在抗战胜利之今日，实有其特殊意义。

三、故编者就所藏百年史籍之中，选其十种，付诸排印。计自鸦片战役，以至五九国耻，诸凡重大国难，各得一二帙，而以中日关系作为重心。此类册籍，在当时流传甚少，为一般载籍中所极难见到者。

四、全书凡十种，六十万言。题为《近代外祸史》，符其实也。惟内容或由作者观点关系，论议有失精当，或以范围旁及外祸以外，与本书内容不符，以及枝节泛语，编者不得不加以删削，尚祈读者谅之。

编者　一九四六年十月

该书前有国民党元老、诗人柳亚子所作序言，为其书法手迹影印而成，其书体浑圆朴厚、古意盎然，其文字史论结合、气势恢宏。全文不长，兹录如下：

> 友人阿英辑近代外祸史，上起鸦片战争，下逮洪宪国耻，得如干卷，属为弁首之文。循诵终编，忾焉三叹。嗟夫，鬼谋棘社，小朝廷惯署降笺；血洒秦军，大布衣独留孤愤。所谓履霜之縢，寒于坚冰；将萎之华，惨于槁木。固宜河决不可复壅，鱼烂不可复全焉。今者殷忧启圣，多难兴邦。和衷共济，庙堂鲜蜀洛之争；敌忾同仇，将帅皆戚、俞之选。庶几系单于以长缨，筑鲸鲵于京观欤！天道循环，无往不复。中兴金鉴之作，名山石室之藏，匪异人任。愿子濡笔以俟，仆亦当执简而随其后也。是为叙。亚子撰。

据我了解，收入《近代外祸史》的这十卷书，现在不管是在书店，还是图书馆，都已经很难见到了，这本《近代外祸史》，后来好像也没有再版，经过六十多年的风雨，存世的估计也不多了。现在看来，阿英不愧是藏书大家，他当时的判断是多么准确，“此类册籍，在当时流传甚少，为一般载籍中所极难见到者”，“惟以年深月久，大都散佚，欲加搜集，殊非易事”。若不是阿英搜集编校，恐怕后人都不知道有这记述国耻的十卷书的存在。可是话说回来，中国历史上卷帙繁浩，有多少经典书籍埋入了岁月的尘埃，永不被人发现，虽然极为可惜，但这也是书的宿命。

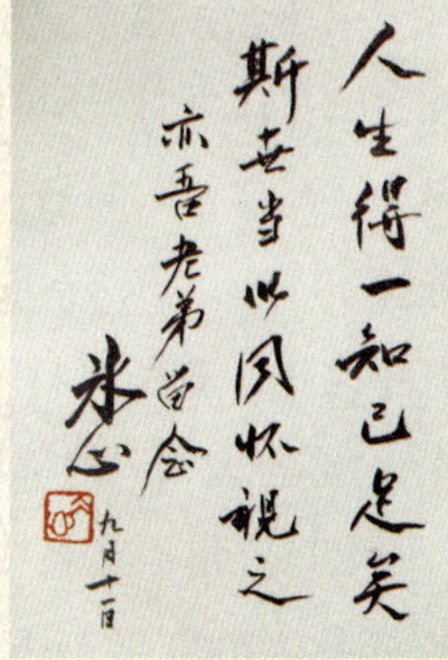

人生得一知己足矣

——冰心《冰心传》

作家肖凤所著《冰心传》，作为“中国现代作家传记丛书”的一种，1987 年 9 月由北京十月文艺出版社出版。封面勒口处对作者肖凤的介绍是：“本名赵凤翔，1937 年 11 月出生于北京。1959 年毕业于北京师范大学中国语言文学系，1982 年加入中国作家协会，现为北京广播学院语言文学部副教授。主要著作有《萧红传》《庐隐传》。”据其他资料显示，肖凤还担任过中央人民广播电台文学编辑、播音员，韩国高丽大学中文系客座教授，还出版过理论著作《文学与爱情》和三卷本《肖凤文集》。《冰心传》曾获 1988 年《中国妇女报》向全国妇女少儿推荐最佳图书奖第一名。

为什么将肖凤所著《冰心传》作为冰心的签赠本来写呢？因为在此书前衬页上，有冰心毛笔题签：“人生得一知己足矣，斯世当以同怀视之，亦吾老弟留念，冰心　九月十一日”，并钤印。“亦吾老弟”何许人也？在我购买该书时，同时在旧书网上发现了一批作家和学者签赠给这位名为“冯亦吾”的书，这应该是冯亦吾去世后，其家人将一些藏书处理掉了，所以流落在旧书市场上。由此推断，这本《冰心传》也应是其中之一。查阅资料发现，冯亦吾是一位诗人、书法家，比冰心小三岁，“亦吾老弟”的称谓也正合适。其基本信息如下：

冯亦吾，原名冯守道，又名一吾，后改亦吾，号逸翁。1903 年 7 月生于江苏省沛县，2000 年 1 月逝世。1931 年考入北京平民大学新闻系，后应聘《北平晚报》《世界日报》记者，天津《益世报》特约记者。后转任教职，历任辅仁大学职员、北京大学讲师、辽东学院教授，新中国成立后任中学教师。退休后，致力于书法创作研究，是中国书协会员、北京市书协理事、北京卿云书画联谊社社长，常与启功等书家切磋书艺。书法方面著有《书法丛谈》《书法探求》《书谱解说》《书法诗百首》，诗词方面著有《逸翁诗词》《逸翁诗词续集》《韵语自解》《冯亦吾文集》等。1996 年 10 月，冯亦吾的故乡江苏省沛县建立冯亦吾书馆，纪念他为弘扬书法艺术所做的贡献，启功、刘绍棠等题写馆名。

冰心将此书赠给冯亦吾，并在前衬页上题写“人生得一知己足矣，斯世当以同怀视之”，意思是，人生得到一个知己也就够了，这辈子要当亲兄弟姐妹来看待，可见他们交谊颇深。这两句话的来历，是鲁迅在 1933 年春写给好友瞿秋白的一幅书法条幅，落款处题写“洛文录何瓦琴句”。洛文是鲁迅的一个笔名，何瓦琴即清代学者何溱，字方谷，号瓦琴，工金石篆刻。瞿秋白小鲁迅十八岁，是冯雪峰介绍他们认识的，他和鲁迅具有相似的家庭败落的人生经历，同时，他待人真诚，在精神气质上接近鲁迅，鲁迅也非常赏识瞿秋白的俄文翻译才华。瞿秋白曾编《鲁迅杂感选集》，并撰写了一万多字的长序，对鲁迅的创作进行了综合评价，贴近实际，血肉丰满，鲁迅读后颇有知音之感。另外，鲁迅曾介绍瞿秋白的译作出版，在物质上补贴瞿秋白夫妇。在上海政治环境极其恶劣的时候，瞿秋白还几次在鲁迅家中避难，两人经常促膝长谈至深夜，发表对时局和文坛的看法，观点时常不谋而合，互相引为知己。1935 年 6 月，瞿秋白在福建长汀就义，鲁迅悲痛至极，长久枯坐，一言不发。之后，他带着重病之身，竭尽全力筹划出版瞿秋白的翻译文集《海上述林》。1936 年 3 月，鲁迅作《海上述林》上卷序言。4 月写成下卷序言。上卷出版时已是 1936 年 10 月，此时的鲁迅已然病重，不久即离世了，并未看到下卷的出版，但他们的这份“得一知己足矣”的感情已成为美谈。

让我们再回到《冰心传》。这本传记有它的优势，比如作者作为女性，在叙述传主生涯的时候，带有女性独特细腻的情感，语言也美丽生动，从冰心温暖和谐的家庭生活，探寻出她一生追求爱和美的人生观的来源。同时，对冰心的重要作品如《繁星》《春水》《超人》《寄小读者》《我们太太的客厅》《关于女人》等，都有详细的评析，所以该书也可以称为一部“评传”。作者在本书序言中说：“我愿意把我所理解的冰心，写成一个活生生的人物形象。不是现在你们见到的这位慈祥的老妇人，而是她所走过的道路——一个聪颖过人、喜欢幻想的小姑娘，一个才思敏捷、温文尔雅的女大学生，一个虽然声名显赫却仍然温柔含蓄的中年妇女，直到一位儿孙满堂的幸福的老祖母。她是时代的宠儿，也是中国知识女性中很有福气的一个。时代为她提供了美好的背景，她本人的聪明才智也为自己铺设好了成功的道路。”总体来看，本书基本上达到了作者的追求。但从另一个角度来看，该书传主资料过度依靠作品来支撑，而冰心的重要作品大都创作于二三十年代，所以对新中国成立后冰心的生活和创作的叙述，只占本书二十分之一的篇幅，明显薄弱了些。另外，作者对传主冰心具有崇拜景仰之情，是以仰视的态度来看待作家作品，拉开距离的理性观照相对缺乏，这可能也是大部分传记作品的普遍问题。

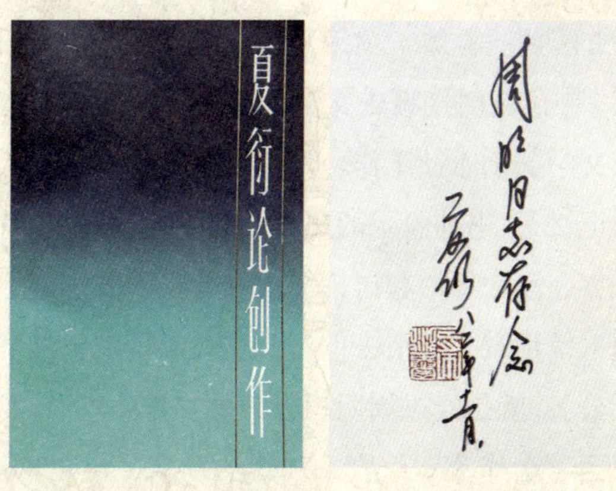

这本《夏衍论创作》，是"中国现代作家论创作丛书"的一种，1982年10月由上海文艺出版社出版。该丛书还包括鲁迅、郭沫若、茅盾、叶圣陶、冰心、巴金、老舍、丁玲、田汉、曹禺、张天翼、艾青等十二位作家专集。作者在前衬页上题签："周明同志存念　夏衍　八二年十一月"，并钤印。但有意思的是，这枚"夏衍之印"却因无心之失盖反了。

"书生作吏"的得与失

——夏衍《夏衍论创作》

该书受赠者，据我推测，应是作家、编辑家周明。他1934年生于陕西周至，1955年毕业于兰州大学中文系，历任《人民文学》常务副主编、中国作协创联部常务副主任，中国现代文学馆副馆长。兼任中国散文学会、中国报告文学学会常务副会长等职务。著有散文及报告文学集《榜样》《又是一年春草绿》《记冰心》《远山红叶》《五月的夜晚》《雪落黄河》等，主编《社会问题报告文学选》《当代散文百家鉴赏》《中国新时期报告文学百家》等。夏衍签赠此书时，周明正在《人民文学》杂志社工作。作家出版社 2011 年 11 月出版的周明新著《文坛记忆》，书前收录的照片，有一幅就是周明在夏衍家中，和夏衍、张光年、袁鹰等一起讨论全国优秀报告文学奖评奖工作。据陈荒煤致袁鹰书信记载，夏衍去世后，友人弟子编辑的五十万字的纪念文集《忆夏公》，就是经过周明积极策划安排才得以顺利出版的。

夏衍是我国著名作家、编剧、社会活动家，早年参加五四运动，后留学日本，回国后在上海筹建中国左翼作家联盟，新中国成立后历任上海市委宣传部部长、文化部副部长、中国文联副主席等职务。代表作有剧本《秋瑾传》《上海屋檐下》《法西斯细菌》，报告文学《包身工》，改编的电影剧本有《春蚕》《祝福》《林家铺子》等。这本《夏衍论创作》，共分为四辑，第一辑是夏衍个人作品的序、跋、前言、后记，对研究夏衍的创作很有意义；第二辑谈文学，主要是关于如何学习，如何读书，如何写文章；第三辑谈电影，有的从宏观谈如何提高电影艺术质量，也有的谈电影改编、人物设置、语言雅俗等微观问题；第四辑谈戏剧，有和于伶等老剧作家的交流，也有对青年剧作家的教诲，更有对《蜕变》《夜店》《十五贯》《关汉卿》《香罗帕》等戏剧作品的评论。总体来看，这本四十多万字的著作，基本能够体现出夏衍的文艺观。

读完本书，回头来看，让我最感兴趣最为震撼的倒不是其中哪篇论创作的文字，而是书前那篇几百字的自序。夏衍在自序中说："从抗日战争前后起，我写了一些不合格的剧本和相当数量的杂文随笔，现在看来，我写的东西极大部分是为了配合政治，为政治服务的。……我重读这些文章，却并没有后悔的心情，也不想加以修改，因为任何一个人，在一个特定的时代和环境中，不可能不受到历史、社会条件的影响和制约。”夏衍写下这些文字的时候，已经是八十一岁高龄了，作为一位经历过五四运动的老作家，一位从 30 年代就参与领导党的文艺工作，新中国成立后文化界的省部级领导，回顾自己一辈子的创作道路和人生经历，写下了这些肺腑之言，指出了人类所必有的历史局限性，这不能不令我们深思。

新中国成立后，夏衍曾多次深陷文艺界的政治斗争，既斗过别人也被人斗过。1955 年 7 月，他就任文化部副部长，分管外事与电影。1957 年开始批判冯雪峰，8 月 14 日，在中国作协党组扩大会议上，夏衍的发言对冯雪峰造成了很沉重的打击。可是谁能想到，一路走来都崇尚家国情怀的夏衍，也遭受了非人的待遇，1965 年他被免去文化部副部长职务，到山西参加“四清”运动，从 1966 年一个寒冷的冬夜在家中被抓走后，开始了长达八年零七个月的牢狱之苦。一直到 1975 年才解除“监护”，拄着双拐离开秦城监狱。

此时我又想起曾在一个材料中看到夏衍和友人的一封通信。曾任吉林省委宣传部部长的宋振庭，在“文革”前亦曾攻击夏衍，1984 年，夏衍住院时得知宋振庭也在住院，于是不计前嫌前去探视。宋振庭异常感慨，深深忏悔，在当年 9 月 15 日给夏衍去一函，其中写道：“1957 年反右，庭在吉林省委宣传部工作，分管文教、电影。在长影反右，庭实主其事，整了人，伤了朋友，嗣后历次运动，伤人更多，实为平生一大憾事。三中全会之后，痛定思痛，顿然彻悟。对此往事，庭逢人即讲，逢文即写，我整人，人亦整我，结果是整得两败俱伤，真是一场惨痛教训……”

9 月 30 日，夏衍给宋振庭回信说：“任何一个人不可能不受到时代和社会的制约，我们这一辈人生活在一个大转折的时代，两千年的封建宗法观念和近一百年的驳杂的外来习俗，都在我们身上留下了很难洗刷的斑痕。上下求索，要做到一清二白，不犯一点错误是不可能的。解放之前和明摆着的反动派作战，目标比较明确，可是一旦形势发生突变，书生作吏，成了当权派，问题就复杂了。知人不易，知己更难，对此，我是在六十年代初文化部、文联整风时才有了初步的体会。……人是社会的细胞，社会剧变，人的思想行动也不能不应顺而变。党走了几十年的曲曲折折的道路，作为一个虔诚的党员，不走弯路，不摔跤子，看来也是不可能的。在激流中游泳，会碰伤自己，也会碰伤别人……”

八十四岁高龄的夏衍，在这封信中回忆往事，自我反思，真诚感人。确实如他所说，生活在一个大转折的时代，上下求索，要做到一清二白，不犯一点错误，不走一点弯路，那是不可能的。他在晚年所著回忆录《懒寻旧梦录》中说：“反思是痛苦的，我们这些受过‘五四’洗礼的人，竟随波逐流，……丧失了独立思考的勇气。当然，能够在暮年‘觉今是而昨非’，开始清醒过来，总比浑浑噩噩地活下去要好一点。”

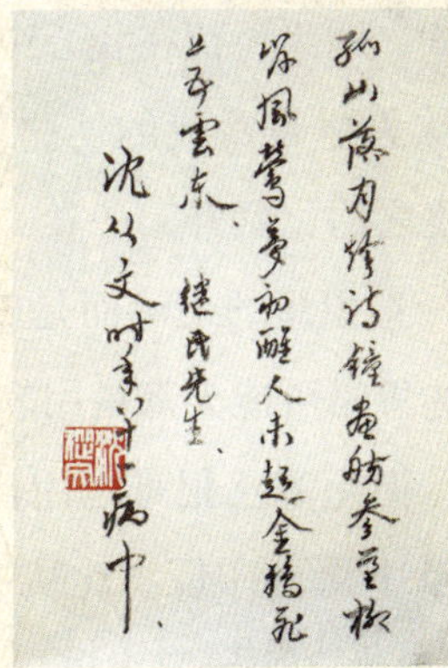

时间和读者最公平

——沈从文《沈从文选集》

沈从文是我国现代文学史上的著名作家，这套《沈从文选集》共五卷，1983 年 5 月由四川人民出版社出版。作者在前衬页上题签：“孤山落月趁诗钟，画舫参差柳岸风。莺梦初醒人未起，金鸦飞上五云东。继民先生。沈从文时年八十一病中”，并钤印。此处所引诗句是南宋诗人王洧为西湖所作的《湖山十景》组诗之一，名为《苏堤春晓》，另外九首分别是《三潭印月》《曲院风荷》《平湖秋月》《南屏晚钟》《柳浪闻莺》《两峰插云》《雷峰夕照》《花港观鱼》《断桥残雪》，这也是关于西湖十景的较早史料。题签中的“诗钟”应为“疏钟”之误。

从签赠笔迹来看，运笔变化较小，粗细适中，好像是软笔而非毛笔所写。沈从文老友、山西大学教授常风曾于 1988 年写过一篇悼念沈从文的文章，题为《留在我心中的记忆》，其中写道：“一九八四年二月我收到沈先生寄赠我的《沈从文选集》五卷，包皮是沈夫人写的。打开包皮之后，翻开第一卷，发现在书名页上他亲笔的题字，不过不是用他一直惯用的毛笔而是软笔写的。”这也证实了沈从文给友人签赠这套选集时可能大都是用软笔，我估计此时病中的沈从文，虽然还能写字，但毛笔已很难运用自如了。“时年八十一病中”之说，也在其他文章中得到印证。沈从文晚年的学术助手王亚蓉所编写的《追随沈从文先生文物研究大事记》中写道：“1983 年，81 岁，4 月，沈先生再发脑溢血症状，住北京首都医院（协和医院）治疗，左侧偏瘫。病中，朱光潜、夏志清、凌子风等朋友边探望边与他商谈工作。后出院在家休养，由夫人及子女悉心照料，从南京接中医吴大夫专程为先生治疗，病情明显好转，可以慢慢行动。”至于受赠者“继民先生”，并未找到相关资料。

沈从文 1902 年生于湖南凤凰，上世纪 20 年代，在郁达夫和徐志摩的帮助下开始文学创作，所写文章陆续在《晨报》《语丝》《现代评论》上发表。1928 年在上海曾与胡也频、丁玲合办《红黑》杂志，1933 年开始主编《大公报》文艺副刊，这是 30 年代影响极大的刊物，扶持了很多文学新人。在二三十年代，沈从文创作成果丰硕，出版了《边城》《长河》《月下小景》《八骏图》等小说和《湘行散记》等散文，成为北平文坛的重镇，京派文人的代表。他的文章题材多样，风格独特，描写了充满原始民风的湘西社会，展现了下层人民朴素的人性美。由于他一直坚持文学的独立性，没有加入任何党派，导致他既被国民党视为异己，也被左翼文学阵营看作陌路人。在新中国成立前夕，他的命运发生了重大转折。1948 年 3 月，香港《大众文艺丛刊》发表了郭沫若的《斥反动文艺》和邵荃麟的《对于当前文艺运动的意见——检讨、批判和今后的方向》等文章，点名批判沈从文。1949年1月，北京大学贴出大字报，全文抄写了郭沫若的文章，将其公之于众。面对突然袭来的冲击，脆弱的沈从文陷入了精神绝境。1949年3月28日上午，他在家中“用剃刀把自己颈子划破，两腕脉管也割伤，又喝了一些煤油”，夫人张兆和的堂弟张中和发现后，破窗而入把他送往医院急救。从死亡线上被救回来的沈从文，就此中断了文学创作，开始默默地搞文物研究，成为故宫的讲解员，之后又在中国历史博物馆和中国社会科学院历史研究所工作，出版了《中国刺绣》《唐宋铜镜》《龙凤艺术》《中国古代服饰研究》等成果。80年代以后，他的文学创作才被重新评价，文集得以出版。

这套《沈从文选集》共五卷，第一卷收散文五十二篇，包括《从文自传》《湘行散记》《湘西》等几个著名散文集的全部作品；第二、三卷收短篇小说六十四篇，是从20年代末期至40年代末期所写的大量短篇中精选的代表作；第四卷收中篇小说六部，包括《神巫之死》《一个女剧员的生活》《阿黑小史》《边城》《雪晴》和《长河》；第五卷收文论五十八篇，包括《废邮存底》《烛虚》《云南看云集》《序言、题记及其它》和《中国现代作家论》等五部分。

这套选集的编选者是沈从文研究专家凌宇，沈从文在该书序言中说：“凌宇同志认真读过我大量作品，理解它们的成败得失，治学态度十分客观谨严，编选工作由他来做，我认为是非常合适的。”凌宇是湖南省龙山县人，1945年生，1978年考入北京大学中文系，师从王瑶、严家炎攻读中国现代文学硕士学位，毕业后分配到湖南师范大学中文系任教，主要著作有《从边城走向世界》《沈从文传》《重建楚文学的神话系统》等。

凌宇是王瑶的学生，但他们师徒二人对沈从文的看法却有很大差异。王瑶所著《中国新文学史稿》认为，沈从文写军队生活的作品，写的多是以趣味为中心的日常琐屑，以湘西为背景的作品，加入了许多玄想的野蛮性，脱离了社会性，写小市民不乏多量的恋爱故事，写底层人物都是只有一个轮廓。虽然产量多，但空虚浮泛之病是难免的。而凌宇在读硕士期间，阅读了沈从文的作品后，感到沈从文及其创作有巨大的研究价值，认为他不仅不是一个“反动作家”，而且他创作的质与量，当仁不让地属于中国现代一流作家之列。另外，凌宇作为沈从文的湘西老乡，在理解沈从文作品的文化背景方面，具有得天独厚的优势，所以他的硕士论文就是做的沈从文研究。

晚年的沈从文，撰写了一生最重要的学术著作《中国古代服饰研究》。他从 1961 年起，就给时任文化部副部长齐燕铭等领导写信，呼吁编写关于中国古代服饰的图书，但没有得到足够的重视。后来周恩来总理有一次陪外宾看戏，发现历史题材的古装戏很乱，与历史事实不符，考虑到其他很多国家都有自己的服装史或服装博物馆，于是指示编一本《服装图谱》之类的书，这个重担自然落到了一直在从事古代服饰研究的沈从文身上。

1964 年初夏，在周总理的关怀下组成班子启动编写，编撰人员和沈从文一起加班加点，很快就把二百幅图制作完成，沈从文独立撰写了文字说明，计划在国庆十五周年前夕作为重点献礼图书由中国轻工业出版社出版。但此时政治形势发生了变化，许多参撰人员到乡下参加“四清”运动，不久“文革”开始，此书变成了歌颂帝王将相、才子佳人的“毒草”，沈从文和文化部副部长齐燕铭都遭批斗。在这期间，沈从文依然冒着风险对该书进行了多次补充修改。1978 年，沈从文正式调入中国社科院历史研究所，胡乔木等领导问他工作和生活上有什么困难，院里可以协助解决，他只提了两条：一是将王孖、王亚蓉调到身边协助工作；二是找个地方集中整理出版周总理嘱编的“古代服饰图录”，对于自己家中的困难却只字未提。社科院在友谊宾馆给他租了两套公寓房，派助手帮他整理完稿，之后交给人民美术出版社，后因种种原因，又从人民美术出版社撤回稿件，转交给商务印书馆香港分馆。1981 年 9 月，《中国古代服饰研究》正式出版，离开始撰写已达十七年之久。该书全面介绍了自旧石器时代至清朝末年中国服饰的发展变化，成为该领域的开山之作。该书出版后好评如潮，沈从文签名赠送给邓颖超一本，寄托对总理的思念。外交部也将此书作为国礼，赠送给外国首脑。

1988 年 5 月 10 日，沈从文心脏病复发，在北京病逝，享年八十六岁。1992 年，沈从文的骨灰在亲人的护送下，回到故土凤凰，一半撒入沱江，一半安葬于江边的听涛山下。沈从文的墓碑是一块天然五彩石，正面写着沈从文的名言：照我思索，可理解“我”，照我思索，可认识“人”。背面刻着张充和夫妇献给沈从文的挽词：不折不从，亦慈亦让，星斗其文，赤子其人。朱光潜曾评价这位老友说，“在世界文学中终会有他一席之地”。沈从文在晚年也曾对学术助手王亚蓉表示，“论公平还是读者公平”。是啊，除了读者，还有时间，有思想价值的精神成果，不会因为一时的遮蔽而阻碍了它的光芒，沈从文的文学地位，历史已经给出了明确答案。

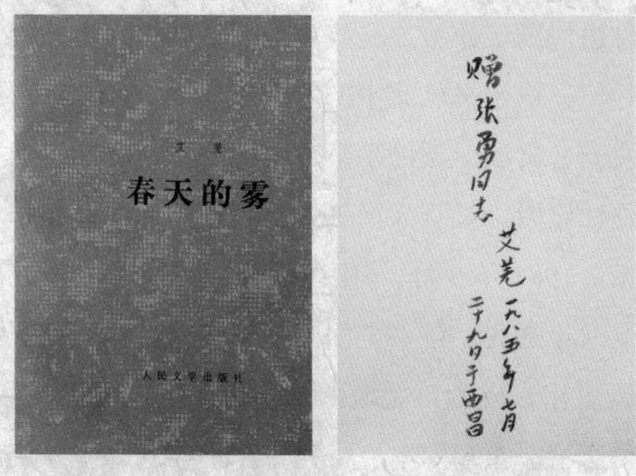

蜀山无奇处，吾去乘长风

——艾芜《春天的雾》

对于现代文学而言，1904 年是一个不平凡的年份，艾芜、丁玲、巴金、沙汀等作家，都是生于这一年。先来说说川籍左翼文学作家艾芜。艾芜原名汤道耕，他的笔名来自胡适的一句话，“人要爱大我，也要爱小我”，“艾芜”便是“爱吾”的谐音。

艾芜在二十岁左右曾写过一首诗：安得举双翼，激昂舞太空。蜀山无奇处，吾去乘长风。表达了他那不羁的灵魂，想摆脱蜀中沉闷空气的决心。1925 年，他从成都出走，过川南、滇东，漂泊昆明、滇西、缅甸和马来西亚六年，他说，“南行过的地方，一回忆起来，就历历在目，遇见的人和事，还火热地留在我心里”。在这段时间，他曾干过打扫卫生的杂役，曾饿得将自己的草鞋换成铜板买饼吃，曾接触过流浪汉、赶马人、小偷、土匪、鸦片贩等各色人物，正因为这段艰辛难忘的旅行经历，促使他写出了成名作《南行记》。唐弢、严家炎主编的《中国现代文学史》认为，第一次把西南边陲的奇异风光和殖民地人民的苦难与斗争带到文学作品中来，是艾芜对现代文学的一个独特贡献。后来艾芜又在 1961 年、1981 年两次南行，体味世事变迁，写出了《南行记续篇》，绵绵不绝的南行情结贯穿其一生。

1931 年 7 月，流浪到上海的艾芜，在北四川路茫茫人海中巧遇自己的同窗好友沙汀，于是二人住在一起，决心致力于小说创作。当年 11 月，他们联名向鲁迅写信，请教小说题材问题，鲁迅给他们回了一封长信，并提出了“选材要严，开掘要深”的要求，这也成了他们遵循的创作原则。后来他们又寄去了自己的小说请鲁迅审改，鲁迅和许广平一起把修改后的小说给他们送回去，艾芜不认识鲁迅，错把他当作了鲁迅的三弟周建人，丧失了当面交流的机会。1932 年，艾芜接受党的安排，去杨树浦工人区工作。1933 年 3 月，艾芜同工人联系工作时被捕，关押在南京、苏州等地，“左联”没有钱来营救，鲁迅捐出五十元大洋，聘请律师史良设法营救，1933 年 9 月，艾芜被无罪释放。之后他辗转汉口、桂林、重庆等地，从事文学和教育工作。

新中国成立后，他担任重庆市文化局局长。1950 年春天，和夫人去东北鞍山钢铁厂深入生活，在一个平炉车间工作，根据这段经历，他创作了长篇小说《百炼成钢》。“文革”期间，艾芜和沙汀都被打成了“文艺黑线人物”，关押在成都昭觉寺的非法监狱中。“文革”结束后，艾芜迎来了文学创作的第二春。这部长篇小说《春天的雾》，就是这个时期写成的，1985 年 5 月由人民文学出版社出版。作者在前衬页上题签：“赠张勇同志　艾芜　一九八五年七月二十九日于西昌”，第二页钤有受赠者藏书章“张勇藏书”。这是一部以“四清”运动为背景的长篇小说，着重写了屈青秀、郭秀兰、何金蕙、曾国清等六七个青年男女不同的理想和追求，以及他们在家庭、爱情和社会生活等方面的不同经历。新一代的农村青年有文化，向往科学，他们要求的不是那些生虚火的亩产万斤，而是想要实实在在地研究如何才能提高产量，改善生活。在书中，作者尽可能地将当时的社会运动状况如实地摄入艺术镜头，同时，更注重揭示社会生活的各种形态以及错综复杂的人际关系，着力挖掘这些人物的精神世界。和同时期其他作品相比，这部作品有一定的艺术性。

据该书责任编辑胡德培讲，这本书原名叫《大地交响曲》，原稿有五十三万字，后来删到三十七万字。最早写于艾芜 1965 年参加“四清”运动的时候，“文革”中被迫搁下了，粉碎“四人帮”后重新改写。党的十一届三中全会以后，艾芜对生活有了新的认识，思想上进一步明确了许多问题，又进行了第三次修改，于 1983 年下半年送到人民文学出版社。现代文学编辑室的编辑看完以后，提出了具体的修改意见，八十岁的老作家艾芜又虚心听取了青年人的建议，对该书进行了第四次修改，才有了现在的版本。这一方面能够看出，艾芜作为“左联”时期的老作家，却保持着对编辑的谦逊和对作品的认真态度，同时也能看出当时的青年编辑对有威望的老作家的作品并不唯命是从，而是从实际出发，直言提出建议，这才能够使文学作品进一步完善。这种作者和编者的融洽关系值得提倡。

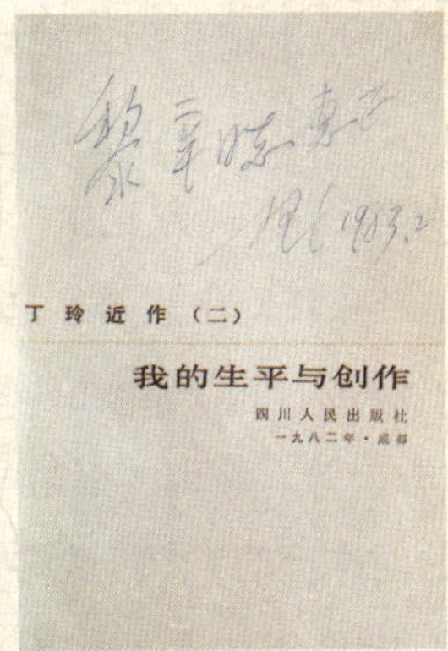

回望文坛“案中案”

——丁玲《我的生平与创作》

该书作为“近作丛书”的一种，1982年12月由四川人民出版社出版，封面是丁玲的肖像画。卷前出版说明中说：“收在书中的二十多篇文章，是丁玲近一年的新作。作家以抒情的笔调，炙热的语言，讲述着她怎样在坎坷的人生道路上迈步前进，叙述了她在创作上的甘苦，表现了自己一贯的文学主张。有情有理，真实生动。”在该书扉页上作者题签：“黎辛同志惠正　丁玲　1983.2”。

根据中国作协官网“中国作家网”显示：黎辛（1920—　），原名郭有勇，笔名解清等。祖籍河南汝州。1938年入抗大总校学习，1940年至1941年在延安鲁迅艺术学院学习。历任延安《解放日报》副刊编辑，二野随军记者，中南局《长江日报》创办者、副总编辑，中南局宣传部新闻出版处兼文艺处副处长、处长兼中南大行政区文化局代局长、代党组书记，中国作协党组成员、副秘书长，中宣部机关党委副书记。1960 年摘掉右派帽子，任广东省作协创委会副主任，中国文联“恢复小组”（起党组作用）成员、副秘书长，中国作协党组成员、外联部主任，中宣部文艺局负责人，中国艺术研究院副院长等。任延安《解放日报》副刊编辑时编发《白毛女》《吕梁英雄传》《王贵与李香香》等。著有《书与电影评介》《怎样写特写》《深入开展抗美援朝的创作运动》《西瓜兄弟》等作品。

根据黎辛 1999 年在《文艺理论与批评》发表的回忆文章《丁玲，我的第一个上司》，他是 1942 年 4 月从延安鲁迅艺术学院分配到《解放日报》工作的，其中写到第一次与丁玲见面的情景：

> 到报社第一天上班，走进延安著名的清凉山西头的两排十孔石砌的烧地炕取暖的高级办公窑，在最西南那孔窑洞找到文艺栏办公室，丁玲睁大眼睛笑眯眯地喊：“黎辛，我们在这儿等你啦！”她左手指一个空桌子，说：“你就用这个桌子工作，这里原来是雪苇的办公桌，现在他回中央研究院了。”接着丁玲右手指指坐在她右边的一位戴近视镜的 30 多岁的同志说：“这是陈企霞，他是老编辑，在上海左联与叶紫一起编《无名文艺》的，现在我们文艺栏又是三个人了。”三张三屉桌子成三角形对着放，桌凳都是没有油漆过的白木制的。……丁玲的态度和蔼，把工作任务说得细致、利索，有些像抗大的老红军教员，不像有些文艺家议论很多，但说得不清楚。初见面，丁玲给我留下很好的印象。丁玲可以说是我参加革命工作后的第一个上司，天天见面的顶头上司，是平易近人、亲切和蔼的上司。

后来有一次，黎辛约丁玲一起去听毛主席《反对党八股》的报告，丁玲留他吃饭，吃的是烤馍片和香肠，喝的是“小鬼”送来的小米粥，这在当年的延安，是非常不错的伙食了。黎辛说自己在延安八年只吃过这一次香肠，他感到丁玲待人亲切友好。但此时的他们都没有想到，编辑部的三个人，后来无一幸免地被打成了“反党集团”。

1955 年 12 月，丁玲、陈企霞被定为“反党小集团”，到 1984 年才彻底平反并恢复名誉。据黎辛 2011 年 5 月在《新文学史料》发表的文章记载，1958 年 7 月，他也被定为“反党集团”成员，之后被划为右派分子，理由就是在作协系统利用党总支书记身份保护丁玲、陈企霞，直至 1978 年 11 月才恢复名誉。

晚年的丁玲遭受了不公正待遇，度过了二十多年被她称为“魍魉世界、风雪人间”的岁月，但她从来没有对党和国家失望，她认为，与党和国家的前途命运相比，个人的痛苦哀怨总是渺小的。她在本书收录的《我的生平与创作》一文中写道：“现在，我搜索自己的感情，实在想不出更多的抱怨。我个人是遭受了一点损失，但是党和人民、国家受到的损失更大。我遭受不幸的时候，党和人民也同受蹂躏。许多功劳比我大得多的革命元勋、建国功臣所受的折磨比我更大更深。一个革命者、一个革命作家，在革命的长途上，怎能希求自己一帆风顺，不受一点挫折呢？”同时她也有对历史的反思，在《延安文艺座谈会的前前后后》一文中感慨：“四十年来，人世沧桑，几经沉浮。但历史是不以个人意志为转移的，任何个人，即使是帝王老子也很难凭一己的金口玉言，包写历史。历史是公正的，真伪将经受千秋万代和亿万人民的检验。”

如今这本书摆在我的案头，虽是一本薄薄的小册子，但念及作者丁玲和受赠者黎辛的命运，却又觉得重如千钧。在上世纪五六十年代，文坛发生了许多匪夷所思的事情，一些作家艺术家被安上莫须有的罪名打倒，有的竟因此丧命，给文学艺术界造成了难以挽回的巨大损失。如何处理好文学与政治的关系，如何营造良好的创作环境，是我们应该认真研究的大课题。

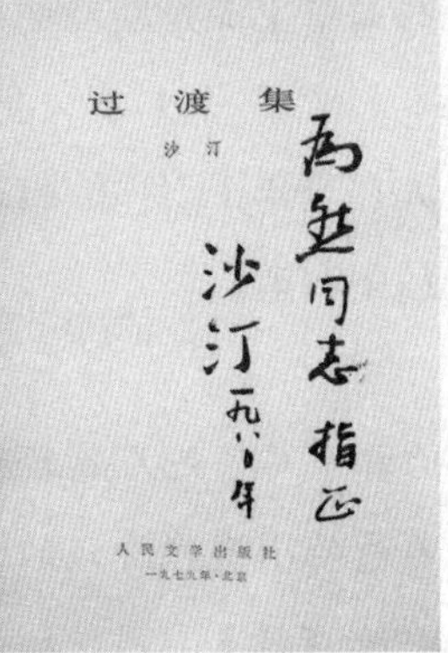

选材要严，开掘要深

——沙汀《过渡集》

沙汀是现代文学史上的著名作家，中国作协原副主席，与同是四川作家的艾芜被称为“文坛双璧”。他的代表作有短篇小说《在其香居茶馆里》、小说集《法律外的航线》、长篇小说《淘金记》《困兽记》《还乡记》等。

《过渡集》是沙汀的短篇小说集，收录1950年至1964年所写的二十四篇短篇小说，有《归来》《控诉》《过渡》《在牛棚里》《你追我赶》等，1979年10月由人民文学出版社出版。作者在扉页上题签：“为然同志指正　沙汀　一九八〇年”，受赠者信息不详。本书内容主要是以新中国成立后的大事件为背景，如抗美援朝、农村合作社等，生动展现了50年代农民的思想动向和生活面貌，塑造了“卢家秀”“范桂花”“柳永慧”等农村劳动人民形象。但总体来看，艺术性较弱，有些篇章更像是新闻通讯。

1931 年，沙汀二十七岁，他和艾芜一起在上海学习小说创作，这两个年轻人在当年 11 月 29 日，就短篇小说题材问题，联名写信向鲁迅请教，信中写道：

> 我们曾手写了好几篇短篇小说，所采取的题材：一个是专就其熟悉的小资产阶级的青年，把那些在现时代所显现和潜伏的一般的弱点，用讽刺的艺术手腕表示出来；一个是专就其熟悉的下层人物——在现时代大潮流冲击圈外的下层人物，把那些在生活重压下强烈求生的欲望的朦胧反抗的冲动，刻划在创作里面，——不知这样内容的作品，究竟对现时代，有没有配说得上有贡献的意义？我们初则迟疑，继则提起笔又犹豫起来了。这须请先生给我们一个指示，因为我们不愿意在文艺上的努力，对于目前的时代，成为白费气力，毫无意义的……目前如果先生愿给我们以指示，这指示便会影响到我们终身的。

12 月 26 日，他们惊喜地收到了鲁迅的回信。先生在信中回复说：

> 两位是可以各就自己现在能写的题材，动手来写的。不过选材要严，开掘要深，不可将一点琐屑的没有意思的事故，便填成一篇，以创作丰富自乐。这样写去，到一个时候，我料想必将觉得写完，——虽然这样的题材的人物，即使几十年后，还有作为残滓而存留，但那时来加以描写刻划的，将

是别一种作者，别一样看法了。然而两位都是向着前进的青年，又抱着对于时代有所助力和贡献的意志，那时也一定能逐渐克服自己的生活和意识，看见新路的。总之，我的意思是：现在能写什么，就写什么，不必趋时，自然更不必硬造一个突变式的革命英雄，自称“革命文学”；但也不可苟安于这一点，没有改革，以致沉没了自己——也就是消灭了对于时代的助力和贡献。

鲁迅将来信和复信发表于1932年1月出刊的《十字街头》第三期，后来又以《关于小说题材的通信》为题收入《二心集》。这封回信，极大地鼓舞了沙汀和艾芜，使他们有勇气坚持下去，尤其是“选材要严，开掘要深”的要求，成为他们日后的创作法则——正如他们信中所说，“影响到我们终身”。该年年底，他们又将自己的短篇小说送给鲁迅审看，沙汀送的是《俄国煤油》和《莹儿》，鲁迅又亲笔修改并提了中肯意见，使他们再次感受到这位文坛前辈对青年人的关心和指导。鲁迅先生应该也没有想到，自己的两封信，催生了现代文学史上两位著名作家。

沙汀在年轻时受到鲁迅的指导，所以他深知扶持青年作家的重要性，他在成名以后，也对青年作家满怀热心，尤其是对四川老家出现的作家格外关注。1979年，四川省简阳县一个年轻业余作者周克芹，写出了长篇小说《许茂和他的女儿们》，发表在当地内部刊物《沱江》上，重庆老作家殷白将其推荐给沙汀、周扬。他们二人认为这是一部好作品，于是通信探讨。后来沙汀把他们的通信、殷白的评论以及这部小说推荐给《文艺报》发表。这部小说在1982年获得了第一届茅盾文学奖。据了解，罗广斌和杨益言写出《红岩》初稿后，也是沙汀带着他们一章一章研究修改的。另外，他在四川还扶持过马识途、高缨、克非、刘俊民、包川等作家。

沙汀一生极重友谊，他和老乡作家巴金、艾芜都是1904年出生，老朋友几十年彼此关心、相互扶持。1992年12月5日，八十八岁的艾芜因病去世，老友沙汀闻讯后悲痛欲绝，多次感慨："你怎么忍心松开我们握了大半个世纪的手，先我而去呢？"仅仅九天后，沙汀也随老友而去。"文坛双璧"同生共死，奏响了一曲友谊的悲歌。

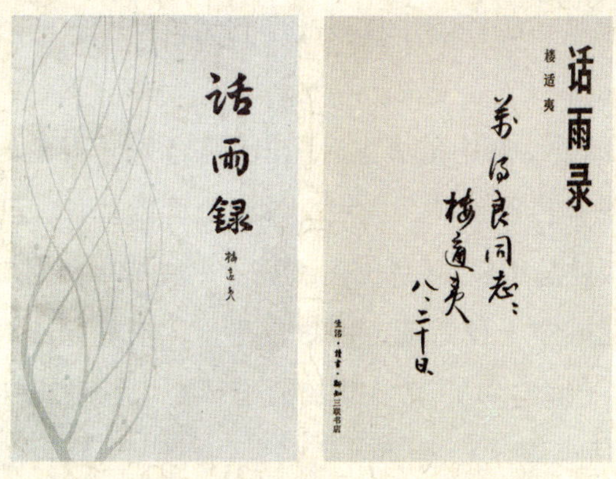

文化老人的赤子之心

——楼适夷《话雨录》

楼适夷散文集《话雨录》，1984年8月由三联书店出版，收录怀人文章和散文随笔共二十八篇，包括对鲁迅、郭沫若、茅盾、老舍、丁玲、吴伯箫、冯雪峰、应修人、殷夫、傅雷、孟超、柯仲平、夏丏尊、潘汉年、巴人等十几位著名作家的追忆与怀念。至于书的名字，作者在弁言中写道："所收大抵为怀人念旧之作，集名便题为《话雨录》，以示不过一些风雨夜话，无甚高论。"作者在扉页上用毛笔题签："万得良同志： 楼适夷 八、二十日"，受书人资料和签赠年份不详。

楼适夷原名楼锡春，现代作家、翻译家、出版家，1905年1月生于浙江余姚，早年参加太阳社，在《太阳月刊》《语丝》《萌芽》等发表作品，后留学日本，1931年回国，从事左联党团工作，任《前哨》编辑，后参加反帝同盟，在中共江苏省委工作，1933年被捕，1937年出狱，历任新华日报社副刊编辑，中华全国文艺界抗敌协会理事，《抗战文艺》《文艺阵地》编辑，浙东行署文教处副处长，《新华日报》编委。新中国成立后任出版总署编审局副处长，东北军区后勤政治部宣传部部长，人民文学出版社副社长、副总编辑、顾问，作家出版社总编辑，《译文》编委。“文革”期间受到批斗、审查，下放湖北咸宁干校劳动，1978年平反，恢复党籍。著有短篇小说集《挣扎》《病与梦》，散文集《话雨录》《适夷散文选》《天平之甍》，诗集《适夷诗存》，剧本《活路》《盐场》，译著《在人间》《契诃夫、高尔基通讯集》《蟹工船》等。2001年4月20日逝世，享年九十六岁。

该书前两篇文章（《毕生难忘的恩情》和《鲁迅二次见陈赓》），都是回忆自己与鲁迅的交往。1927年10月初，鲁迅从广州到上海，党以上海济难会名义，由王望平在兴华楼设宴欢迎鲁迅，赴宴者有冯雪峰、茅盾、丁玲、郁达夫、潘汉年、蒋光慈、阿英、洪深、楼适夷等，这是他第一次见鲁迅。在这次宴席上，鲁迅谈了他离开广州的原因，以及与高长虹之间的关系。1931年楼适夷从日本回国后，因为编辑《前哨》《文学导报》《文艺新闻》等刊物，与鲁迅的接触逐渐多起来。1932年秋，楼适夷曾受组织安排，陪同陈赓将军会见鲁迅。1933年9月，楼适夷被特务逮捕，当时党组织还不知道，鲁迅在9月24日给姚克的信中说“适兄忽患大病，颇危，不能写信了”，把楼适夷被捕的消息巧妙地传递出去。之后，鲁迅还介绍楼适夷的弟弟楼炜春去找蔡元培、柳亚子等设法营救，并请英国知名人士马莱爵士向中国驻英大使馆抗议，要求释放楼适夷。美国友人伊罗生请鲁迅编一本《中国短篇小说选》，译成英文介绍到美国去，鲁迅特意将楼适夷的两个短篇小说《盐场》和《死》选入这本名为《草鞋脚》的书中，这个数量在十六位入选作家中，仅次于鲁迅和茅盾，与丁玲、叶圣陶持平。鲁迅的认可极大地安慰了狱中的楼适夷。楼适夷在狱中想读书而不得，鲁迅千方百计通过秘密渠道，把《艺术论》《艺术与社会生活》《苏联文艺政策》《文学评论》《海上述林》等书送给狱中的楼适夷。楼适夷也不负鲁迅期望，在狱中翻译了高尔基的《在人间》《文学的修养》、法国菲利浦的中篇小说《蒙派拉斯的葡萄》、日本志贺直哉的短篇小说集《焚火》等。鲁迅的关怀帮助，让楼适夷终生刻骨铭心，新中国成立后，他在纪念和研究鲁迅方面做出了很大的贡献。

可能是受鲁迅影响太深，楼适夷不避权贵，仗义执言，本着澄清事实，为历史负责的态度，在新时期写了不少反思文章。这本书中收录的刊于《鲁迅研究动态》第二期的《为了忘却，为了团结——读夏衍同志〈一些早该忘却而未能忘却的往事〉》，就是非常值得深思的。

1980 年，《文学评论》第一期发表了夏衍的《一些早该忘却而未能忘却的往事》，针对冯雪峰 1966 年写的材料发表了一些看法，谈了 30 年代在上海时鲁迅、胡风、冯雪峰、周扬等人的关系。楼适夷于是写了这篇《为了忘却，为了团结》的文章来回应夏衍，还谈了自己对 30 年代“两个口号”之争的认识。

楼适夷在该文中也毫不避讳地叙说了他与夏衍的情谊，比如 1948 年与夏衍一起在香港九龙居住，因为生活拮据，就跟夏衍借款，实际上是有借无还的。1949 年离港北上赴京时，还同夏衍私下约定，将来跟他到上海工作，比北京熟悉一点。“文革”后，楼适夷见夏衍被“四人帮”摧残成了残疾，也曾流下热泪。但友情归友情，事实归事实，在历史真相面前，这位正直的文化老人还是要坚持发声的。他用事实材料为冯雪峰辩诬，认为历史总会搞清楚的，文艺界的宗派主义应该结束了。

除此之外，楼适夷晚年的许多文章，不仅对文艺界宗派主义斗争有所反思，而且也直逼自己的心灵深处。他在《记胡风》中写道："胡风落井，众人投石，其中有一块是我的，心里隐隐作痛，觉无面目重见老友。"几十年政治的风风雨雨，人生的起起伏伏，并没有销蚀他那颗赤子之心，反而更加真诚直率地对待人生，对待他人。

综观这本《话雨录》，每篇文章都葆有一颗诚善之心，尊重事实，无虚伪狡辩之词，无歌功颂德之章，无趋附政治之意，是在本本分分地记录自己的人生经历，堂堂正正地叙述自己的文坛交往，这与同时代的作家作品相比较，确实是难能可贵的。他的深刻反思，让他与火热的政治运动保持了足够的距离，将人生和社会看得更清楚一些。他曾写下"天虚我生何足道，历史长河万古流"的诗句，在这历史长河中，镌刻下了这位赤诚的文化老者不可磨灭的人生履痕。

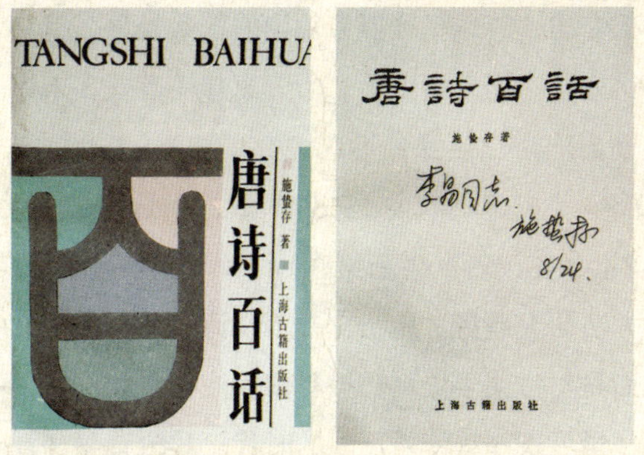

与鲁迅论战的现代派小说家

——施蛰存《唐诗百话》

著名作家、学者施蛰存所著《唐诗百话》，收录一百篇串讲唐诗的文章，1987 年 9 月由上海古籍出版社出版。该书因写作持续时间长，中间搁笔五年，故前后风格不同，前半部分倾向于讲义，后半部分是活泼的诗话。作者在该书扉页上题签："李昌同志　施蛰存　8/24"，受书者李昌资料及赠书年份不详。

《唐诗百话》分四部分，分别是初、盛、中、晚唐诗话，讲解诗人及其作品，每一部分最后都有一篇"余话"，提纲挈领地概括这一时期诗歌发展的轨迹特点。全书运用严谨的考证和比较的研究方法，以疏朗通达的笔法给读者解释了许多问题，其中有些观点独特新颖。一是认为中唐诗歌盛于盛唐。一般讲唐诗，均以盛唐诗歌为宗，而施蛰存认为，盛唐是政治、经济全盛时期，并不是诗歌的全盛时期，中唐五十年诗人辈出，诗坛呈现群芳争艳的繁荣景象，他讲了盛唐十六家已经觉得讲完了，而中唐讲了二十五家却还有好多未讲。二是选篇不俗，独出新意。讲白居易，不选《卖炭翁》《长恨歌》《琵琶行》，而选《两朱阁》《霓裳羽衣曲》；讲韩愈，不选《早春》，而选《落齿》，避熟就生，使读者产生新鲜感，了解了很多被埋没的好诗。三是用考证的方法研究唐诗。施蛰存并不就诗讲诗，仅从文学本身去理解和鉴赏，而是参考诸多史料，搜集前人注释，认真校勘考证，做到知人论诗，尽量展现一首诗所反映的时代、政治背景和社会风俗，谈出自己的新看法，林林总总，别开生面。

施蛰存曾这样自我评价："我的一生开了四扇窗子。第一扇是文学创作，第二扇是外国文学翻译，另外则是中国古代文学与碑版文物研究两扇窗子。"在文学创作方面，施蛰存最大的意义是创造并培植了现代派文学。在 20 世纪 30 年代，他是中国最有影响的心理分析小说家，《石秀》《将军底头》《梅雨之夕》《魔道》等小说都是实验性极强的作品，通过他主编的《现代》杂志，培植出了中国现代文学上的现代派，形成中国文坛现实主义、浪漫主义、现代主义三足鼎立的局面。另外，他还出版了小说集《娟子姑娘》《上元灯》《小珍集》《灯下集》等。在外国文学翻译方面，曾出版译著《多情的寡妇》《十日谈选》《域外文人日记抄》《波兰短篇小说集》《匈牙利短篇小说集》《老古董俱乐部》《自杀以前》《丈夫和情人》《渔人》《荣誉》《雷蒙特短篇小说集》等。在中国古代文学研究方面，有《唐诗百话》《花间新集》《晚明二十家小品》《北山楼词话》等问世，并创办和主编了我国唯一研究词学的刊物《词学》。碑版文物研究方面出版了《北山考古录》《水经注碑录》《金石丛话》等。

其实，施蛰存在现代文学史上留名，写作心理分析小说并主编

《现代》杂志只是其中一个原因，还有一个不可回避的原因是，他和鲁迅的论争。施蛰存和鲁迅的交往过程，有友谊也有争论，有理解也有误解，总的来说，“实为公仇，决非私怨”。

1931 年底，胡秋原在《文化评论》上发表《阿狗文艺记》，宣扬艺术至上主义，批评左翼文坛“将艺术堕落到一种政治的留声机”。“左联”以《文艺新闻》为阵地，连续发表多篇文章予以回击。之后苏汶在施蛰存主编的《现代》第一卷第三期上发表《关于“文新”与胡秋原的文艺论辩》，以“第三种人”自居，支持胡秋原，于是在文艺界引起了一场关于“第三种人”的争论。施蛰存没有直接撰文参与论争，但因为他倾向并不明朗，作为刊发文章的主编，自然也被左翼作家戴上了“第三种人”的帽子。其实，在此次论争之前，施蛰存和鲁迅也是有来往的，他在第一线书店任编辑时，冯雪峰和他商量，决定出版一套马克思主义文艺理论丛书，系统介绍苏联文艺理论，在鲁迅的指导下，拟定了十二种书，鲁迅承担四本。后来陆续印出五种，鲁迅翻译的卢那卡尔斯基的《文艺与批评》即是第五种，之后因政治形势变化，其他几种没有印行。

即使在这次论争之后，鲁迅和施蛰存也没有走到对立面。1932 年 11 月，鲁迅回北平省亲，在多所大学进行了演讲。施蛰存委托北京的朋友想方设法找到有关演讲的照片和剪报，在他主编的《现代》第二卷第四期上发表，为现代文学留下了珍贵史料。1933 年 2 月，鲁迅悲愤地写下了怀念“左联”五烈士（李伟森、胡也频、柔石、白莽、冯铿）的雄文《为了忘却的记念》，明确指出了五位遇害作家的姓名、被害时间、地点。文章写好后，有两家杂志迫于压力不敢发表，最后转到《现代》主编施蛰存手中，他冒着风险在《现代》第二卷第六期上发表出来，并配上了珂勒惠支的木刻画《牺牲》，起到了很好的革命宣传效果，有力地控诉了反动派的罪行。

就在这一年，施蛰存与鲁迅打了一次真正的“笔仗”。1933 年 9 月，《大晚报》编辑寄了一张印有表格的邮片，请施蛰存填写目下在读什么书，要介绍给青年人什么书。施蛰存在第二项中填写了《庄子》《文选》，认为这两本书“为青年文学修养之助”。10 月 6 日，鲁迅用“丰之余”的笔名在《申报·自由谈》发表了《感旧》一文，不点名地提出了批评。施蛰存看到后，又写了《〈庄子〉与〈文选〉》一文，与鲁迅展开了论争，鲁迅又连作《“感旧”以后》上下篇，进行再批评。其实，施蛰存有向青年推荐书目的个人权利，鲁迅也有批评这种推荐的权利。鲁迅站在复古与革新的对立角度，根据当时中国社会的实际状况，出于对封建思潮的警惕，为捍卫新文化运动的果实，对施蛰存向青年人推荐古书的观点进行了批评。而此时的施蛰存年轻气盛，并未像鲁迅一样站在当时特殊的社会环境中，考虑得那么深，看得那么远，只是认为推荐传统文化经典并没有错，于是为了捍卫自己的话语权，你来我往，逐渐升级，在文学史上形成了著名的“《庄子》与《文选》”之争。新中国成立后，施蛰存在“反右”和“文革”中受到打击，也和此事不无关系。

施蛰存晚年平易近人，心胸豁达，喜欢奖掖后进，常将自己搜求的珍本秘籍借给青年教师做研究，不辞辛苦为后辈学人审稿。在八旬高龄还主编了《中国近代文学大系》（翻译文学卷），并撰写了一万八千字的序言，成为近代文学研究的重大突破。

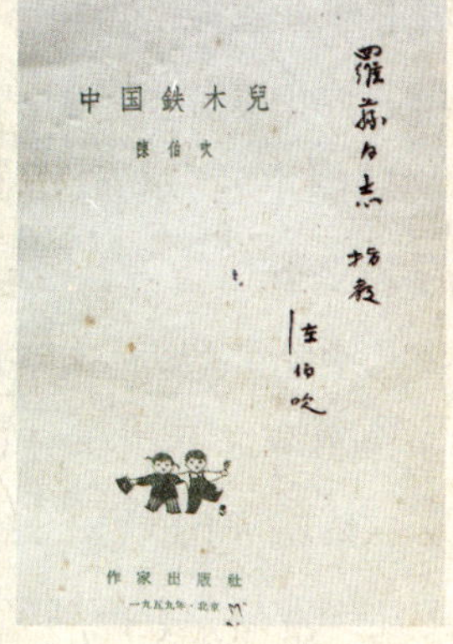

献身儿童文学七十年

——陈伯吹《中国铁木儿》

《中国铁木儿》是我国著名儿童文学作家陈伯吹的短篇小说集，1959年11月由作家出版社出版，收录十篇短篇小说，作者在后记中作了简要介绍：《欢送》《保卫和平的故事》和《协作万岁》，都是村子上、学校中、红领巾工厂里的真事；《毛主席派人来了》是1954年国际儿童节，在上海中山公园音乐厅前面草坪上为长宁区全区少先队员举行的联欢会上讲的故事，而这故事也有它生活的根据的；《爸爸上山去》和《中国铁木儿》是从两个少年报社的“情况汇报”中得到的消息和启发；《小珍看蛟去》是描画一个偏僻的山村，在大跃进中开始改变面貌；《最好的一课》是随着中国少年报社参观天津三条石铁工厂的记录；《妈妈在工地上》是1958年5月在十三陵水库工地上的生活；《有一位好叔叔》是在中国科学院建筑“三不要”（不要水泥、钢筋和木材）礼堂的基础上所产生的故事。

作者在该书扉页题签："罗荪同志指教　陈伯吹"。该书受赠者罗荪即著名作家、评论家孔罗荪，1912年生于山东济南，原名孔繁衍，曾任南京市文联副主席、上海市作协书记处书记、《文艺报》主编、中国现代文学馆名誉馆长等，著有杂文集《野火集》《小雨点》，文学评论集《文艺漫笔》《罗荪文学论集》等。

陈伯吹，1906年8月生于江苏宝山，名字取自《诗经·小雅》中《何人斯》一诗："伯氏吹埙，仲氏吹篪。"他幼时家境贫寒，从宝山县师范讲习所毕业后，分配到吴淞朱家宅小学担任教师。他在讲课之余，拿起手中的笔，记录下学校里上课、体操、音乐、游戏等活动，写了一部六万字的中篇《学校生活记》，由商务印书馆出版，这是陈伯吹走上儿童文学创作的第一步。

1928年陈伯吹到上海，考入大夏大学，一边在大夏大学读书，一边在上海幼稚师范学校兼课。这期间他坚持写作，带着自己写的诗到商务印书馆请郑振铎指教。郑振铎选了几首发表在《小说月报》上，同时提醒他："看来你是个大学生，要靠发表诗拿点稿费补贴生活，这是很困难的，倒不如搞儿童文学创作。我们商务印书馆出版一本《儿童世界》，每周出版一期，中华书局也有一本《小朋友》，也是每周出版一期，你可以在这方面多写些东西。"无心插柳柳成荫。受郑振铎的启发，陈伯吹开始专注于儿童文学创作，并且一写就是七十年，成为著名的儿童文学作家。在30年代，他先后出版了《畸形的爱》《阿丽丝小姐》《华家的儿子》《火线上的孩子们》《波罗乔少爷》等小说，翻译了《兽医历险记》《绿野仙踪》等欧美儿童文学名著。抗战期间，他到重庆国立编译馆从事教科书编写工作，并在复旦大学新闻系兼课，同时担任《小朋友》杂志主编。1947年，他到《大公报》编辑《现代儿童》副刊，每星期日出版，当时在社会上影响很大。这里还有一段插曲。就在这一年，有一个喜欢看《现代儿童》副刊的九岁小姑娘，把自己的作文大胆地寄给了《大公报》，不久以后，《大公报》登出了这篇叫《可怜的小青》的习作，这令她惊喜不已，拿着报纸爱不释手。一个孩子的写作天赋，就这样被编辑陈伯吹激发出来了，这个小姑娘，就是如今名满天下的台湾小说家琼瑶。

新中国成立后，陈伯吹担任少年儿童出版社副社长、上海市作协副主席和华东师范大学、北京师范大学兼职教授，出版了《一只想飞的猫》《中国铁木儿》《幻想张着彩色的翅膀》《从山冈上跑下来的小女孩》等童话、小说、散文集。1956 年，陈伯吹发表《谈儿童文学创作上的几个问题》，认为“一个有成就的作家，愿意和儿童站在一起，善于从儿童的角度出发，以儿童的耳朵去听，以儿童的眼睛去看，特别以儿童的心灵去体会，就必然会写出儿童能看得懂、喜欢看的作品来”。作为一个儿童文学作家，基于自己的创作经验，谈一些看法体会，本是极为正常的。但就在他创作最活跃的时候，文艺界的生态出现变化。1960 年 5 月，《人民文学》发表文章批判陈伯吹的“童心论”，认为是反对阶级论，是毒草。两年后，在上海文代会上又宣布“童心论”批判错了，陈伯吹恢复了写作和发表的权利。“文革”期间他又被隔离，戴上了“修正主义分子”“反动学术权威”的帽子，上万册藏书被抄，本人被送到奉贤五七干校劳动。新时期以来，他又重新拾起了笔，出版了《摘颗星星下来》《海堤上遇见一群水孩子》等。在晚年，他经常为青年作家们阅读推荐稿子，并写了二百多篇序文，编成了《他山漫步》《天涯芳草》《火树银花》等集子出版。

陈伯吹一生简朴、节衣缩食，有一次评论家樊发稼去看他，正逢他在吃早餐，只有一碗大米稀饭，半个咸鸭蛋，几根咸菜丝。就是这样一位在物质上没有高要求的老人，却为了鼓励儿童文学创作，在 1978 年底，决定拿出毕生积蓄的五万五千元稿费，成立儿童文学园丁奖基金。当时有领导考虑，这种想法是好的，但没有先例，也会对其他作家产生压力，建议暂缓。1981 年茅盾去世，遗嘱捐赠二十五万元成立长篇小说奖基金，接着巴金又捐赠十五万元建造中国现代文学馆。此时时机已经成熟，于是上海市作协、上海出版工作者协会、少年儿童出版社、《儿童时代》社、《少年报》社联合成立了儿童文学基金委员会，陈伯吹的五万五千元稿费作为启动基金，每年的利息用来给优秀儿童文学作品发奖，并出版获奖作品集。在今天看来，五万五千元可能不算多，可在三十多年前的上海，这笔钱可以买三套房子。1988 年，该奖更名为陈伯吹儿童文学奖，2014 年更名为陈伯吹国际儿童文学奖。该奖项至今已举办二十五届，为中国乃至世界儿童文学发展起到了重要推动作用。金波、任大霖、任溶溶、曹文轩、高洪波、秦文君、王安忆、张炜、赵丽宏、陈丹燕、程乃珊等著名作家都曾获此奖。

陈伯吹一生从事儿童文学创作，对孩子的教育自然有一套成功的经验。他的儿子陈佳洱先生，是我国著名的核物理学家，1993 年当选为中国科学院院士，曾任北京大学校长、中国物理学会理事长、国家自然科学基金委员会主任等职。他曾回忆，自己是读着父亲的作品长大的，是父亲的童话把他引上了科学的道路。

1997 年 11 月 6 日，一代儿童文学大师陈伯吹在上海华东医院逝世，享年九十二岁。去世前，他做的最后一件事，是把自己一生的藏书捐献给浦东新区的一座儿童图书馆。如今，这座图书馆被命名为“陈伯吹儿童图书馆”。

知我罪我，公已无言

——赵树理《李有才板话》

《李有才板话》是赵树理在1943年发表的一部中篇小说，描写了抗战时期，地主阎恒元把持了敌后根据地阎家山的村政权，村干部营私舞弊欺压群众，却骗取了“模范村”的荣誉。李有才带领小字辈，以“快板诗”为武器，同他们进行智斗并取得胜利。小说重点描写了在改选村政权和减租减息斗争中农民和地主之间复杂尖锐的矛盾，反映了农村各阶层的心理变化。作品采用有说有唱、生动活泼的板话形式，将人物形象塑造得血肉丰满。

这本《李有才板话》，是1952年8月人民文学出版社出版，1964年8月四川人民出版社重印的，包含《小二黑结婚》《李有才板话》《孟祥英翻身》《地板》《福贵》等五篇中短篇小说。作者在扉页上题签：“徐懋庸先生台揽：　赵树理　六五年四月廿日”，由此可知，该书是著名作家赵树理签赠给同样是著名作家的徐懋庸的。

先来说说徐懋庸。徐懋庸1910年12月生于浙江上虞，1933年到上海开始文学创作。1934年1月6日，《自由谈》编辑黎烈文邀请撰稿人聚餐，在座者有鲁迅、郁达夫、曹聚仁、陈子展、唐弢、周木斋、林语堂、徐懋庸等，徐懋庸从此与鲁迅相识。1934年春参加中国左翼作家联盟，同鲁迅联系更加密切。1936年8月就“国防文学”与“民族革命战争的大众文学”两个口号的论争，写信给鲁迅。鲁迅接信后发表了著名的《答徐懋庸并关于抗日统一战线问题》，驳斥了徐懋庸，自此二人分道扬镳再无交往。1936年10月19日鲁迅逝世，徐懋庸送了一副挽联：“敌乎友乎？余惟自问，知我罪我，公已无言”。后来徐懋庸到延安，将此过程汇报给毛主席，毛主席首先肯定了这次论争的性质，是革命阵营内部的争论，而且认为这个争论不但是不可避免的，而且是有益的，争来争去，真理越争越明，大家认识一致了，事情就好办了。当然，毛主席也指出，徐懋庸是有错误的，是对鲁迅不尊重，只要知道错了，以后努力学习改正，前途是光明的。徐懋庸一生驰骋文坛，写了不少作品，但最能被人记住的，却是和鲁迅的这场笔仗，正如他在回忆录中说：“鲁迅先生的名字和著作全集，一定是会‘流芳百世’的，那末，我的名字，也将夹在他的全集中‘遗臭万年’……而且在我死后，不仅我的儿女们，下代的青年们也还会碰到我和鲁迅的关系的问题，而且对于他们会发生某些影响。”

再来谈谈赵树理。赵树理1906年9月生于山西省沁水县，1925年夏考入山西省立长治第四师范学校，开始写新诗和小说，在抗战前的几年间发表了《金字》《盘龙峪》等小说。1937年加入中国共产党，投身革命，在山西从事文化工作，写了许多反映农村社会生活、深受广大群众喜爱的小说。1943年，赵树理调到北方局党校工作，他在左权县听到一个真实的故事，民兵队长岳冬至和智英祥搞恋爱，被混进村政权的坏人害死了。经过艺术概括，他写成了著名的短篇小说《小二黑结婚》。同年 11 月，赵树理又写了中篇小说《李有才板话》。1945 年冬，赵树理回乡探亲，创作了长篇小说《李家庄的变迁》。新中国成立后担任《曲艺》《人民文学》编委、北京市文联副主席等职。“文革”期间遭到迫害，于 1970 年 9 月 23 日含冤辞世，终年六十四岁。他的小说多以华北农村为背景，反映农村社会变迁和矛盾斗争，塑造了农村各种人物形象，其开创的“山药蛋派”，成为现代文学史上重要的文学流派之一。

在这里，不想具体谈《李有才板话》这本书，有许多此类研究文章，诸君可找来阅读。我想用一定的篇幅，重点谈谈徐懋庸和赵树理这两位文坛风云人物的关系。

1982 年 7 月，作为“新文学史料丛书”之一的《徐懋庸回忆录》由人民文学出版社出版，此时徐懋庸已去世五年了。该书是由徐懋庸的夫人王韦整理的，在后记中有这样一段说明：“在一九七二年前后的两三年间，在‘文革’的动乱生活中，（他）断断续续地写下了这本《回忆录》。尽管当时‘四害’横行，懋庸在干校劳动，泥里摔，水里滚，干着力不胜任的重活，但每到晚上，便在昏暗的小油灯下一点一滴地回忆着，记录着，总结着自己走过的路。每完成一个章节，就复写下来寄给四面八方远隔千里的儿女们。希望儿女们能从自己走过的路中得到经验，得到教训，更好地走自己生活的路。……懋庸在写的时候，完全没有想到要公之于世，只是想让儿女们留作个纪念。”由此可知，这本回忆录，对于徐懋庸本人而言，应该是比较客观真实的，感情也应是诚挚的，是对自己的一生进行记录和反思，给后人一种交代。翻遍该书，其中关于赵树理的回忆，只有以下内容：

一九四一年秋，太行地区出现了一个赵树理，写了一篇《小二黑结婚》，为彭德怀所看中，特为写序，评价很高，在群众中也有很大的影响。不久以后，一九四二年一月，八路军一二九师政治部和中共太北区党委联合邀请太行区文化界四百余人，举行了一个大规模的座谈会（会址是涉县赤岸），由杨献珍（太北区党委书记）和李雪峰作了主要报告。……杨献珍在其报告中，对当时“文联”的工作批评得很厉害，几乎全盘否定；赵树理的发言也有些趾高气昂，并对“文联”干部讽刺得很刻薄。……不久以后，我带了一个抗大的参观团经过“文联”，“文联”的同志们同我一起漫谈，大家说了很多对赵树理不满的话。我说，赵树理的《小二黑结婚》是写得好的，但不见得是唯一的典范。他有点儿骄傲，说话也太尖酸刻薄，但大家不必计较，而且还应当团结他。

由此可知，徐懋庸对赵树理这位年长自己四岁的作家并无太多好感。那么，赵树理对这位年轻时即“一骂成名”的杂文家是什么态度呢？董大中主编的六卷本《赵树理全集》，收录了1944年4月赵树理写给徐懋庸的一封信，正好印证了徐懋庸这段回忆的一些细节，全文如下：

徐懋庸先生：

前不久先生带抗大的参观团路经文联，许多同志同你谈了我的几个错误观点，在这里，我对此作一解释，谈谈我的看法。

对于他们鄙夷农民吃南瓜汤、臭酸菜，指责他们长年累月不洗脸、不剃头，我觉得他们这种态度是“平凡的残忍”。目前正在我们抗日根据地吃南瓜喝酸汤的同伴们正是建设新中国的支柱，在贫穷和愚昧的深窟中沉陷着的正是我们亲爱的同伴，要不是为了拯救这些同伴们出苦海，那还要革什么命？把金针海带当作山珍海味，并非千古不变的土包子；吃南瓜喝酸汤也不是娘胎里带来的贱骨头。作革命工作的同志们遇上这种现象应该引起的是同情而不是嘲笑——熟视无睹已够得上说是个“麻痹”，若再超然一笑，你想一想该呀不该？我们的工作越深入，所发现的愚昧和贫穷的现象在一定的时间内将越多（即久已存在而未被我们注意的事将要提到我们注意范围内），希望我们的同志哀矜勿喜，诱导落后的人们走向文明，万勿以文明自傲弄得稍不文明一点的人们坐也不是站也不是。以上是我这多年在农村工作的点滴经验，也是我在八区任职四个月的切身体会，谨作参考。

愿公台揽　赵树理

民国三十三年四月二十日启

这些资料，两相对照，就能了解 1944 年前后太行山抗日根据地文学界的动态，能看出文联作家们对赵树理及“山药蛋派”的态度，同时也能看出赵树理对太行文艺界同仁的不满和自觉的大众化文艺追求。后来，远在延安的共产党文艺界领导人周扬撰写了《论赵树理的创作》，1946 年，郭沫若撰写了《〈板话〉及其他》，茅盾撰写了《关于〈李有才板话〉》，1947 年，陈荒煤在《人民日报》又发表《向赵树理方向迈进》，这几位关键人物的关键文章，确立了“赵树理方向”是整个解放区文艺界的方向。新中国成立后，以赵树理为代表的“山药蛋派”作家始终没有放弃对农村现实问题的关注，对农民的深厚感情促使他们敢于正视和反映那些农村的阴暗面。就因如此，作为特定历史阶段文学旗帜的赵树理在离晋赴京后并未受到足够的重视，就如在山地和旷野的花树，移植到城里来，颜色便黯淡下来，以致在“文革”中郁郁离世。

在短短三十年的现代文学史上，曾出现过许多流派许多纷争，徐懋庸和鲁迅，赵树理和文联作家，只是其中之一二。大浪淘沙，岁月有痕。如今，他们的作品，他们的故事，依然在读者中广泛流传着。

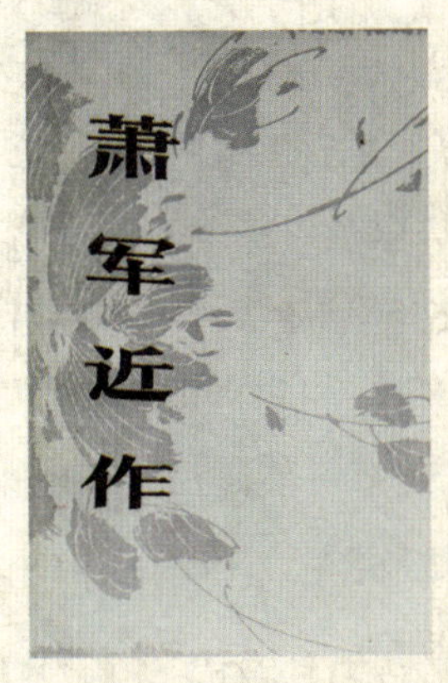

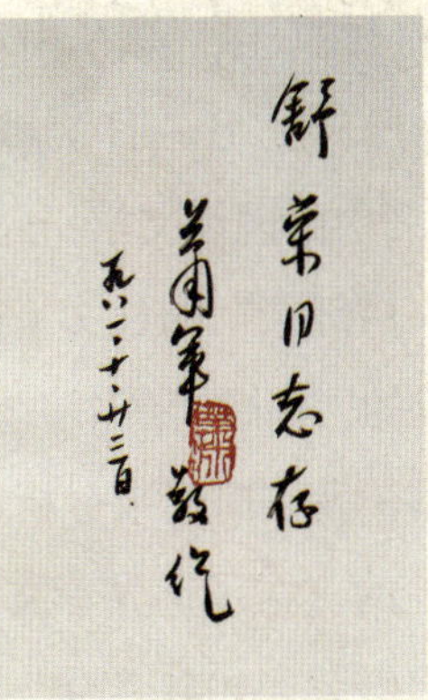

良师鲁迅，爱人萧红

——萧军《萧军近作》

1981 年 6 月，四川人民出版社组织出版了一套“近作丛书”，主要收录老作家的新作品，第一辑包括郭沫若、茅盾、夏衍、丁玲、巴金、严文井、叶君健、周立波、罗荪、王西彦、艾青、艾芜、王朝闻、康濯等十五人的作品，这本《萧军近作》即是其中之一。

该书的出版说明中说：“萧军是我国著名的一位老作家。他恢复名誉后，勤奋地写作，一年来写了四五十万字的文章。收在本集的《忆长春》《哈尔滨之歌三部曲》《我的文学生涯简述》等作品，都是从中选出的。文章不但记述了作家坎坷的一生，同时真实地再现了一个时代的一角。”从内容上来看，该书四分之一是旧体诗，包括悼怀、交游、忆往等主题，另外四分之三是自传体回忆录，包括与鲁迅的交往，在长春、哈尔滨、青岛、上海等地的生活。

在该书前衬页上，萧军用毛笔题写："舒荣同志存　萧军敬讫　一九八一、十、廿三日"，并钤印。"舒荣同志"是何许人也？经查阅资料，《中国现代文学研究丛刊》1982年第二期曾发表一篇署名"阎纯德　白舒荣"的长文《记萧军》，此文是在对萧军多次采访的基础上写成的，回顾了萧军一生的文学创作和生活。从萧军签赠时间和《记萧军》发表时间来分析，此书可能是白舒荣在采访萧军时，萧军签赠给她的。在《世界华文文学论坛》1999年第一期，有一份学人档案：白舒荣，1941年生，北京大学中文系毕业，中国作家协会会员，世界华文文学杂志社社长、执行主编，中国文联出版公司编审、编审委员会委员，中国作家协会台港澳海外华文文学联络委员会委员。著作有：《白薇评传》、《十位女作家》（传）、《热情的大丽花》（散文小说集）、《中国现代女作家》（合著、评传）、《寻美的旅人》（评传）；另有未结集的散文、小说及评论（皆系评介海外华文作家作品），散见于中国大陆、香港、台湾以及美国和东南亚各国多家报刊。主编出版《世界华文文学精品库》《海外女作家新潮散文》《海外华文女作家成名作赏析》《世界华文作家传记丛书》等。

让我们回到萧军。萧军的一生，与两个人有莫大的关系，那就是鲁迅和萧红。

萧红是一位有才华的女作家，为了追求自由，她冲破封建家庭的藩篱，1932年夏秋之交，因为欠饭费和房租，被扣在哈尔滨一家旅馆做"人质"。在她走投无路时，喜好行侠仗义的萧军听说此事，赶到旅馆救出萧红，二人产生感情，很快就生活在一起。婚后虽然生活艰苦，但因有共同的爱好和追求，日子也算幸福。1932年，二人自费合印了第一部作品《跋涉》，收录了萧军的短篇小说《孤雏》《烛心》和萧红的《王阿嫂之死》《夜风》等。1934年，他们从哈尔滨乘船到青岛，租住在观象山下一栋房子里，一起编辑《青岛晨报》副刊，并开始和鲁迅先生通信。萧军的《八月的乡村》和萧红的《生死场》，就是在青岛写成的。随着青岛党组织受到严重破坏，政治环境恶化，他们二人于 1934 年冬乘船逃往上海。11 月 30 日，他们与鲁迅第一次见面，后来鲁迅又请他们在梁园豫菜馆吃饭，给他们介绍了叶紫、聂绀弩等青年作家朋友。后来，鲁迅又为萧军的《八月的乡村》和萧红的《生死场》写序并推荐出版，帮助他们走上文坛，对这两位青年作家给予了无微不至的关怀。

对于鲁迅，萧军曾有这样一个形象的比喻："我在鲁迅先生面前，从来也没有拘束感，也不会想到要隐瞒些什么。他是一个严格的，然而更是一个可敬可亲的长者。我常常想，我就像是一缸豆腐浆，而鲁迅先生却是一滴卤水，这卤水一下去，清的渐渐上升，浊的下降了，我就是这种感觉。这卤水下来，使我懂得了清的是什么，浊的是什么，在我的思想中逐渐形成了一些新的、向上的东西。他从来也没有正面指着鼻子教训过我，但他的为人，他的作风本身就是一种教育，一种榜样，到现在还时时影响着我，监督着我……"

1936 年 10 月 19 日鲁迅先生逝世，萧军第一时间赶到鲁迅家中，在鲁迅遗体前号啕大哭，悲痛不已。他积极承担了鲁迅治丧的各项工作，移灵去万国公墓落葬时，他是一万余人送葬游行示威队伍的总指挥。在墓地上，他代表"鲁迅先生治丧办事处"全体同人和《作家》社、《译文》社、《中流》社、《文学》社全体同人致悼词。鲁迅下葬以后，治丧办事处把各方面纪念鲁迅先生的文章搜集起来，由鲁迅先生纪念委员会指定萧军、萧红以及其他人，编成一部五十余万字的《鲁迅纪念集》，由上海文化生活出版社出版。

萧军和萧红在 1932 年相识并同居，1938 年在西安与萧红分手，他们在一起共同生活战斗了六年，互相都成了生命中最重要的一部分。对于他们的分开，各种文章众说纷纭，但萧军本人却很少谈及此事，他说："人生的偶然遇合或分离是很难排除的。这是人世上的常事。尽管偶然的遇合或分离有它的必然规律，但偶然究竟是偶然。我和萧红由相识到结合应该说是一种偶然，而分离却是演变的必然结果。"萧红于1942年因肺病病逝于香港，时年三十二岁，令人惋惜。萧军一直珍藏着萧红给自己写的四十五封信，自1978年开始整理这批书信手稿，并详细记录了每一封信的背景。直到2011年，在萧军去世二十三年后，《为了爱的缘故：萧红书简辑存注释录》终于出版，作为对萧红一百周年诞辰的纪念。

（本文部分内容参考阎纯德、白舒荣《记萧军》，《中国现代文学研究丛刊》1982年第二期）

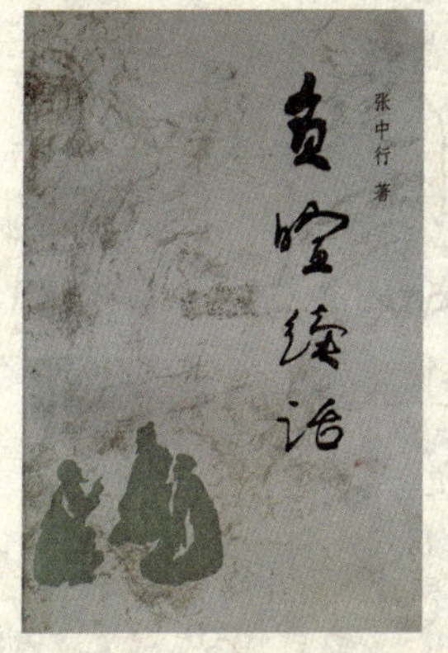

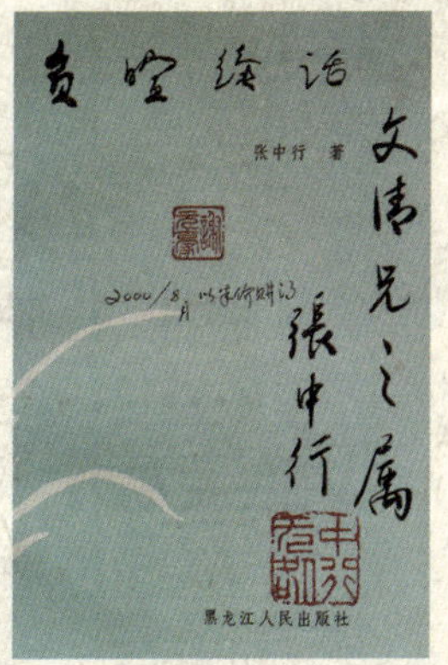

布衣学人话旧年

——张中行《负暄续话》

上世纪八九十年代，学者散文悄然兴起，成为出版商争抢的时销品，一部分老学人也因为散文创作，从书斋走到了大众面前，成了名人，这其中，较有代表性的便是未名湖畔的燕园三老——季羡林、金克木、张中行。他们满腹经纶，为文随性，气象高古，季羡林的《牛棚杂忆》，金克木的《金克木散文》，张中行的《负暄琐话》《负暄续话》《流年碎影》《顺生论》，都给文坛带来了不一样的气息。季羡林是这样评价张中行的："中行先生是高人、逸人、至人、超人。淡泊宁静，不慕荣利，淳朴无华，待人以诚……"

张中行，学名张璿，1909 年生于河北香河，1936 年毕业于北大中文系，曾任中学、大学教师，人民教育出版社编审。早期著述偏于语文方面，有《文言文选读》《文言津逮》《作文杂谈》等，晚年散文创作丰富，1986年出版的《负暄琐话》产生了很大影响。这本《负暄续话》是《负暄琐话》的续篇，1990年7月由黑龙江人民出版社出版，由启功先生作序。作者在扉页上题签：“文清兄之属　张中行”，并钤印，受赠者资料不详。《续话》内容仍然是记可传之人、可感之事和可念之情。所记之人有文坛名宿辜鸿铭、梁漱溟、张东荪、叶圣陶、周作人、俞平伯、朱光潜、宗白华等，也有祖父、舅爷、怪物老爷、汪大娘、顾二娘等生活中的小人物；写老北京的有北大图书馆、琉璃厂、隆福寺、药王庙等；写自然现象和社会现象的有彗星、风雨、物价、老字号、自嘲、脸谱、代笔、藏书等，以行云流水、冲淡自然之笔法，写当代《世说新语》，有悲天悯人之怀，惜古怜今之趣，读来回味无穷。

对于“负暄”之义，张中行在该书后记中做了解释：

> 有不少人不知道“负暄”是什么意思，问我。我说，这仍是书呆子言必称尧舜的陋习，来自《列子》，《杨朱》篇云：“宋国有田夫，常衣缊黂，仅以过冬，暨春东作，自曝于日，不知天下之有广夏（大屋）隩室，绵纩狐貉，顾谓其妻曰：‘负日之煊（同暄），人莫知者，以献吾君，将有重赏。’”原意是嘲笑宋国的乡下佬，没有供暖的房子和羽绒衣服，只能靠晒太阳取暖。后来断章取义，成为寒士的一种享受，如韦应物诗，“负暄衡门下”，金圣叹冒充施耐庵的诗，“负曝奇温胜若裘”，都是。我用负暄为书名，断章之外还加点新义，是不只“寒”，而且“闲”，因为不闲，今事还自顾不暇，又哪里能想到旧事。这样，有闲，想想旧事，而且是在晒太阳感到暖烘烘的情况下，就大可以“躲进小楼成一统，

管他冬夏与春秋”了。

谈张中行，还有两个人要提一下，一个是周作人，一个是杨沫。

张中行在北京大学读书的时候，周作人是北大教授，他散淡的文字和庞杂的学问，深深地影响着青年张中行。周作人反对冲动的革命，怀疑流行的文化，喜欢从边缘的视角看待人和事，张中行对此非常认可。他晚年以《负暄琐话》为代表的散文，任意而谈，无拘无束，温润有趣，情思绵绵，也是沿袭了京派文人尤其是苦雨斋的风格。著名学者孙郁在《张中行别传》中谈到周作人对张中行的三点影响：一是怀疑的眼光，不轻信别人的思想；二是博学的视野，杂取诸种神色，形成一个独立的精神境界；三是拒绝一切八股和程式化的东西，本于内心，缘于慧能，自由地行坐在精神的天地。

再来说说《青春之歌》的作者杨沫。1931年，二十二岁的张中行和十七岁的杨沫恋爱，杨沫喜欢张中行的才华，张中行在这位知识女性身上感到了清新的气息。起初浪漫的爱情是幸福的，在一起生活了四年后，他们的感情出现了意外。据张中行《流年碎影》记述，自己听友人说杨沫在香河与一位马君来往密切，为了保全小家，他把杨沫接到天津，但总觉得心里有了隔阂，后来两人在北京分手。对于此事，《张中行别传》中做了这样的描述：

> 杨沫那时不安于旧式的生活，要到社会的生活里，并渴望轰轰烈烈的生活，走革命的路，那种浪漫和激进的快感，比家庭里不变的沉默的日子要有趣的。青年如果像囚牢里的鸟那就太可怜了。而张中行的学者的枯燥古板的节奏是满足不了她的渴求的。所以杨沫的回忆文章强调了自我解放的意

义，她的离开张中行，实在也是可以理解的一种选择。这一点，张中行也不讳言，他曾谈到，他们的分手，对杨沫个人的发展来说，是有益的。后来，当杨沫用自己的经历写下《青春之歌》的时候，她把对张中行的记忆变成了人生观的话题。对书斋的生活作了否定的判断。余永泽就是张中行，这是一句流行的话。应当说，这深深地刺伤了他，虽然他没有公开地抗议，并且说过无所谓的话。可是问题是，私生活就没有超历史的纯生命的意义吗？如果承认的话，那么杨沫的判断在张中行看来是有问题的。……人的功利主义和道德化叙述，其实质遮蔽了人性里的本色的。而他一生要直面的恰恰是本色的存在。两人最终的分离，并且格格不入，是世界观的因素使然，所谓道不同，那是没有办法的。

晚年的张中行突然火了，出版商求赐书稿，拜访者络绎不绝，对于一个原先生活寂寥的老人，这自然有新奇感和满足感，但他同时也觉得，连自己也成为名人，进入了走红者的队伍，这是中国文人整体气象衰败的缘故。在他心里，自己是一介布衣，普通平凡，只是说了些市井山林中的人物旧事，没有多大的贡献。但是在今天的社会中，这样的文化老人已然是凤毛麟角了。

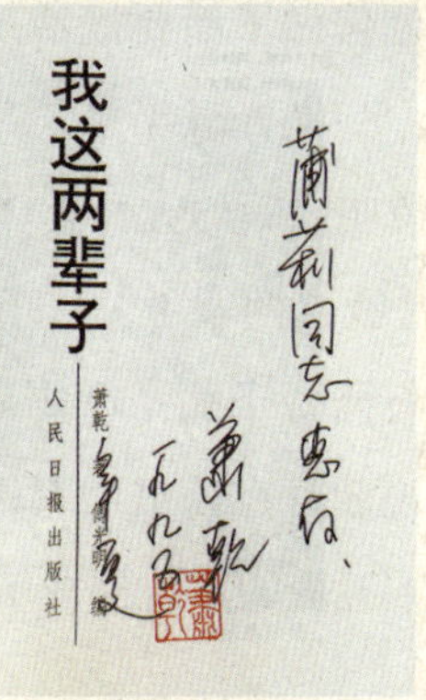

看人生风景的行旅人

——萧乾《我这两辈子》

萧乾散文集《我这两辈子》，由萧乾弟子、中国现代文学馆研究员傅光明编选，作为“名人名家书系”的一种，1995年8月由人民日报出版社出版。该丛书还包括巴金《十年一梦》、柯灵《天意怜幽草》、张中行《桑榆自语》、季羡林《赋得永久的悔》、孙犁《芸斋梦余》等多部。

对于“名人名家”这个说法，萧乾并不太认可，在该书代序《龛里龛外》中，他谦虚认真地说：“报刊的编者赢得人心，要靠质量、胆识，最忌有捧角之嫌。一封约稿信说要把拙文放在‘名家栏’，用意当然是表示尊重，然而我进入这样一栏就宛如被搀上挂了布帘的花轿，反而使我裹足不前了。”这也显得该套丛书的名字有些尴尬。在书前，有傅光明撰写的文章《未带地图，行旅人生》，对萧乾一生的经历和文学创作做了简要概括。作者在该书扉页上题写："蒲莉同志惠存　萧乾　一九九五年夏"，并钤印。说明此书甫一出版，作者即签赠给了一位叫蒲莉的人，具体信息不详。

一看到《我这两辈子》这个书名，可能许多读者都大为不解，一个人怎么会有两辈子呢？这要从萧乾在1966年"文革"开始时的一次自杀遭遇说起。在该书中有篇文章即是《我这两辈子》，对这种说法，时年八十五岁的萧乾这样解释：

> 您听我说。倒退二十九个年头儿——您就甭算啦，反正就是到咽气的那会儿，我也忘不了的六六年。我连日子也没忘：八月二十三日的晚上。那时候北京城（大概全中国吧）可天昏地暗啦！太阳没影儿啦，世界变成了冰窖儿啦。平常老实人忽然也龇起牙来——因为要是不，别人就朝你龇。满市街抡着大刀，甩着屎棒。向来最惜命的我，最后也顶不住啦。我把偷偷攒下的一瓶安眠药全从嗓子眼儿倒下去。得！那么一来，我就没气儿啦，随你们折腾我那尸首去吧，反正只要我还有口气儿，就不能让戴红箍儿的这么随便儿折腾下去。后来听说我倒在地上足有十几个钟头才有人用排子车把我拉到隆福医院。那阵子人命可真不值钱。尸首就往卡车上一扔（我岳母就是这么走的！）。可我命硬，居然给大夫救活啦。所以我就拿那回事儿为界，把我这一生分为上下两辈子。上辈子活到五十六岁，下半辈子眼看就又三十啦。我老提醒自个儿：上半辈子死里逃生，命算是白捡的。虽说是白捡的可也不兴瞎糟蹋啊。打那以后，我就老跟自个儿说：可得活得像个样儿！

萧乾一生经历丰富，兼具作家、翻译家、编辑、记者、教师等多重身份。作为京派作家，他出版了小说集《篱下集》《栗子》和长篇小说《梦之谷》，产生了很大反响。作为翻译家，他翻译了《莎士比亚戏剧故事集》《好兵帅克》《大伟人江奈生·魏尔德传》《里柯克幽默小品选》等作品。作为编辑，他在上世纪 30 年代初和美国人埃德加·斯诺等编译了《中国简报》，之后主编《大公报》文艺副刊，新中国成立后担任《人民中国》副主编、《译文》编辑部副主任。作为记者，他曾担任《大公报》驻英特派记者，出版了英文著作《中国并非华夏》《苦难时代的蚀刻》等，另外在记者生涯中，他还写了多篇新闻特写，《流民图》真实再现了 1935 年水灾中难民的悲惨情景，《血肉筑成的滇缅路》展示了千百万农工为修筑这条西南通向外国的唯一公路所付出的生命代价，《南德的暮秋》描写了 1945 年穿过南德旅行的所见所闻所感。他还曾担任过伦敦大学东方学院讲师。老作家冰心曾评价道："'饼干'这个人，我深深地知道他。他是个多才多艺的人，在文学创作上，他是个多面手，他会创作、会翻译、会报道……像他这样的什么都能来一手的作家，现代中国文坛上是罕见的。"萧乾原名萧秉乾，"饼干"是冰心对这位弟弟的昵称。

这本书共分为四部分，第一部分"生活·回忆"，是自传性的忆旧散文，第二部分"杂感·断想"是杂文和社会批评，第三部分"行踪·印象"是在欧洲和美国的见闻感受，第四部分"离歌·亲情"是写的与妻子文洁若的温馨动人的感情。其中最有特色的，应该是第一部分中的《北京城杂忆》这篇长文，萧乾描述了自己童年记忆中的北京城，比如北京话"京白"、商贩的"吆喝"、旧社会的"行当"、老城的"布局和街名"、节日的"花灯"、老百姓的"游乐街"等，这些信手拈来的旧风俗，是这个在北京东直门城根长大的蒙古族汉子的成长记忆。其中“市格”一节，我觉得很有意思，也极具现实批判意义。萧乾说：“人有人格，国有国格，一座城市也该有它的市格。近来北京进行的文明语言、禁止吐痰等活动，无非就是要树立起我们这座伟大城市的高尚市格。”他指出，近些年来社会经济发展迅速，市民精神面貌的改变却大大落后于物质上的变化，他举了在楼道偷电灯泡、随地吐瓜子皮等不文明现象，并总结道：“现在看来，换骨（城市建设）固然不易，城墙得一截一截地拆，大楼得一层一层地盖；可脱胎（改变社会风气和市民的精神面貌）更要困难。然而那正是市格的灵魂。”萧乾的这番论述，对我们今天在北京生活的人们，仍然具有启发和教育意义。

在本书最后一部分，收录了萧乾和文洁若的家书。1957 年，萧乾被划成右派，不定期下放到唐山柏各庄国营农场监督劳动，1969 年又下放到湖北咸宁五七干校，直到 1979 年以后才重新获得艺术生命。他之所以能够战胜困难坚持活下来，离不开妻子文洁若的理解和支持。傅光明在《未带地图，行旅人生》中说：“萧太太文洁若女士对待爱情忠贞不渝。萧先生被打成‘右派’时，文女士非但不像许多‘右派’夫人那样同丈夫划清界限，离婚，而是用爱的奉献支撑起在风雨中沉沦摇落的家庭。萧先生下放前，妻子毫不犹豫地说：‘叫下去就下去。别说十年，我等你一辈子。’在所有价值、所有事物的背后，如果没有爱的支撑，没有爱在起作用，是难以想象的。”1990 年，萧乾已是八十高龄，文洁若也将近七十岁了，他们开始了一段新的征程，接受译林出版社邀请，合作翻译西方文学经典——乔伊斯的《尤利西斯》。经过四年的努力，1994 年中文版《尤利西斯》问世，海内外好评如潮，而这一年，恰好也是萧文二人结婚四十周年。对此，萧乾感慨地说："如果有人问我，人到老年，夫妻怎样才可以增厚感情，我会毫不犹豫地建议说，共同干一件十分吃力的事。搬个花盆也好，一、二、三，两人一起使力气，等到干成了，就会情不自禁地感到由衷的欣喜，这就是我们合译《尤利西斯》的心情。"如今的文洁若女士已年近九十，一个人住在北京木樨地一座普通居民楼里，继续坚持写作和翻译，并告诉媒体记者要写到一百岁。祝她健康长寿，文心不老。

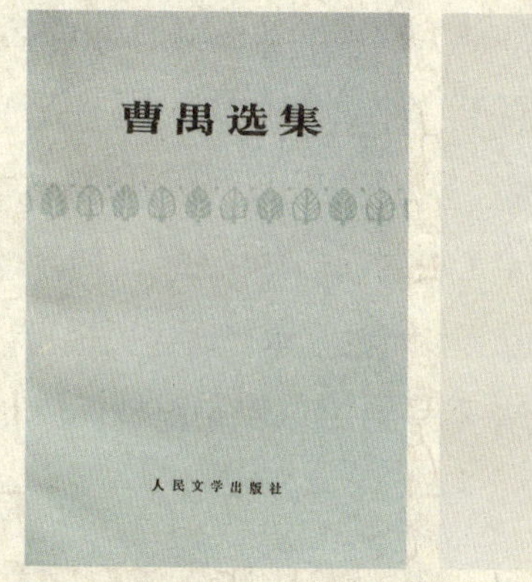

20世纪中国的莎士比亚

——曹禺《曹禺选集》

这本《曹禺选集》，1978年4月由人民文学出版社出版，收录《雷雨》《日出》《北京人》等三部代表性剧作。曹禺在前衬页上题签："庆桂小友留念　曹禺　一九八〇、十"，并钤印。受赠者"庆桂"资料不详，只是在一个书画拍卖网站上，还曾看到曹禺给这位"庆桂"先生写的一张书法条幅，内容为"天下如君能有几　更攀奇峰在多师　庆桂小友留念　曹禺　一九八六、十"，由此可知，这位先生所藏的部分书籍字画流落到了市场上。

曹禺少年成名，1933年在清华读书时，着手写作《雷雨》，此时他才二十三岁。该剧以1923年前后的中国社会为背景，描写了一个以周朴园为代表的封建资本家的家庭生活悲剧。6月份写完后，他将稿子交给了他的老同学，正在筹办《文学季刊》的靳以。1934年7

月,《文学季刊》第一卷第三期全文刊载《雷雨》,发表后产生了很大反响，中国旅行剧团获得《雷雨》演出版权，从 1935 年起，在北京、上海、南京等地常演不衰。郭沫若、李健吾等曾撰文称赞该剧。曹聚仁也说，1935 年从戏剧史上看，应该说是进入《雷雨》时代。该年底，曹禺开始筹划写作《日出》，多次深入社会底层，访问那些被侮辱、被损害的人。该剧揭露了旧社会大都市中黑暗糜烂的一面，叙述小人物的悲惨遭遇，揭露了“损不足以奉有余”的社会现象。1936 年 6 月,《日出》在《文学月刊》第一期开始连载，至 9 月第四期载毕。1940 年在四川江安，曹禺开始三幕剧《北京人》的创作。他每写好一段，总要读给学生们听。该剧以抗战前北京一个家庭的纠纷关系为题材，写出了家人亲戚之间的矛盾倾轧，反映了封建社会的腐烂垂死之境，以及一部分具有善良灵魂的人物走向新生的故事。该剧深刻地蕴含着他对人生和现实的沉思，把诗化的现实主义发展到一个更深厚圆润的阶段。1941 年 10 月，中央青年剧社在重庆公演了《北京人》，茅盾在《大公报》上发表《读〈北京人〉》，高度评价该剧的社会价值，柳亚子在《新华日报》上发表《〈北京人〉礼赞》，称赞该剧“旧社会要崩溃，新世界要起来”的主题。

曹禺在该书后记中叙述了这三部剧的写作缘起：“因陷于旧社会的昏暗、腐恶，我不甘模棱地活下去，所以我才拿起笔。《雷雨》是我的第一声呻吟，或许是一声呼喊。在《日出》中，我想求得一线希望，一线光明。我深深地感到，这个社会没有阳光，需要阳光；向往着‘日出东来，满天的大红……’，但是，哪里是太阳？太阳又怎样出来？我不得而知。写《北京人》时，我的诅咒比较明确些了。那种封建主义、资产阶级是早晚要进棺材的！他们在争抢着寿木。而这个人世，需要更新的血液和生命。”

新中国成立后，一直到他逝世为止，曹禺在这将近五十个年头里，只写了《明朗的天》、《胆剑篇》（与人合作）、《王昭君》这三个剧本，并且有的是组织交给的任务。这些剧本的某些片段仍有较强的艺术性，但整体来看，已经失去了昔日的光彩，可以说，他二三十岁出道时的那几部剧，成了一生的巅峰之作。新中国成立初期，他为配合政治需要曾亲自修改《雷雨》，却把一部艺术性很强的作品改坏了，让人不得不为这位天才剧作家感到惋惜。

出现这种变化，一方面是客观环境的制约，一方面是主观思想的迎合，其间的关系是微妙复杂的。曹禺的女儿在回忆父亲晚年的创作时说，“关键的问题在于，爸爸想要写的真实、复杂的人，当时的政策并不允许。……政治概念、思想主题先行的创作定势，社会舆论的，有形的、无形的条条框框、棍子、辫子，向艺术家压过来，让人不敢写，也无法去写。而爸爸又是一个流着心血倾心写作并在创作中追求完美的作家，他所要写的，是能够真正燃烧自己的心灵，并使观众在精神上迸发出火花的作品。他不能把连自己都通不过的作品交给观众。所以，他不能去写，不情愿写，也写不出。……酷爱写作、有强烈的创作欲望与‘写不出’的矛盾使爸爸极度痛苦”。周总理看了《胆剑篇》的演出后说：“我没有那样受感动，作者好像受了某种束缚，是新的迷信造成的。”这种束缚，不仅仅对曹禺本人，对其他很多老作家而言都适用。

但无论如何，曹禺这位“20 世纪中国的莎士比亚”，在现代文学史上的地位是不容忽视的，他的经典之作刻画出了人的灵魂，实现了现代话剧的民族化，形成了一座难以逾越的高峰。

雛鳳無端逐小鷄
也隨流派附江西
戲將鄭婢蕭奴例
門户雖高腳色低
連城同志指正 楊絳

落花无言，人淡如菊

——杨绛《倒影集》

2016年5月25日凌晨，著名女作家、翻译家杨绛在北京协和医院病逝，享年105岁。一个与辛亥革命同龄且经历过五四运动的老人走了，和她的丈夫钱锺书、女儿钱瑗，“我们仨”在天堂重逢了。

她的离世，引发了人们的广泛关注，社会各界纷纷通过各种方式表达悼念之情，这既和她是钱锺书之妻的身份有关，和她那《干校六记》《我们仨》《走到人生边上》等畅销著作有关，也和人们想努力挽留老一辈知识分子的风骨有关。但对于素来淡泊名利的杨绛，这并不是她想看到的，她只是想静悄悄地走。

生前杨绛先生立下遗嘱：她走后，丧事从简，不设灵堂，不举行遗体告别仪式，不留骨灰。讣告在遗体火化后公布。遗嘱执行人吴宓先生的女儿吴学昭和周晓红，考虑到杨绛的社会知名度，觉得要执行该遗嘱难度很大，首先媒体一关就不好过，于是专门将杨绛丧事从简的情况报告给有关领导，恳请打破惯例，遵照杨先生的意愿。在有关方面支持下，2016 年 5 月 27 日清晨，在协和医院的告别室，举行了简朴肃穆的告别仪式，只有二三十位至亲好友送别，没有花圈花篮，没有横幅挽联，也没有向社会开放。杨绛静卧在花木丛中，身穿家常衣服，外面套着上世纪 80 年代出访西欧时穿过的深色羊绒大衣，颈围一方黑白相间的小花格丝巾，素雅大方。等灵车开往八宝山以后，中国社科院外文所负责人才向媒体发布讣告。虽然媒体一片喧嚣，但已与她无关。杨绛走得平静安详，如她的文字，“我得洗净这 100 年沾染的污秽回家”。

杨绛，1911 年 7 月 17 日生于北京，原名杨季康，后以笔名杨绛行世。1932 年，杨绛去清华园看望老同学孙令衔，孙介绍她与其表兄钱锺书相识，之后二人恋爱。钱锺书曾写诗追忆初次见面时杨绛留给他的印象：“颉眼容光忆初见，蔷薇新瓣浸醍醐，不知腼洗儿时面，曾取红花和雪无。”可以看出，年轻的杨绛面如桃花，洁白红润，腼腆中透着清雅脱俗，他们的初见充满诗情画意。1935 年，他们回钱锺书老家无锡举行婚礼，之后负笈英法，1938 年 9 月乘船回国。去的时候两个人，回来的时候三个人，多了女儿钱瑗。钱锺书曾引用英国作家的话来描述自己的婚姻：“我见到她之前，从未想到要结婚；我娶了她几十年，从未后悔娶她，也未想过要娶别的女人。”这对令人羡慕的伉俪，回国后辗转各地教书。40 年代，杨绛在李健吾等人的鼓励下写了剧本《称心如意》《弄假成真》，相继在上海公演，引起很大反响，受到观众追捧，被称为“喜剧的双璧”，她的名气一时胜过了钱锺书。新中国成立后，她和钱锺书都在中国社科院工作，她任外国文学研究所研究员，钱锺书任文学研究所研究员。“文革”期间，她和钱锺书受到冲击，曾被批斗、抄家，下放河南五七干校，1972 年在周总理特别关照下，钱锺书和杨绛作为“老弱病残”人员离开干校回到北京。1978 年以后，杨绛陆续出版了小说《洗澡》《倒影集》，散文《干校六记》《将饮茶》《杂忆与杂写》《我们仨》《走到人生边上》，译作《堂吉诃德》《小癞子》《斐多》等。

这本《倒影集》，1982 年 1 月由人民文学出版社出版，收录杨绛五个短篇小说，分别是《“大笑话”》《“玉人”》《鬼》《事业》《璐璐，不用愁！》，其中，《璐璐，不用愁！》一篇，是杨绛的短篇小说处女作，1934 年秋，朱自清将其推荐给《大公报》文艺副刊发表，曾被林徽因选入《大公报丛刊小说选》一书。杨绛在该书前言《致读者》中写道：“故事里的人物和情节，都是旧社会的。在我们的新时代，从前的风俗习尚，已陈旧得陌生，或许因为陌生而变得新奇了；当时见怪不怪的事，现在也会显得岂有此理而使您嬉笑、使您怒骂。这里收集的几个故事，好比是夕照中偶尔落入溪流的几幅倒影，所以称为《倒影集》。”该书反映的是三四十年代的女性生活，演绎家长里短，描写现实人生，通过作者敏锐的洞察，刻画出人心的微妙，针砭了一些人物的虚伪自私，让人们看到了上海都市社会中的世态百相。叶圣陶之子、作家叶至善曾在读完本书后，专门给杨绛写了一封信，表达自己的感动，并以《致〈倒影集〉作者》之名公开发表。

在该书的前衬页上，杨绛用小楷题写：“雏凤无端逐小鸡，也随流派附江西。戏将郑婢萧奴例，门户虽高脚色低。连城同志指正　杨绛”，并钤印。受赠者“连城同志”资料不详。这首诗是钱锺书 1939 年所作，收入《槐聚诗存》，是《叔子寄示读近人集题句媵以长书盍各异同奉酬十绝》中的一首。叔子是钱锺书友人冒效鲁。晚年杨绛喜欢用毛笔抄写钱锺书的诗，她曾在 1993 年、2003 年和 2011 年数度抄写，既是练字，更是回忆。

1997 年 3 月，杨绛之女钱瑗因病去世，1998 年 12 月，丈夫钱锺书去世，此时的杨绛已经八十七岁。两位至亲离去，她的痛苦可想而知。但有友人去慰问她，她却说："如果我走在女儿和锺书前面，你想想，钱瑗、锺书受得了吗？所以，这并不是坏事，你往深处想想，让痛苦的担子由我来挑，这难道不是一件好事吗？"从此，这位坚强的老太太，开始担任光杆的"钱办主任"，留下来"打扫战场"，整理钱锺书的遗稿，实现亲人未竟的心愿。经她和学生细心整理，商务印书馆推出了影印本《钱锺书手稿集》，分为《容安馆札记》三册、《中文笔记》二十册、《外文笔记》四十八册。这些数量惊人的手稿，甫一出版即引起国内外学界关注，认为这是一笔丰厚的文化遗产。杨绛自己也出版了回忆一家人的散文集《我们仨》，思考人生的著作《走到人生边上：自问自答》，以及自述性质的《听杨绛谈往事》（吴学昭编著）。之后，人民文学出版社又推出了九卷本的《杨绛全集》。

杨绛把他们夫妇的全部稿酬版税捐赠给了清华大学，成立了"好读书"奖励基金，以奖掖那些好学上进、成绩优秀的学生。她还将家中所藏珍贵文物字画，全部无偿捐赠给中国国家博物馆。

曾经看到一些回忆文字，谈及钱锺书和杨绛的高傲，认为他们不善与人往来，对人不够热情，或拒人于千里之外。其实，他们只是不愿意把有限的生命浪费在不喜欢的事情上。杨绛曾翻译过英国诗人兰德的一首《生与死》："我和谁都不争，和谁争我都不屑；我爱大自然，其次就是艺术；我双手烤着生命之火取暖；火萎了，我也准备走了。"这是她生命的真实写照。

一生中的两大憾事

——端木蕻良《曹雪芹》

端木蕻良是现代文学史上的著名作家，经常和萧军、萧红等人一起作为东北作家群的代表并列来谈。他1912年9月生于辽宁省昌图县，原名曹汉文，1928年入南开中学就读，因仰慕屈原，改名曹京平。从事文学创作时，取笔名端木蕻良，生前曾任北京市作协副主席。他二十一岁时创作了第一部长篇小说《科尔沁旗草原》，经茅盾推荐在开明书店出版。他1939年创作的散文诗《嘉陵江上》，被贺绿汀谱曲后，成为广为传唱的革命歌曲。其他作品还有长篇小说《大地的海》《江南风景》《大江》，短篇小说集《土地的誓言》《风陵渡》，京剧《戚继光斩子》《除三害》，评剧《罗汉钱》《梁山伯与祝英台》及长篇历史小说《曹雪芹》等。

对于他的笔名，不太了解现代文学的人，以为这是个日本人的名字，有的人虽然知道他是个中国作家，但也不认识“蕻”这个字。他为什么取这样一个笔名呢？那是在1936年，经郑振铎推荐，他的短篇小说《鸶鹭湖的忧郁》将在《文学》杂志发表，他想取一个与别人不重复的笔名，于是选择了复姓“端木”，名字用了家乡的“红粱”（他的家乡管高粱叫红粱）。在当时的政治形势下，编辑嫌“红”字太惹眼，建议改为较生僻但同音的“蕻”字，他又觉得“蕻粱”二字的组合不理想，于是便改为“蕻良”，自此，文坛便有了一位叫“端木蕻良”的作家。

这部《曹雪芹》（上卷）二十八万字，1980年1月由北京出版社出版，著名书籍装帧专家曹辛之设计封面，卷首曹雪芹绣像作者为著名画家尹瘦石，内文插图作者为著名画家戴敦邦，可谓是强强联手。该书出版后，当年即发行超过五十万册，成为影响极大的畅销书。作者在该书前衬页上题签：“至善同志谡正　端木蕻良　八〇、六、七”。该书受赠者叶至善，是叶圣陶的长子，著名编辑家、出版家、作家，1918年4月生于江苏苏州，比端木蕻良小六岁，曾任《中学生》杂志主编、中国少年儿童出版社社长兼总编辑。著有《失踪的哥哥》《梦魇》《我是编辑》《父亲长长的一生》等，他编辑的童话《小布头奇遇记》和中国第一套《少年百科丛书》，都成为中国儿童文学的传世之作。

端木蕻良八岁的时候，就偷看过父亲书箱里的《红楼梦》，成年后更是对《红楼梦》情有独钟，百读不厌。他在晚年撰写了几十篇关于《红楼梦》的论文和随笔，出版了《说不完的红楼梦》和《端木蕻良细说〈红楼梦〉》等红学研究著作。《曹雪芹》是他撰写的长篇历史人物小说，而不是人物传记，其中含有虚构的成分，拓展了艺术空间。端木蕻良曾说：“我写《曹雪芹》，就是想回答这样一个问题：他为什么要写《红楼梦》。"抱着这样的创作理念，这部小说从 1722 年开始写起，一路过来，线索交错迷离，事物千头万绪。他将曹雪芹置于两个叙事空间中，一个是北平郡王府，一个是江宁织造府，通过细致入微的生活习俗的描写，有意识地把曹家的兴衰与清王朝的政治动荡及社会矛盾联系在一起，艺术地再现了以曹雪芹为中心的那个时代的社会生活，编织了一幅风雨飘摇中封建王朝上至宫廷皇帝、下至市井草民的历史画卷。

1985 年 5 月，端木蕻良与妻子钟耀群合作的《曹雪芹》（中卷）由北京出版社出版，共四十一万字。为写作该书，他们二人曾到南京、扬州、常州、无锡、苏州、上海、杭州等地参观考察，寻觅曹雪芹足迹。但令人遗憾的是，直到 1996 年端木蕻良逝世，《曹雪芹》（下卷）也没有出版，像冥冥之中天注定，曹雪芹留下了半部《红楼梦》，端木蕻良留下了半部《曹雪芹》。著名红学家冯其庸在《痛悼端木蕻良先生》中感叹："《雪芹》半部传天下，四海同人拜德熏。可是九泉曹梦阮，与公相约订遗文。"据端木蕻良的侄子、文津出版社原副总编辑曹革成先生说，该书没有写完是有原因的：从主观上来说，端木蕻良追求完美，一直不断调整自己的构思，但一直没有达到自己的满意度；从客观上来看，晚年的端木蕻良文债太多、社会活动太多、身体不好、中卷延期出版等原因，也拖累了他太多精力。

端木蕻良人生中的遗憾，除了没有写完历史小说《曹雪芹》，还有他过早去世的第一位妻子——著名作家萧红。

萧红是一位有才华的女作家，在鲁迅的帮助下，她和萧军一起走上文坛，出版过《生死场》《呼兰河传》等小说。萧军和萧红 1932 年相识并同居，因性格等诸多原因，1938 年，二人在西安分手，萧军去了延安，萧红去了武汉。1938 年 5 月，端木蕻良与大他一岁的萧红在武汉结婚，胡风、艾青等文化名流都参加了他们的婚礼。之后，他们二人辗转重庆、香港等地，从事文学创作。1942 年 1 月，萧红因肺结核在香港去世，时年三十一岁。端木蕻良将萧红的骨灰一半葬在浅水湾海滩，一半葬在圣士提反女校校园一棵树下。1957 年 8 月，萧红在浅水湾的骨灰被移葬至广州。对于他们短暂的婚姻，几十年来一直是文坛不断的话题，褒贬不一，今天已很难还原当时的细节，外人无法知晓萧军、萧红到底为何分手，萧红和端木又如何走到了一起，他们三人的关系究竟如何。但无论如何，萧红的过早去世，对文坛是个损失，对端木蕻良而言，也是人生憾事。

萧红去世后，端木蕻良一直保留着一缕萧红的遗发，并且经常写诗怀念萧红，十八年后，他才续娶钟耀群为妻。他几乎每年都要去广州银河公墓为萧红祭扫，自己不能去时就托朋友去。据钟耀群所撰《端木与萧红》记载，1985 年 10 月，端木蕻良到武汉参加黄鹤楼笔会时，专程回汉口寻找到了 1938 年 5 月他和萧红结婚的大同酒家；1986 年 6 月，他回到黑龙江参观萧红故居，像孩子一样躺在萧红出生的炕上拍照；1987 年 11 月 4 日，他到萧红墓前祭扫，并献词一首，题为《风入松 · 为萧红扫墓》：

生死相隔不相忘，落月满屋梁，梅边柳畔，呼兰河也是潇湘，洗去千年旧点，墨镂斑竹新篁。

蜡烛不与魅争光，箧剑自生芒，风霜历尽情无限，山和水同一弦章。天涯海角非远，银河夜夜相望。

1996 年 10 月 5 日，八十四岁的端木蕻良辞世。按照他的遗愿，妻子钟耀群将他的骨灰一半撒在了曹雪芹晚年所在的北京西山樱桃沟的溪水中，与曹雪芹为伴，一半撒在了香港圣士提反女校校园树下，当年端木埋葬萧红骨灰的地方，与萧红为伴。他用这样的方式，了却了一生的两大遗憾。

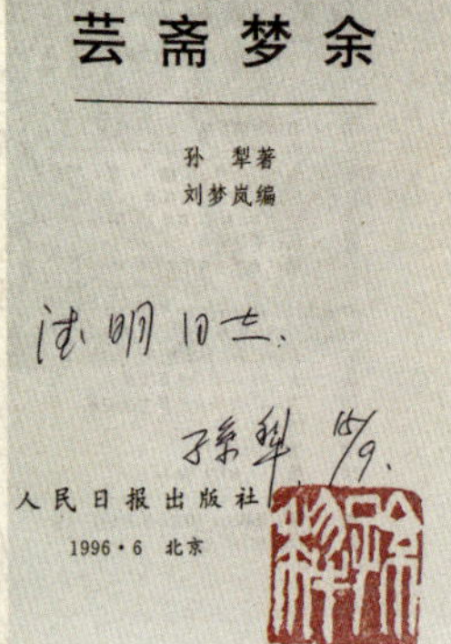

曲已终而仍见人

——孙犁《芸斋梦余》

说起孙犁，有些文学常识的人，首先想到的是他上世纪40年代中后期写的《荷花淀》等作品，五六十年代写的小说《白洋淀纪事》《风云初记》《铁木前传》，以及由他开山的当代文学流派“荷花淀派”，此派作家的创作充满乐观精神和浪漫气息，语言清新朴素，心理刻画细腻，富有诗情画意。但只有较少的人注意到孙犁在八九十年代的散文创作。从1979年到1995年，他先后出版了《晚华集》《秀露集》《澹定集》《尺泽集》《远道集》《老荒集》《陋巷集》《无为集》《如云集》《曲终集》等十部散文集，称为“耕堂劫后十种”，我认为，这十部书才达到了他文学生涯和人生哲思的高峰。

这本《芸斋梦余》，是孙犁晚年散文的选本，由刘梦岚编，作为“名人名家书系”之一种，1996年6月由人民日报出版社出版。此书系还包括巴金、冰心、萧乾、季羡林、张中行、余光中、柯灵等作家的作品。作者在扉页上题签“德明同志　孙犁，15/9”，并钤印。该书出版单位人民日报出版社社长姜德明先生，是孙犁晚年来往较多的友人之一，2013年孙犁百年诞辰，百花文艺出版社曾出版一册印制精美的《孙犁书札——致姜德明》，收入信件共一百一十封，文章七篇。孙犁曾为姜德明手书条幅《金刚经》语“如露亦如电”相赠，姜德明也曾撰写《读孙犁的散文》等发表，可见二人之间的深厚友谊。这本《芸斋梦余》，我购自北京旧书市，据此推测，极有可能是孙犁签赠姜德明的旧作。

该书共分五个部分。第一部分是回忆自己经历的人和事的散文，如在保定和阜平的旧事，对母亲、妻子的回忆，儿时的趣闻等，饱含强烈的个人情感，具有鲜明的时代特色。他曾在《书衣文录》中写道：“梦中每迷还乡路，愈知晚途念桑梓”，这部分文章就是孙犁此种情感的集中表现。第二部分是对文坛友人的悼怀之作，如对侯金镜、郭小川、何其芳、赵树理、李季、茅盾、田间、康濯的怀念。第三部分是关于文学和人生的随笔，有生辰自述，有对“妒”“才”“名”“谀”“迂”等世相的分析，有“作家与新潮”“作家与文化”“作家与道德”“作家与经济”的论述，还有与作家的通信以及辩论文章。第四部分是读书笔记，以古书为主，很多是在自己所藏之书上记下的读后感，也有在所包书皮上随意写的书衣文录短章，虽谈古籍，但着眼现实，虽篇幅短小，但深刻老辣，处处闪耀着智慧之光。第五部分是给自己和友人的著作所写的序跋，渗透着写作的甘苦，也不乏对社会时弊的针砭和对世态人情的感喟。

读罢此书，感受最深的是语言的朴素和感情的真挚，不管文章长短，题材如何，大都是作者亲身经历，亲眼所见，思想所及，情感所系，不作欺人之谈，亦无装腔作势。在该书所选《关于散文创作的答问》中，孙犁表达了自己的散文观："从我们熟读的一些古代或近代的散文看，凡是长时期被人称颂的名篇，都是感情真实、文字朴实之作。比如欧阳修的《陇冈阡表》，诸葛亮的《出师表》，李密的《陈情表》。我们常说，文章要感人肺腑，出自肺腑之言，才能感动别人的肺腑。言不由衷，读者自然会认为你是欺骗。读者和作者一样，都具备人的良知良能，不会是阿斗。你有几分真诚，读者就感受到几分真诚，丝毫作不得假。……就散文的规律而言，真诚与朴实，正如水土之于花木，是个根本，不能改变。"同时，他也谈到了当时散文创作存在的问题，比如对所记事物缺乏真实深刻感受，有时故弄玄虚；情感迎合风尚，夸张虚伪；所用辞藻外表华丽，实际相互抄袭，已成陈词滥调；篇幅普遍过长，千字文难得。

书中所收部分文章，还有一个特点，即文末附一段"芸斋曰"或"耕堂曰"的画龙点睛之笔，嬉笑怒骂，寥寥几笔，总领全文，点出主旨，既有真情实感又有真知灼见，既显简约练达又觉古色古香，颇有《史记》中"太史氏曰"之风。

从孙犁一生的创作来看，他的每个阶段都各有特色，但就现有的文学史著作来看，孙犁还未得到应有的重视，名与实并不相符，尤其是他晚年一百多万字的散文创作，并未得到准确的和公正的评价。这既与几十年来受意识形态影响的文学史编撰标准有关，也与孙犁远离官场，恪守文人的清高孤绝有关。关于孙犁孤僻的性情，我曾看到学者阎庆生写的一篇名为《论孙犁"边缘生存"的人生哲学》的文章，说得颇有道理，其中写道："解放后，他（孙犁）只参加过一次文代会，市上领导请赴宴，他也不去。所有这些表征，固然与他孤僻的性情有关，但更深层的动因，则是他在自身痛切的生命体验中获得的关于文艺与政治分野的意识，对精神自由和个体人格的固守意识，生命不息、耕耘不止的勤奋德行和与之相联的‘惜时’观念，以及‘边缘生存’的自我定位。”

孙犁在自己的最后一部书《曲终集》的后记中说：“人生舞台，曲不终，而人已不见；或曲已终，而仍见人。此非人事所能，乃天命也。孔子曰：天厌之。天如不厌，虽千人所指，万人诅咒，其曲终能再奏，其人则仍能舞文弄墨，指点江山。细菌之传染，虮虱之痒痛，固无碍于战士之生存也。”写下此文后，孙犁封笔，直至七年后去世。这段文字，既反映了受病痛折磨的晚年孙犁心境的悲凉孤寂，同时也能看出他人格的坚守和对自己作品的自信。如今，孙犁已逝，但仍有很多人喜爱他的作品，2004 年，十一卷本《孙犁全集》由人民文学出版社出版；2012 年，《耕堂劫后十种》由人民文学出版社再版。这可能就是所谓的“或曲已终，而仍见人”吧！

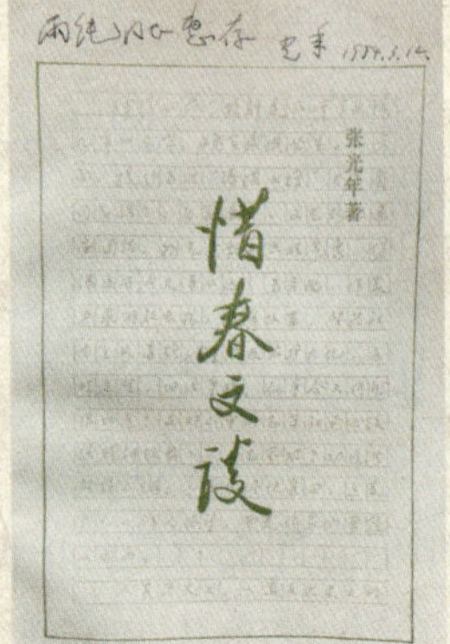

呼唤文学春天的“催耕鸟”

——张光年《惜春文谈》

说起张光年，如今即使是文学圈的人，对他也已经不太熟悉了。可是说起《黄河大合唱》，听到“风在吼，马在叫，黄河在咆哮”的壮美旋律，几乎所有的国人都耳熟能详。这首歌的词作者就是张光年，当时他的笔名叫光未然。

张光年，1913 年生于湖北老河口，早年从事抗日救亡文艺活动，任抗日救亡秋声剧社社长，拓荒剧团团长，1929 年加入中国共产党。1939 年 1 月，他率领抗敌演剧第三队由晋西抗日游击区奔赴延安，但在行军中不慎坠马，左臂骨折，被送到延安医治。他的老友冼星海去医院看望他，希望与他合作写歌，于是张光年在延安窑洞的病床上，回忆起黄河行舟的壮丽景象，按捺不住心中的激情，仅用五天的时间就创作出了四百行的组诗《黄河大合唱》。经冼星海谱曲，《黄河大合唱》由抗敌演剧第三队在延安陕北公学大礼堂首演，立即引起轰动，极大地鼓舞了全国抗日军民的士气。这部气势恢宏的作品，成为激励中华儿女自强奋进的经典之作。

新中国成立后，张光年曾担任文化部艺术局副局长、《剧本》主编、中国剧协党组书记、中国作协书记处书记、《文艺报》主编等职。在“十七年”期间，他也曾受“左”的影响，错误地批判过一些老作家，后来，他自己在“文革”期间也被迫停止工作和写作。1976 年年底，当时“四人帮”在文艺界的流毒还未铲除干净，张光年觉醒之后，冲破阻力，发表了《驳“文艺黑线专政”论》和《驳“文艺黑线”论》等文，在文艺界起到了拨乱反正、解放思想的助推作用。

1977 年，张光年时任《人民文学》主编，北京有位叫刘心武的业余作者，将短篇小说《班主任》寄给了《人民文学》编辑部。编辑崔道怡从大量来稿中选出此篇，其他编辑们看了小说也觉得极为感人，但能不能发表却拿不准，有的人认为该小说属于“暴露文学”，不宜发表，于是请主编张光年审阅定夺。他认为这篇小说正视现实生活，敢于提出问题，尖锐一点不用怕，于是大胆拍板刊发，使这篇作品成为新时期文学公认的代表作。这在当时思想内容稍微出格就有可能惹来祸患的年代，是极为难得的。这样的例子还有很多，比如徐迟的报告文学《哥德巴赫猜想》，也是由张光年决定在《人民文学》刊发。他以极大的魄力和胆识，勇于冲破禁锢，为新时期文学的发展开辟了道路。他的同事、文学评论家刘锡诚认为，在粉碎“四人帮”前后的三年里，张光年在文艺战线上力所能及地做了大量工作，包括向有关单位推荐一些同志安排工作，在其主编的《人民文学》上发表揭批“四人帮”、悼念周总理的文章等。他称张光年是“催耕鸟”，用自己婉转的歌喉，呼唤文学春天的到来。

这本《惜春文谈》，就是张光年在迈入新时期初期时的文学论文集。该书1993年10月由上海文艺出版社出版，作者在扉页上题签：“雨纯同志惠存　光年　1994.3.12”。受赠者“雨纯”资料不详。关于书名，张光年在序言中说：“我们的党，我国人民及其作家们，以大量心血培育出80年代这个文学的春天，今天想起来倍感珍惜，我就用《惜春文谈》作为这本文集的书名吧。”该书收录五十多篇文章，分为八辑。第一辑“十年噩梦醒来迟”，收录写于70年代末的两篇文章，包括前面提到的《驳“文艺黑线”论》。第二辑“迎得百花争艳时”，主要收录作者在文学会议上的讲话，既表达了迎接80年代前期百花齐放新局面的喜悦心情，也试图总结若干经验教训。第三辑“愿将春讯传千里”，是80年代作者在天津、上海、南昌等地的谈话录，在传扬春讯的同时，也看到一些引人忧虑的苗头。第四辑“愧对班门说斧姿”，是评论文章，包括对黄宗英、张洁、王蒙、陈祖芬、李準等作家作品的评论。第五辑“千古文心今可知”，是三篇古为今用的文谈，探讨《文心雕龙》和《刘子集校》。张光年在晚年曾担任中国文心雕龙学会会长，出版了《骈体语译文心雕龙》，具有很高的学术价值。第六辑“前贤往事最心驰”，是一些感时怀人之作，寄托着作者的满腔深情，包括对郭沫若、茅盾、周恩来、李公朴、闻一多、柯仲平、侯金镜、张天翼、冼星海、田汉等友人的回忆。第七辑“袒露胸怀成一快”，收录作者自己作品的序跋，剖析自己的文心与诗心。第八辑“附录余篇缀于斯”，是对文坛现状表达关心的文字，其中有致巴金、王蒙的两封信。

在《新时期社会主义文学在阔步前进——在中国作协第四次会员代表大会上的报告》中，张光年提到了几点值得重视的新经验，共有四条：解放思想、深入生活、创作自由、双百方针，今天来看依然适用。写到这里，我想起了在一篇文章中看到的 1982 年第一届茅盾文学奖评奖时的情况。当时张光年是评委会副主任，他提出了通俗易懂的四句话评选标准：反映时代，创造典型，引人深思，感人肺腑。“反映时代”就是要写社会主义新人新事，“创造典型”就是要写出栩栩如生的典型人物，“引人深思”就是作品要有深刻的思想内容，“感人肺腑”就是让人读后深受感动。这四条标准，今天也没有过时。由此来看，张光年确实是一位有思想的文学理论家。

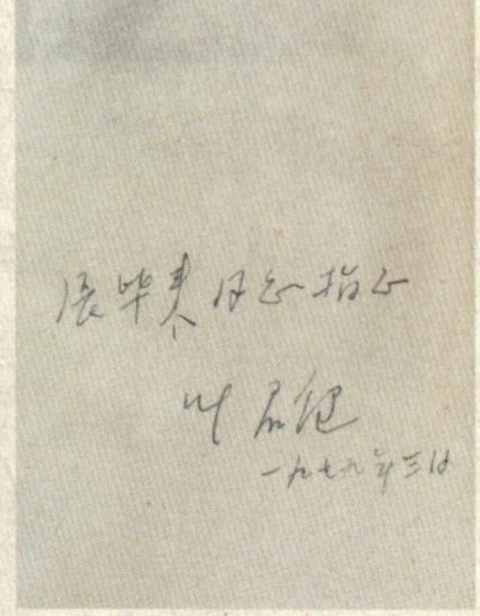

创作与翻译“花开并蒂”

——叶君健《新同学》

叶君健的儿童文学作品集《新同学》，1979年1月由人民文学出版社出版，封面和内文插画是著名连环画画家黄冠余先生所作。作者在前衬页上题签：“张毕来同志指正　叶君健　一九七九年三月”。

该书受赠者张毕来，原名张启权，1914年生于贵州炉山（今凯里），浙江大学肄业。曾任浙江省遂昌县民众教育馆馆长，桂林师范学院讲师、副教授。曾主编《台湾先锋》月刊。新中国成立后，历任东北大学、东北师范大学教授兼中文系主任，华东师范大学教授，人民教育出版社中学语文编辑室主任，中国红楼梦学会副会长。著有《欧洲文学史简编》《新文学史纲》《漫说红楼》《张毕来文选》等，译有《走向自由·尼赫鲁自传》《亚当比德》《小北斗村》等。

叶君健，1914年生于湖北红安，是我国著名翻译家、作家。二战后期，叶君健被英国政府聘请到英国巡回宣讲中国人民抗日战争的经验和事迹，之后留在剑桥大学从事研究和写作，而后又通过朋友介绍到丹麦学习，闲暇时间开始翻译丹麦童话大师安徒生的作品，1949年回国前，已翻译了《海的女儿》《夜莺》等作品。回国后，他利用业余时间将安徒生童话全部译完，50年代初陆续出版。1957年下半年到1958年上半年，出版了十六卷的《安徒生童话全集》，这个译本在国内和国际上都享有很高声誉。1988年，叶君健获得丹麦女王玛格丽特二世颁发的“丹麦国旗勋章”。另外，他还翻译了挪威、瑞典、英国、法国等国家的部分优秀文学作品。

叶君健的文学创作种类主要是短篇小说和童话，曾出版《小仆人》《旅伴》《新同学》《画册》等作品集。这本《新同学》选了十二篇作品，其中有反映外国儿童生活的，如《新同学》《小仆人》《妈妈》《旅伴》等，也有反映新中国少年儿童生活的，如《玫瑰》《葡萄》《天鹅》《母校》等。另外，他还创作了《土地三部曲》（长篇小说《火花》《自由》《曙光》），写的是从辛亥革命前后到五四运动前后中国社会的变化。《寂静的群山三部曲》（长篇小说《山村》《旷野》《远程》），则从大革命写到了长征的开始。

叶君健认为，儿童文学创作要从儿童的心理和眼光来写，应具有更多的浪漫和诗意，让孩子们在和谐、欢愉的氛围中得到启迪，通过文学教育新一代及早用世界眼光去树立雄心壮志。冰心曾对叶君健的文学创作给予高度评价：“让我们这些有过海外经历的人，都向叶君健同志看齐，多给孩子们写些引导他们关心海外儿童生活的故事。这对于加强下一代的国际主义教育，对于丰富孩子们的知识，扩大孩子们的眼界，以至于促进儿童文学事业的繁荣，都是大有好处的。”这两位在儿童文学界耕耘了一辈子的老人，还是心灵相通的。

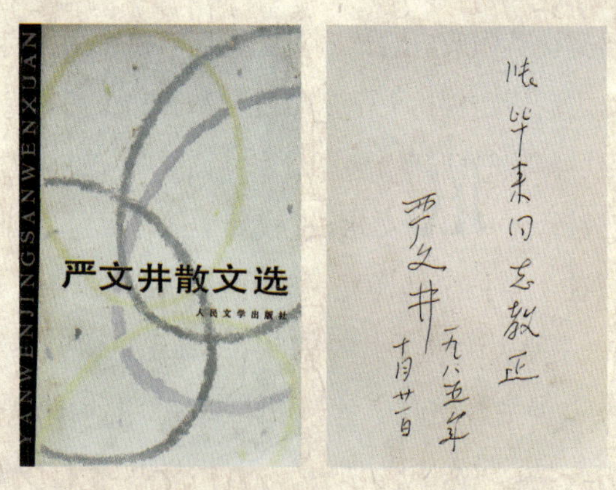

甘做文坛老园丁

——严文井《严文井散文选》

这本《严文井散文选》，1985 年 7 月由人民文学出版社出版，卷首有著名学者、翻译家高莽于 1982 年为严文井所画素描头像。作者在前衬页上题签：张毕来同志教正，严文井，一九八五年十月廿一日。

严文井，原名严文锦，1915 年生于湖北武昌，散文家、儿童文学作家。1934 年毕业于湖北省立高级中学，1935 年到北平图书馆工作，并开始以“严文井”的名字发表作品。1937 年出版散文《山寺暮》。1938 年 5 月赴延安，曾任延安鲁艺文学系教师。1941 年出版了第一部童话集《南南和胡子伯伯》。1942 年，毛主席在发表《在延安文艺座谈会上的讲话》之前，曾在枣园窑洞里约严文井谈话征询意见，两人谈得坦率亲切，毛主席留他共进午餐。1944 年，他出版长篇小说《一个人的烦恼》。1945 年到东北担任《东北日报》副总编辑，写有反映土地改革的报告文学《一个农民的真实故事》和童话《丁丁的一次奇怪的旅行》。1951 年赴京担任中宣部文艺处副处长，1953 年起先后担任中国作协党组副书记、书记处书记，《人民文学》主编，人民文学出版社社长、总编辑。2005 年 7 月 20 日因病在京逝世，享年九十岁。该书受赠者张毕来在上一篇文章中已有介绍，这应是流落到市场上的同一批张毕来藏书。

该书包含《山寺暮》《跋涉偶记》《花明小唱》三部分，《山寺暮》曾列入靳以主编的一套散文丛书，1937 年 5 月由良友公司初版，《跋涉偶记》里的文章写于 1938 年至 1958 年，《花明小唱》里的文章写于 1973 年之后，占本书篇幅的一半，以序跋、悼文、书信为主。其中有一篇 1983 年刊载于广州《花地》4 月号的小文《自白——答〈花地〉编者问》，有助于读者进一步了解严文井，兹录如下：

我最珍贵的品德：敢于面对现实，承认事实。

我最厌恶的是：伪善。

我对幸福的理解：一个一个疑问相继得到解答。

我对不幸的理解：以谬误为真理。

我的座右铭：尽力认识各种局限性。

我喜爱做的事：修改自己没写好的文章。

我的主要特点：不要人的怜悯，不指望上帝赐给好运气。

我写作之余的爱好：听音乐。

我喜爱的诗人：李白。

我喜爱的散文家：鲁迅。

我喜爱的小说家：契诃夫。

我对文学的追求：反对成见与偏见，尽可能地跟谎话、废话唱反调。

我写作的习惯：与疲乏搏斗，浪费许多稿纸。

我对文学青年的期望：不崇拜权威，不走捷径，不怕寂寞，不急于成名。有了稿费要领取，但不能把作品当商品。

说到最后一条，就不得不说说严文井对文学青年的引导与扶持。他在担任《人民文学》主编时，专门成立编辑组处理自然来稿，从中发现和帮助新人。他说：“文学有自己的历史。既然是历史，就有继承和发展，演进和变异，就要不断地出现代表这种进展的新人。没有不断涌现出来的新人，这个历史就要中断。作品有发表的地方是新人能够露头的第一个条件。应该多给青年作者发表作品的机会。是不是可以对他们稍稍宽容一些？只要作品里有些思想的闪光，有些真正的生活气息，在一定程度上表现了人物性格特点的，即使文字粗糙一点，也要想办法帮助他发表出来。……这些新作在发表之前都是埋藏在泥土下的种子。不要因为作者是无名小卒就不去理人家。我们现在不是提倡植树造林吗？阻止种子的发芽，或摧残嫩芽，或拔苗助长，都是不得人心的。”

听说冯骥才生病了，严文井写信劝他保重身体：

不要太拼命了；可以适当超过自己的体力的限度突击一阵，但不能太超过限度，尤其不能长时间地过于超限度。这不等于不要勤奋。你既然要表现生活，那么，就应该还生活几十年，你才能得到一个又一个的新感受，新表现，新结论。

读到王蒙新发表的《海的梦》，严文井写信对他鼓励：

我像一个青年崇拜者一样向你写了这样一封信。我很高兴在离开这个世界之前能够看到你一篇比一篇强的作品。当然，还有高晓声（这是一个奇才，我并不认识他）、谌容、陈国凯、冯骥才、张洁、邓友梅、刘真等等一大批人的作品。这是五十年代都不可能想象的事。我想，我们是应该高兴的。不要回信，把更多的时间用在写作上吧。为读这封信就得浪费你一部分时间，原谅我，握手！

刘心武在《最难风雨老人来》一文中回忆严文井说："在他的晚年，最后二十年的生命历程里，他对为数不少的文学晚辈，文学探索者，给予了许多宝贵的支持与温馨的鼓励，而这一切都是在私下里，春雨润物无声，和风轻抚无迹，不求感谢，不需回报，默默进行的。"这位文坛老园丁，对后辈作家在生活上关心，在创作上鼓励，这是多么难得，多么令人感动！

在这里，想引用他在《为了人间——致青年作者》中的一段极具启迪意义的话作为本文的结语："不知怎的，说到萌芽，说到新人的时候，我不知不觉意识到了自己的年纪。新人出现，就衬托出一些老人的影子。在自然规律面前，我只有老老实实承认自己变衰老了。但仔细想想，这也没有什么奇怪。现在要考虑的许多事情要赶着去做。还免不了要做'嫁衣裳'。如果能做到鲁迅说的，我们完全应该肩起因袭的重担，放青年们到光明的天地里去，这对自己来说，会产生一种义务感……"

让我们这些热爱文学的青年，牢牢记住前辈严文井的这些发自肺腑的话吧，以自己的创作实绩，来怀念和告慰这位文坛老园丁。

时代的歌者

——刘白羽《刘白羽散文选》

《刘白羽散文选》1978年1月由人民文学出版社出版，收录刘白羽从抗日战争时期至20世纪60年代写的三十篇散文。作者在扉页上用钢笔题写："杜宣同志纪念　刘白羽"，签赠年份不详。这本书，也是两位老作家的友谊见证。

刘白羽，原名刘玉瓒，祖籍山东青州，是优秀的散文家、报告文学家、小说家。他1916年9月生于北京通县，1936年毕业于北平民国大学中文系。1941年参加革命工作，历任延安文抗支部书记，重庆《新华日报》副刊编辑部主任，新华社军事记者。新中国成立后曾任中国作协党组书记、副主席，文化部副部长，总政文化部部长，《人民文学》主编等职。代表作有长篇小说《风风雨雨太平洋》《第二个太阳》，散文集《红玛瑙集》《海天集》《芳草集》《秋阳集》，长篇回忆录《心灵历程》等,《长江三日》《日出》等多篇作品被选入中学、大学教材。

杜宣,著名剧作家、散文家、国际文学活动家,《文学报》的创始人之一。1914 年生于江西九江,曾先后在上海、桂林、昆明、重庆、香港等地从事革命文化活动。新中国成立后,曾任上海市文联副主席、作协副主席、剧协主席。代表作有剧本《无名英雄》《难忘的岁月》《动荡的年代》《上海战歌》《彼岸》等,散文集《西非日记》《杜宣散文选》等。2004 年上海文艺出版社出版了八卷本《杜宣文集》。

据刘白羽回忆,他和杜宣成为密友,是因为五六十年代一起参加了国际文学战线上的大辩论。他们曾一起出席 1958 年在塔什干召开的亚非作家会议,1964 年又一起出席在东京召开的第四十届世界笔会大会。这次会议上,台北笔会中心的代表搞"两个中国"阴谋,刘白羽和杜宣等人一起努力,挫败了台北笔会中心代表的这个诡计。他们一直保持着这种战斗友谊。2004 年 8 月,九十岁的杜宣在上海逝世,此时的刘白羽也重病缠身,在解放军 301 医院住院,但仍拖着病体写下了感人的《哀我杜宣》一文,其中写道:"杜宣是个心怀寥廓、潇洒天然的人,他是剧作家、社会活动家,但我特别要说他是诗人。他的书法瘦如疏竹,他的诗清如流水,这正是杜宣的性情。往时我到上海,总要到他家造访,他的家也如其人,一片绿茵,几丛修竹,总之一切都如其人。……有一回他在家中专为我设了一席鱼宴,是他儿子下放锦江饭店时学得的好手艺。食鱼必在江南,春江水暖,鱼味清鲜,谈笑风生,逸兴遄飞。这正显示出杜宣与我的心心相印,情深义重。……面对讣文,满泪盈眶。天地有情,哀我杜宣。"写完此文不到一年,刘白羽也随老友而去了。

刘白羽登上文坛，与巴金的提携有莫大的关系。1936 年，二十岁的刘白羽到上海，由他的好友靳以引见结识了巴金。几天后，巴金、靳以邀请刘白羽到冠生园聚会，在询问了一些创作情况之后，巴金对刘白羽说，文化生活出版社要出版一本他的短篇小说集，问他同意不同意。这对刚走上文坛的刘白羽来说是完全没有想到的，他高兴得难以抑制自己，着急地对巴金说："我连一篇剪稿也没有带来啊！"巴金微微一笑，从提包中取出一个纸包，亲切地说："已经给你编好了，只要你自己看一遍，看看有没有修改的地方就行了。"刘白羽接过来打开一看，是他 1936 年这一年发表的六个短篇小说，已经剪贴得整整齐齐，以作品《草原上》为书名。这件事对当时的巴金来说，也许是一件小事，但对刘白羽而言，却是决定他走上文学创作之路的一件大事。所以半个多世纪以来，刘白羽始终把这件事牢牢地记在心中，对巴金充满感激之情。（参考韩冬《巴金与刘白羽》）

回到这本书上来。《刘白羽散文选》所选篇目，有一大部分是反映革命斗争和历史事件的，比如《记左权同志》《火炬映红了长江》《举国欢呼的时刻》《在朝鲜的第一夜》《万炮震金门》等，描写了渡江战役、第一次人代会、抗美援朝、炮击金门等重要事件，这些篇章更像是新闻特写，纪实性强，可读性弱。另一些抒情散文和游记，代表了刘白羽的散文创作水平，如著名的《长江三日》《日出》《樱花》《平民小札》等，由景生情，灵感频现，诗意汪洋，激情澎湃，营造出了诗情画意的景象，具有很强的艺术感染力，成为脍炙人口的佳作。

刘白羽不但是作家，新中国成立后还长期担任文化部门的领导职务。在此期间，他不可避免地在文学战线上贯彻过"左"的方针，也曾在政治运动中使一些老作家受到伤害。80 年代后，他也进行了反思，比如对 50 年代被打倒的"丁玲、陈企霞反党小集团"，刘白羽从心底里感到搞错了，曾诚恳地向丁玲登门道歉。当他读到老作家徐光耀的回忆文章《昨夜西风凋碧树》时，更是从内心发出忏悔，主动给徐光耀写信，说正义之言鞭挞着自己的心灵，只有在远处向受害者深深地谢罪。这位八十多岁的文化老人的自我反思，有着耀眼的人性之光。

在刘白羽离世前的第四年，也就是2001年12月25日，他当着律师和公证人的面签下了遗嘱，兹录如下：

> 一，我的遗体交给医院解剖。如尚有有用器官就给人一点生命力，是最好的事。二，不举行遗体告别仪式。三，不发讣告。四，不登报。五，遗体火化，骨灰与我妻子汪琦同志的骨灰一道投入大海的汹涌波涛。六，我希望我的亲朋，不要因为我的死而悲哀，恩格斯说物质不灭，这里有熄灭，那里就有新生。人们应当为我的新生而高兴。七，我的遗物是永恒不死的。我将我的手稿，我写的书，我编的书，我写作的桌椅及文具，我获得的奖章、奖状，我保存的各种艺术品，字，画，我所有的照片，以及我最爱的书，都全部集中交给国家——中国现代文学馆。

刘白羽一生藏品丰富，比如有傅抱石国画《湘夫人》、黄宾虹大幅山水画、关山月大幅《墨梅》及书法作品、吴作人油画《蓝天碧海》、黄永玉巨幅《梅花》以及吴大澂、吴昌硕、郭沫若、高剑父、赖少其等大家的书法作品。这些价值连城的藏品他都毫无保留地交给了国家。

斯人已去，风范长存，谨以此文纪念刘白羽诞辰百年。

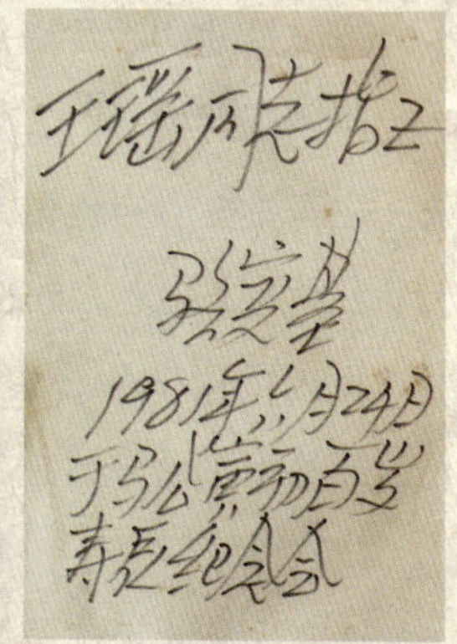

祝寿会上的签赠之作

——骆宾基《骆宾基短篇小说选》

《骆宾基短篇小说选》，1980年5月由人民文学出版社出版，收录骆宾基短篇小说二十一篇。作者在前衬页上题签："王瑶同志指正　骆宾基　1981年六月24日于马公寅初百岁寿辰纪念会"。看来这里面是有故事的。

本书受赠者"王瑶同志"，是北大著名教授，中国现代文学学科奠基人，青年时期师从朱自清先生，致力于中古文学史研究，著有影响颇大的《中古文学史论》。新中国成立后，王瑶服从组织调配，开始了新文学的研究和教学，1953年完成的《中国新文学史稿》标志着现代文学研究和教学基本格局的建立。王瑶视野开阔、学养深厚，在中古文学史、现代文学史和鲁迅研究三个领域都做出了卓越贡献。现代文学著名学者钱理群、温儒敏、吴福辉、赵园、陈平原等都是他培养的学生。

1981 年 6 月 24 日上午，原北大校长、著名人口学家马寅初在北京医院度过百岁寿辰，北大为马老举行任教六十五周年和百岁寿辰庆祝会，邀请许多作家学者出席，北大王瑶、老作家骆宾基都参加了此次祝寿会。在会上，骆宾基将新出版的《骆宾基短篇小说选》赠与王瑶先生。

马老寅初，1882 年 6 月生于浙江绍兴，1982 年 5 月逝世。他是我国著名经济学家、教育家、人口学家，曾任北京大学校长、浙江大学校长，他十分重视我国的人口问题，在 1953 年全国人口普查后，他多次到南方调研，发现人口增长问题的严重性，1957 年在《人民日报》发表《新人口论》，提出控制人口刻不容缓，之后被错划为右派。但他毫不畏缩，坚持真理，在 1959 年给《新建设》杂志的稿件中说出了那段经典的话："我虽年过八十，明知寡不敌众，自当单身匹马，出来应战，直至战死为止，决不向专以力压服，不以理说服的那种批判者们投降。"马老这种毫无顾忌、坚持真理的精神令人佩服，同时，他的学术预见性也极令人钦佩。骆宾基在《难忘的往事》中也说：临危不负诺言而富于正义的精神，在百岁老人马寅初身上，岂不是显示得更明显吗？

让我们再回到骆宾基。骆宾基原名张璞君，祖籍山东，1917 年生于吉林珲春一个经营茶庄的小商人家庭。1933 年，骆宾基去北平读高中，因错过了报名时间，只好去北京大学旁听，闲暇时到国立图书馆读书。列夫·托尔斯泰和高尔基的作品极大地吸引了他，并激励他产生了为中国命运而写作的使命感。1935 年，骆宾基到哈尔滨，得知萧军的《八月的乡村》和萧红的《生死场》在鲁迅的帮助下出版，他备受鼓舞。1936 年夏，他追循"二萧"的足迹奔赴上海，开始写作长篇小说《边陲线上》，刚写完前两章，他就迫不及待地以“张依吾”的笔名将稿子寄给了鲁迅。鲁迅当时已重病在身，稿子又是长篇的开端，便回信说一时恐难看稿，最好全部写完后再说。1936年10月，《边陲线上》即将收尾，却传来鲁迅逝世的噩耗，他再也没有机会向鲁迅先生请教。但幸运的是，如果说鲁迅是萧军、萧红命中的贵人，那么骆宾基遇到的贵人则是茅盾。鲁迅逝世后，骆宾基在悲痛和失望中鼓足勇气给茅盾写信，不久后，茅盾和王统照会见了他。茅盾第一次推荐书稿给生活书店，被退稿；第二次推荐给良友书店，又被退稿。但茅盾锲而不舍提携这位年轻作家，再次把书稿推荐给了天马书店，巴人任主编的上海天马书店于是准备出版《边陲线上》。不久淞沪战争爆发，天马书店被炸，幸运的是书稿被巴人保存了下来。直到1939年11月，这部反映东北抗日义勇军斗争的长篇小说才由巴金任主编的文化生活出版社出版。40年代骆宾基辗转于桂林、香港、重庆、上海等地从事文学活动。1949年7月，骆宾基参加了在北平召开的第一届全国文代会，之后到人民日报社工作。后来到山东，当选为省文联副主席。1953年，他被调到北京电影制片厂从事专业创作。1962年，又调到北京市文联，不久担任市作协副主席。“文革”中他受到冲击，与老舍等人一起被批斗。1974年被安置在北京市文史馆工作后，开始从事古文字学研究，出版了两卷本《金文新考》。其他作品还有《骆宾基短篇小说选》《诗经新解与古史新论》及电影文学剧本《镜泊湖畔》等。1994年6月在京病逝，享年七十七岁。

这本《骆宾基短篇小说选》，包括二十一篇短篇小说和《我的创作历程》《〈山区收购站〉后记》《六十自述》等三篇自述文章。50年代初，骆宾基在山东参加水利工程建设，走访了一些农村互助组和初级合作社，创作了《王妈妈》《夜走黄泥岗》《父女俩》等。《交易》《年假》等篇，则是取自深入东北农村的实际生活，反映“互助组”“初级社”“高级社”等各个历史阶段所发生的变化。《老魏俊与芳芳》是作者深入“大跃进”前夕的北京近郊农村生活的收获。《六十自述》这篇文字，对了解作者的生平有重要参考价值，但其中有些说法，也带有明显的政治色彩和时代烙印。

另外，说到骆宾基，依然不能免俗地要谈到萧红。这些年来，关于萧红和萧军、端木蕻良、骆宾基的感情故事众说纷纭。许鞍华导演的电影《黄金时代》，又引发了新一轮的萧红热。据骆宾基撰写的《萧红小传》，1941 年他流亡到香港，开始写作长篇小说《人与土地》，在生活上得到端木蕻良的帮助。不久，太平洋战争爆发，骆宾基打算撤离香港，在向端木、萧红辞行时，端木提出请他留下协助照料病重的萧红，他慨然允诺，并赶往他们的住处。这期间，端木蕻良和骆宾基抬着萧红先后躲避在周鲸文家、思豪酒店和时代书店宿舍。后来萧红被送往养和医院，因医生误诊，手术伤了元气，后萧红又被送到圣士提反女校改成的临时医院，1942 年 1 月 22 日逝世。在萧红生命最后的四十四天里，骆宾基一直守护在萧红身边。

如今，历史的年轮过去了七十多年，当年这个故事的主人公们都已离开了这个世界，孰是孰非已经显得不那么重要，只要他们的作品还在，他们的故事还在，也足以让我们无限回味那个“黄金时代”。

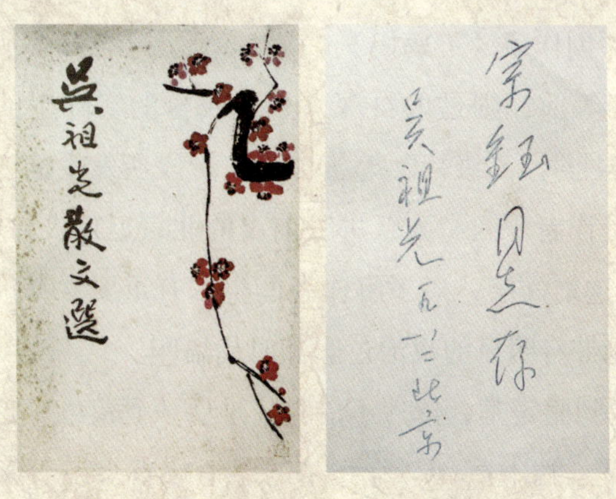

才子佳人，不平则鸣

——吴祖光《吴祖光散文选》

《吴祖光散文选》收录散文、杂文、序跋等五十五篇，1982 年 6 月由江苏人民出版社出版。该书封面设计清新淡雅，封面画是一枝傲骨的老蜡梅，为吴祖光妻子、著名评剧表演艺术家新凤霞所绘，书名题字是吴祖光友人、著名书法家费新我所书，可以说，这帧简洁的封面设计，是作者爱情和友情的见证。作者在前衬页上题签："宗钰同志存　吴祖光　一九八二　北京"，受赠者宗钰同志资料不详。

吴祖光祖籍江苏常州，1917 年出生于北京一个文人世家，父亲为官，诗文俱佳。吴祖光本人是著名学者、戏剧家，主要代表作有话剧《凤凰城》《正气歌》《风雪夜归人》《闯江湖》，评剧《花为媒》，京剧《三打陶三春》，导演电影《梅兰芳的舞台艺术》《程砚秋的舞台艺术》，并有《吴祖光选集》六卷本行世。妻子新凤霞，原名杨淑敏，天津人，是著名评剧青衣、花旦。她六岁学京剧，十二岁学评剧，十四岁任主演。1949年后历任北京实验评剧团团长，解放军总政治部文工团评剧团副团长，中国评剧院演员。1951年，吴祖光和新凤霞举行婚礼，证婚人是郭沫若，主婚人是阳翰笙和欧阳予倩，介绍人是老舍。茅盾、洪深、梅兰芳、尚小云、程砚秋、荀慧生等京城文艺界的大家们都来了，这在当时是一件盛事，有人将这对新婚夫妇比作“金风玉露一相逢，便胜却人间无数”。周总理因临时有紧急任务不能参加，过了几天又邀吴祖光夫妇和曹禺夫妇到家中聚餐，可见他们当时的影响力。但好景不长，1957年，他们夫妇二人皆被划为右派，在“文革”期间身心受到很大摧残，1975年，新凤霞因脑血栓导致偏瘫。后来他们得到平反，吴祖光重新拿起笔，写出了《闯江湖》《咫尺天涯》等作品，新凤霞抱病给学生说戏，示范演唱，讲学授艺，同时还坚持写文章作画，出版了回忆录，办了画展。

《吴祖光散文选》收录的文章较杂，有游记，有杂文，有序跋，有悼文，有回忆录，写作时间跨度也很大，最早的一篇写于1937年3月，最晚的一篇写于1981年11月，有些文章选自1946年上海出版公司出版的《后台朋友》，有些选自《世界晨报》发表的专栏散文《海棠集》，还有些是新中国成立后报纸杂志关于戏剧的约稿。

该书中《话说〈沁园春·雪〉》这篇文章，讲述了毛主席诗词《沁园春·雪》的首次发表过程，具有史料价值。1945年，吴祖光在重庆担任《新民报晚刊》编辑，在毛主席结束重庆谈判离开不久，他得到了一首传抄不全的《沁园春·雪》，抄稿中遗漏了两三个短句，但大致还能理解意思。为了补足词中遗漏的几句，他跑了好多地方，找了好几个人，但都没有掌握全词的。他把打听到的三个传抄的版本凑起来，终于得到了完整的《沁园春·雪》，准备在《新民报晚刊》

副刊“西方夜谭”上发表，却受到一位友人劝阻，理由是毛主席本人不愿意让人们知道他能写旧体诗词，旧诗词太重格律，束缚性灵，不宜提倡。但此时，《新华日报》单独发表了柳亚子《和毛润之先生咏雪词》，毛主席原词却未发表。吴祖光认为此文一出，已经违背了毛主席不愿让人们知道他写旧体诗词的初衷了，就不再顾及友人劝阻，在11月14日的《新民报晚刊》副刊上发表了这首咏雪词，标题是《毛词·沁园春》，并加了一段按语：“毛润之先生能诗词，似鲜为人知。客有抄得其《沁园春·雪》一词者，风调独绝，文情并茂。而气魄之大，乃不可及。据氏自称，则游戏之作，殊不足为青年法，尤不足为外人道也。”此文一发，顿时轰动山城，世人从此知道了毛泽东不独是政治家、军事家，还是诗人。两天以后，重庆《大公报》又转载了这首词。1957年1月北京出版的《诗刊》第一次发表了毛主席一封论诗的信及包括《沁园春·雪》在内的诗词十八首，距离重庆《新民报晚刊》发表这首词已经十二年了。

据吴祖光的女儿吴霜回忆，父亲一生从来没有停止过对社会不平等的挞伐和对弱势群体的关注。吴祖光曾撰文抨击国民党统治下的审查制度，称之为“奴隶的审查制度”，他嘲笑国民党在审查张天翼童话《秃秃大王》的时候，因为蒋介石是秃头而把剧本生硬地改成《猴儿大王》；他愤怒自己创作的《正气歌》被删除四分之一以上，“把朝廷的昏庸全部删去了”。1957年，吴祖光参加了一场“提意见”的座谈会，指出了“外行领导内行”的现象。不久，吴祖光被定为“右派分子”，下放北大荒劳动，“文革”将结束时才得以平反。在这之后，吴祖光担任了四届全国政协委员，几乎在每一次会议上，人们都可以听到他呼吁民主、倡导自由的发言。因为这张敢言的嘴，吴祖光一生饱尝忧患，妻子新凤霞常常为他的敢说话而操心。画家黄苗子在《祭吴祖光文》中说："凤霞贤淑，唯你是忧：免开尊口，别无他求。"

新凤霞逝世后，吴祖光写了情深意切的怀念文章，结尾写道："这篇怀凤短文，写写、哭哭、停停，历时半月才匆匆写就。生平没有写得这么困难，这么吃力过。在凤霞天天坐的座位上、书桌上，清晨、黄昏、灯下，总恍惚凤霞仍旧坐在这儿，但她却真的不再回来了。"读到此处，我热泪盈眶，既为他们的爱情感动，也为他们一生的波折感到痛惜。

吴祖光和新凤霞虽然已经离开了我们，但吴祖光改编、新凤霞主演的经典评剧《花为媒》，依然在大江南北传唱着，纪念着这一对大师伉俪。

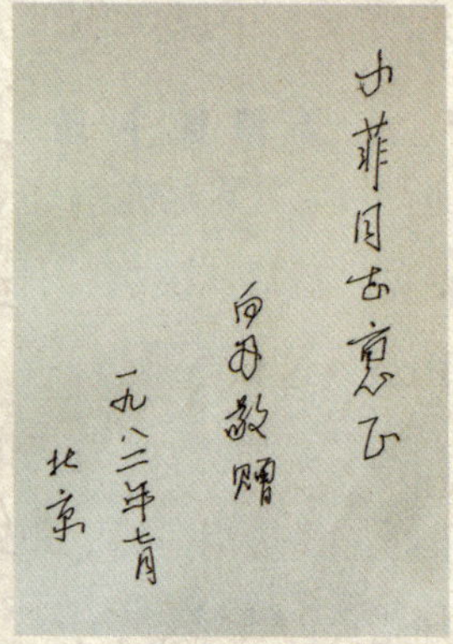

忠实于历史和良心

——白刃《战斗到明天》

白刃，原名王寄生，1918年生于福建石狮，少年时在菲律宾做过学徒，卖过报，1938年到延安投身抗战，后来在部队办报。新中国成立后曾任解放军艺术学院研究员、中国作协理事，出版了长篇小说《战斗到明天》《南洋漂流记》、剧作集《白刃剧作选》、诗集《野草集》等，获中国人民解放军二级红星功勋荣誉奖章。

对于笔名“白刃”的由来，他在一篇文章中说：“1940年2月，八路军在鲁南攻下白彦后，遭到日军反扑。战斗中，我跟着陈光代师长在一个山崮上的观察所里，看到我军将士英勇顽强地与鬼子拼刺刀。战后，我写了一篇战斗通讯《在观察所》。因为打白彦，又和鬼子拼刺刀，随手用‘白刃’当笔名，以后就沿用下来。”

长篇小说《战斗到明天》是反映抗日战争时期，山东敌后军民在日寇扫荡下艰苦卓绝的对敌斗争的。书中主要的几个角色是战争中的知识分子，写他们在从事战斗、宣传、恋爱等过程中，通过各种考验，在战争中改造自己。该书于1951年由中南军区政治部初版，茅盾为初版本写了序言，他写道："自五四以来，以知识分子作主角的文艺作品为数最多，可是，像这部小说那样描写抗日战争时期敌后游击战争环境中的知识分子，却实在很少；我觉得这样一种题材，实在也是我们的整个知识分子改造的历史中颇为重要的一页，因而是值得欢迎的。"

但作者没有料到的是，该书甫一出版，就被某些报刊以"歪曲工农兵，歌颂小资产阶级"为由，遭到大肆批判。茅盾也因此做了公开检讨。后来，白刃对书稿进行了较大修改，于1958年在作家出版社出版了修订本。1982年，人民文学出版社出版了第三版。1997年，中国电影出版社出版了《战斗到明天（续集）》。

我手里的这一本，就是1982年5月由人民文学出版社出版的第三版，首印一万两千册，封面设计是著名美术家、书籍装帧专家徐中益。作者在前衬页上题签："小菲同志惠正　白刃敬赠　一九八二年七月　北京"，受赠者信息不详。在该版前言中，白刃回忆了当年遭到批判的情景，依然无法释怀，他写道："一个初生的婴儿，被掐死在摇篮里，还指责母亲生的是怪胎。母亲痛苦地分辩说，婴儿长得不漂亮，生理上可能有缺陷，却不是怪胎。然而族长专横地讲，不是怪胎也是毒瘤！权杖在族长手中，谁敢不服？母亲只好打掉门牙连血咽，暗自饮恨伤心！"

白刃命途多舛不止于此。上世纪60年代他执笔创作的反映辽沈战役的话剧《兵临城下》，曾在全国许多城市上演，周总理曾三次观看，并专门约白刃在中南海谈了两个多小时，提出修改意见。该剧改编成电影剧本后，却在“文革”中遭到了暴风骤雨般的批判，白刃作为被批判对象一时家喻户晓。

他在自述《风风雨雨六十年》中说，自己参加革命六十多年，穿过四次军装；被开除过两次党籍和一次军籍；三次下放劳动改造；三次死里逃生，全和当作家写文章有关系。吃苦受罪，在炼狱中认识了社会的复杂性，得到宝贵的生活体会。

2002 年，八十四岁的白刃自费二十万元，在中国戏剧出版社出版了七卷本、四百余万字的《白刃文集》，无偿送给部队、学校和公共图书馆。有记者问起他的文学创作，他说，翔实地记录我所经历的战争生活是我的责任所在，不这样做，既对不起培养孕育了我的祖国和人民，也对不起和我一起出生入死的战友们。出版文集，就是想留下点史料给后人，让他们了解战争、了解历史。忘记历史就意味着背叛。

2016 年 5 月，白刃在京逝世，享年九十八岁。

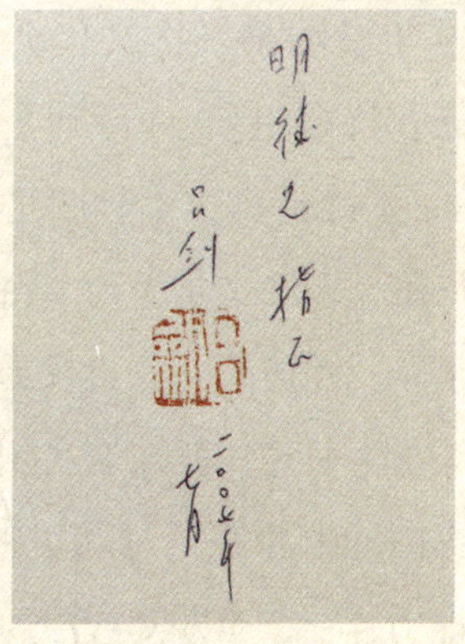

嬴牟故里走出的诗人

——吕剑《燕石集》

诗人吕剑所著《燕石集》，作为开卷文丛第三辑中的一种，2007年4月由湖南教育出版社出版。列入该辑的其他作品还有子聪《开卷闲话三编》、戈革《渣轩小辑》、叶至善《为了纪念》、刘二刚《午梦斋随笔》、许觉民《雨天的谈话》、陈子善《探幽途中》、范泉《斯缘难忘》、施康强《牛首鸡尾集》、彭国梁《书虫日记》等。该丛书由彭国梁任策划，蔡玉洗任主编，董宁文任执行主编。作者在该书扉页上题签：“明德兄指正　吕剑　二〇〇七年七月”，并钤印，疑似签赠给四川著名藏书家龚明德先生。

吕剑，原名王延觉，王聘之。著名诗人、散文家。1919年生于山东莱芜，1944年加入中国民主同盟，任昆明《扫荡报》文艺副刊主编，1946年至1947年任香港《华商报》副刊主编，《中国诗坛》

编委。1949 年参加第一次文代会，新中国成立后担任《人民文学》编辑部主任、诗歌组长，《诗刊》《中国文学》编委等。主要著作有《诗与斗争》《诗论集》《十月北京城》《吕剑诗集》《燕石集》等二十余部。在《人民文学》与《诗刊》工作期间，吕剑发现并推出了公刘、邵燕祥、闻捷等一大批优秀诗人。

我在高中读书时，就知道吕剑的名字，因为我是莱芜人，和吕剑是同乡，我们的家相距不过几里地。高中语文老师曾经在课堂上讲，我们莱芜地方不大，但是也曾经走出了著名散文家吴伯箫、诗人吕剑，说这话的时候，感觉非常自豪。我的老家莱芜，古称嬴牟，地处山东省中部，春秋时期在这里发生过长勺之战，解放战争时期华东野战军曾在此发动了莱芜战役。历史上曾出过将军羊祜、名臣朱童蒙、翰林院庶吉士潘绍烈、画家李半残等历史文化名人。当代文史学者张期鹏曾著有《莱芜现代三贤书影录》（山东大学出版社 2013 年出版），他所定位的“莱芜现代三贤”，是指 20 世纪从莱芜走出的具有全国影响的三位文化名人，分别是散文家吴伯箫、诗人吕剑、历史学家王毓铨。

在《燕石集》卷首，有吕剑写的小引：“有时我也想到关于‘燕石’的故事。说的是，古时宋国有一个愚人，得到一块燕石，视作大宝。一位周人见了，大笑曰：‘此与瓦甓无异！’但是这位宋人却不以为贱，藏之愈固。那么，我是否也是一个愚人呢？我手头的东西不过都是一些‘燕石’耳。可笑乎？”

虽然吕剑非常谦虚，认为自己的文字没有太大价值，但是仔细翻阅这本《燕石集》，还是很有味道的。该书分为上中下三卷，基本按照时间顺序划分，上卷收 1949 年前的作品，以杂文为主，中、下卷收 1949 年后的作品，以书信和序跋为主。我所看重的，一是与文化名人的往来信函，可以作为文学研究资料，其中包括吕剑与艾青、严辰、吴祖光、李何林、孙犁、邵燕祥、公刘、唐湜、徐迟、唐弢、曹靖华、程千帆等著名作家学者的书信资料，二是文中记叙的鲜为人知的文坛掌故。

收入本书的1978年写的《黄宾老见贻山水立轴叙》，记述了1954年与友人宋云彬一起拜访画家黄宾虹并互赠作品的经过，从中能够看出，旧时文人交往雅趣横生，意气相投即成忘年之交，赠书赠画重于黄金。

收入本书的《寻书纪事》写于1979年。“文革”后吕剑在一家书店与二十多年未见的钟敬文先生偶遇，互相道及痛处，几欲泪下。钟老归家后又写诗寄赠吕剑，二人都在特殊岁月历尽波折，人间冷暖由此可见。兹录如下：

> 某日，于书店西库一角，寻检残旧。偶抬头，突见钟敬老立于身旁。面面相觑，半日讶然无语。钟老为前辈，初识于香江，建国初期晤面虽稀，尚存机缘。不料一九五七年后，遂不复再见。此刻相遇，恍若隔世。二十年来经历，道及痛处，几欲泪下。约定改日再作长谈，怅怅而别。……不数日，钟老情之所至，竟寄示七绝一首，恭录书后，藉留永念：文场阅历与年深，人海踪疏意自亲。知有豪情寄编简，逢君多在海王村。前次在中国书店重晤后归途口占一绝，吕剑同志哂正，静闻戊午夏。

对于莱芜老家，吕剑也一直非常思念，很想看到关于莱芜的书，想知道莱芜社会发展的信息。在本书《题跋散钞》中，他曾提到自己苦苦寻求《莱芜县志》而不得的事："《莱芜县志》，苦不能得。前从乡兄吴伯箫家藏借观，略解寻求之渴。曾托人于故乡多方搜求，一无所获。频遭战劫，文物荡然，能不令人发一浩叹欤！岁次乙丑，张欣执教莱城，不意竟为之寻得三册寄来，计有射、御、数三册九卷，唯尚缺礼、乐、书三册十一卷。虽云残本，亦颇堪庆慰矣。"

吕剑先生，这位有些被文坛忽视的老诗人，于 2015 年 1 月 2 日走完了他九十六岁的人生路，在京仙逝。

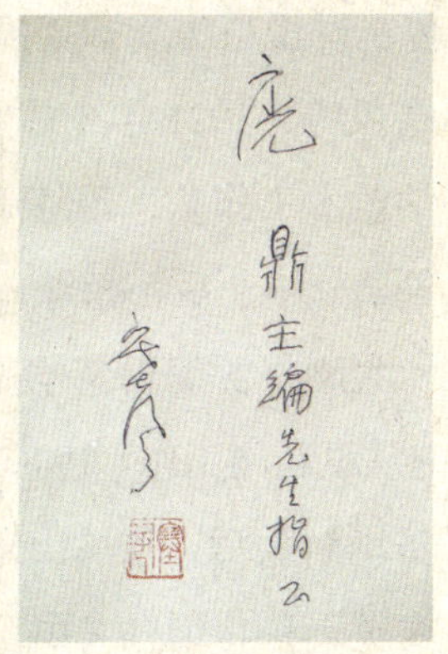

琥珀有光

——塞风《弹唱人生》

说实话，虽然我是中文系毕业，但在济南中山公园淘到这本诗集之前，我还没有听说过塞风这位诗人。这本《弹唱人生》，2003 年 1 月由济南出版社出版，书名由著名作家姚雪垠题写，书前收录诗评家丁芒、袁忠岳、邵一劭所写的三篇评论文章，内文选诗二百四十余首，分为“人生”“诗神”“乡恋”“海思”“春蚕”“挚爱”“友情”“根”等八辑，书后附有- 篇作者自述《诗之路》，一篇作者夫人李枫写的编后记，还有一篇塞风评价文章目录索引。作者在该书前衬页上题签：“□鼎主编先生指正　塞风”，并钤印。第一个字是上面一个“广”下面一个“光”，我查阅字典并未发现有这样一个字，我怀疑有可能是“庞”字，是不是老诗人写错了？但查阅了一些资料，并没有发现哪本杂志的主编是一个叫“□鼎”或“庞鼎”的人。

言归正传，说说诗人塞风。塞风，原名李景元，曾用笔名李根红、张弓、塞风等，1921 年 3 月生于河南灵宝，1940 年奔赴延安，参加陕北公学艺术工作队，跟随萧军学习，后回乡养病。1942 年于豫西师范专科学校毕业后，相继在洛阳《行都日报》、开封《中国时报》和武汉《大刚报》编辑文学副刊，之后辗转于成都、重庆、南京、上海等地从事新闻工作。1946 年至胶东解放区编辑《胶东文艺》。1948 年 9 月济南解放后，任《山东青年报》编委。1949 年任山东省文联筹委会委员，参与创办《山东文艺》月刊。1951 年调任河南省文联常委，省文联组联部、创作部副部长。1955 年在胡风案中受到牵连，被迫停止创作。1958 年又被错划为右派，曾在黄泛区劳动改造多年。1979 年平反后调入济南市文联，任《泉城》副主编。1983 年离休，任济南市作协名誉主席。出版诗集《北方的歌》《天外，还有天》《黄水谣一百首》《弯路上的小花》《塞风抒情诗选》《征马的歌》《母亲河》《塞风诗精选》《山水和弦》等。

在 2014 年 8 月 8 日的《光明日报》上，有一篇署名王宜振的文章，题目是《塞风：不应忘却的优秀诗人》，文中重点介绍了塞风的两首小诗。一首是诗人在十六岁的时候写的短诗，名为《弓》："面对西北角 / 早已义愤填膺 / 我拉圆 / 大地的弓"，体现了日寇侵华时，诗人自己乃至整个中华民族不畏列强的英雄气概，这是塞风的发轫之作。另一首是诗人在平反后重返文坛时写的《赠诗神》中的两句："黄河 / 长江 / 我两行浑浊的眼泪"。这短短两句诗，被誉为是从苦难中提炼出来的金子，贺敬之在《强者之诗——给塞风的一封信》中曾对这两句诗大加赞赏，诗人自己也常常戏谑地说："我一生只写了两行诗。"

在这里，还想谈谈诗人塞风的"朋友圈"。在该书"友情"一章中，收录了他与其他诗友之间的赠诗，还有悼怀诗，其中包括臧克家、艾青、苏金伞、姚雪垠、鲁藜、曾卓、公刘、流沙河、林希、食指等。在该书后面的作者自述《诗之路》中，塞风回忆了自己在新中国成立前的生活和创作，有过交往的作家萧军、周文、曹靖华、邵荃麟、孙伏园、冯乃超，诗人何其芳、牛汉、贺敬之、王亚平、臧云远、高兰、碧野，音乐家冼星海，戏剧家焦菊隐，木刻家刘岘等。据记载，1950年他和山东姑娘李枫结婚的时候，王统照、臧克家、季羡林、骆宾基等都参加了他的婚礼并题诗留念。1978年，尚未平反的他在济南做苦力，却收到了茅盾写来的“呼风唤雨寻常事，锥指管窥天地宽”的勉励条幅，让他燃起了生活的信心。他的这些朋友，真可谓名家荟萃。

塞风认为，诗是真正的内心独白，诗人的任务就是形象而准确地诉说过去和探索现实，于精微处启迪一种新的感悟。和塞风在同城居住的晚辈、中国作协副主席张炜曾对他做出这样的评价：“他是精神的执火者，是最纯粹的人，是一个不败者。长期以来，极少有人在思想上、在道德激情方面，曾像他那样赐我以巨大力量。我从塞风的诗章中，始终感受着火一样的热烈。一个人能像他那样不倦地歌唱，为正义和爱不停地奔走呼号，就是一个奇迹，是人类不曾屈服和至尊至贵的有力证明。”

2004年6月19日，老诗人塞风因病在济南逝世，享年八十三岁。他一生写下了近三千首诗，计二百余万字。诗人丁芒在《弹唱人生》的序言中写道：“塞风诗的这三个特色（理性特别见重，深湛的意象化功夫，语言的极端精练），已足以概括他的全部艺术品质，而且足以显示他在全国诗坛的艺术地位。然而，由于众所周知的原因，这位老诗人却长期如琥珀之被深埋。”

是啊，即使是深埋地下的琥珀，也曾发出过耀眼的光芒。通过这本书，我记住了一个叫塞风的诗人。

诗品有名，人品铮铮

——曾卓《美的寻求者》

曾卓，原名曾庆冠，湖北黄陂人，1922 年生于武汉，1936 年参加革命工作，40 年代和邹荻帆、绿原等组织诗垦地诗社，编辑出版《诗垦地丛刊》。新中国成立后曾在湖北教育学院和武汉大学中文系任教，之后担任长江日报社副社长、中国作协理事、中国新诗学会副会长、湖北省作协副主席等职。著有诗集《门》《悬崖边的树》《给少年们的诗》《曾卓抒情诗选》，诗论《诗人的两翼》，散文集《美的寻求者》《让火燃着》《在大江上》《曾卓文集》（三卷）等。新时期以来，他的诗作《悬崖边的树》《老水手的歌》曾引起巨大轰动，成为湖北诗坛一面最具精神意义的旗帜。2002 年 4 月 10 日，曾卓在武汉病逝，享年八十岁。

这本《美的寻求者》，1981 年 9 月由宁夏人民出版社出版，收录散文随笔和书评二十四篇。作者在扉页上题签："徐迟同志指正　曾卓　82.2 月"。该书是曾卓签赠给同样是湖北省作协副主席的徐迟的。徐迟，1914 年 10 月生于浙江吴兴，20 世纪 30 年代开始写诗。抗战爆发后，曾与戴望舒、叶君健合编《中国作家》（英文版），协助郭沫若编辑《中原》月刊。新中国成立后，曾任《人民中国》编辑、《诗刊》副主编、《外国文学研究》主编。徐迟在报告文学领域做出了突出贡献，代表作有《哥德巴赫猜想》《地质之光》《祁连山下》《生命之树常绿》等。1996 年 12 月 13 日，病重的徐迟在武汉同济医院跳楼自杀，时年八十二岁。在病房清理徐迟遗物时，有人发现他写在病历纸上的一则随感："将军死于战场，书生死于书斋。他不知回书斋的路，误入医院，恐怕就出不去了。"又写道："死亡是一种幸福、解脱，未来如日之升。"

在曾卓的友人梅延德写的一篇文章《曾卓先生的题签书》中，讲述了徐迟和曾卓的友谊。诗人徐迟和曾老是相濡以沫的老朋友，他俩曾在"牛棚"里谈论过"巴尔扎克的巴黎"和第一公社的巴黎。尤其令人难忘的是，1979 年 4 月，曾老还身处逆境，而徐老以超乎常人的胆识和勇气，在他主编的《外国文学研究》杂志创刊号上发表了曾老的一篇读书随笔《阴影中的〈凯旋门〉》，这是曾老重返离开了二十多年的文坛"跨出的第一步"，徐迟不幸去世后，曾老怀着沉痛心情，连续写了两篇文章"送徐迟远游"。

在这本书中，首篇《母亲》写于 1974 年。作者回忆母亲悲惨短暂的一生，她在战乱中死去时，身边没有一个亲人，读来不禁让人潸然泪下。第二篇《从诗想起的……》，回忆了自己如何爱上写诗，以及自己的创作道路，他说他是在读了臧克家的诗集《烙印》和《罪恶的黑手》之后，才写出了第一首诗。对于诗歌创作，他主张首先要真诚，“如果没有为自己的感情所温暖，如果自己的血液没有流贯在诗中，那么，无论有着怎样的豪言壮语，无论有着怎样美丽的词句，那并不是诗”。

《哀悼以外》《破楼拾记》和《女孩、母亲和城》三篇，写于1947年至1949年间，记录了当年作者自己的所见所闻。后面的十多篇，大多是对外国小说、诗歌、电影的引申和评述，如《笛声》引述柯罗连科的中篇小说《盲音乐家》,《永远的春天》引述匈牙利作家巴基的中篇小说《秋天里的春天》,《美的寻求者》评论苏联作家巴乌斯托夫斯基,《战士·诗人·哲人》是关于德国工人运动领袖卢森堡《狱中书简》的评论,《悲剧与赞歌》是对卓别林电影《舞台生涯》的理解,《雨果的沉思》是对雨果代表作《九三年》的评论，另外还有对海明威《老人与海》、列夫·托尔斯泰《安娜·卡列尼娜》等世界名著的评价。

从曾卓的一生来看，他留下的诗作并不多，这与他的经历有关。1955年，曾卓被卷入胡风案，同年6月被捕入狱，度过了两年艰难孤寂的牢狱生活。1957年因病保外就医，1959年下放农村。“文革”中，他再次被下放到农村劳动改造，接着被关进“牛棚”。几年后，他调回武汉话剧院做勤杂工，直到1979年平反。从1955年至1979年这漫长的二十五年，虽然他没有间断隐蔽的创作，但仍然耗费了他最好的年华，并给他的身体带来了创伤。在这本书收录的《胜利者》一篇中，他从一篇名为《胜利者》的短篇小说引申开来，结合自己的经历，做了一些反思和追问：“我们是不是害怕受到损伤，有时对于明知不合理的事情缄默无语？我们是不是有时违背自己的良心说一些言不由衷的话？我们是不是有时会对一个无辜的人扔出石头，以此来表明自己的‘清白’？”“对真理的追求，对理想的渴望，对正义的执着……都不应该仅仅是口头上的漂亮话。而可悲的是，我发觉，我们有些人甚至连口头上也不屑于说这些了。他们自认为是从许多痛苦中得到了教训，谨小慎微，瞻前顾后，心中渐渐熄灭了曾经照亮他们的火焰，不能再听到那呼唤他们前进的声音。他们用尽一切办法保卫自己，想使自己活得好一些，却没有想到，他们因而失去了活着的意义。”

诗人绿原在《追思“没有被打倒”的曾卓》中说：“曾卓是一位诗品赫赫有名，人品铁骨铮铮的诗人；他生前真诚地显现自己的真诚，他爱很多人；如今，他虽然远行了，但他仍被很多人爱。”

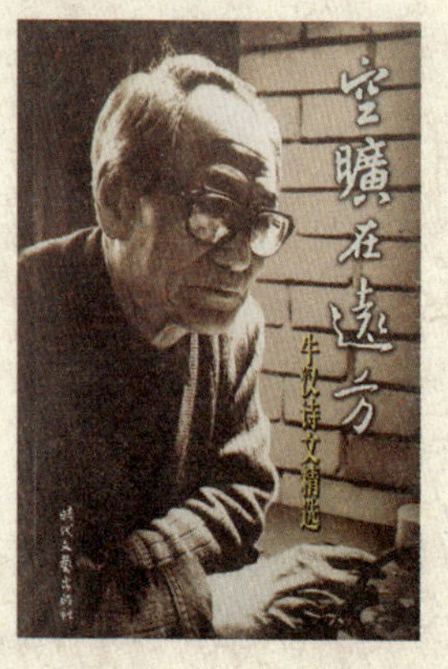

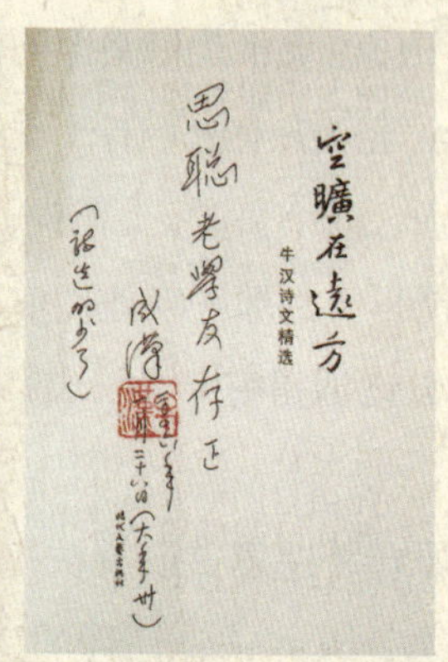

用汗水、泪水和血水写诗

——牛汉《空旷在远方》

牛汉是中国诗坛绕不过去的老诗人，他创作的《鄂尔多斯草原》《悼念一棵枫树》《华南虎》《半棵树》等诗被广为传诵。同时，他也是一位资深编辑，曾任《新文学史料》主编、《中国》执行副主编。最让人称道的，还是他那刚正不阿的性格和悲天悯人的情怀，他的一生，诠释了什么是真正的诗人。

牛汉，本名史承汉，后改为史成汉，笔名牛汉，取母亲的姓“牛”，取自己的名“汉”。1923 年 10 月生于山西定襄，蒙古族，著有《彩色生活》《在祖国面前》《牛汉诗选》《空旷在远方》《童年牧歌》《萤火集》《学诗手记》《我仍在苦苦跋涉》等。

这本《空旷在远方》是牛汉的诗文选集，2005 年 5 月由时代文艺出版社出版，收录 1941 年至 1947 年所写诗歌十一首，1970 年至

2003年所写诗歌四十一首，散文五十篇。散文题材有对童年的回忆，写养麻雀、掏甜根苗、摘金针菜、接羊羔、打枣、放风筝等童年趣事；有诗歌创作谈，包括对《鄂尔多斯草原》《悼念一棵枫树》《华南虎》等名篇的创作介绍；还有回忆友人的文章，包括曾卓、路翎、冯雪峰、艾青、胡风、聂绀弩等。作者在该书扉页上题签："思聪老学友存正　成汉　二〇〇六年一月二十八日（大年卅）（诗选的少了）"，并钤印。我在阅读该书的时候，发现书中有十一处错字漏字的地方，被和作者签名同样的笔迹修改过，这说明牛汉在赠书前曾亲手对内文错误进行了修订。关于"思聪老学友"是何许人，没有查到相关资料。该书所收诗歌五十二篇，比散文还多两篇，总页码三百三十页，诗歌占一百三十四页，但牛汉还是认为诗选得少了，这说明诗歌在他心中的分量更重，也更看重自己的诗歌创作，正如他在这本书的第一页所写："谢天谢地，谢谢我的骨头，谢谢我的诗。"

1948年，二十五岁的牛汉刚踏入诗坛不久，他仰慕诗人胡风，曾将自己的诗稿托朋友转给胡风审阅。此时的胡风还不认识牛汉，但看到他的诗觉得不错，就帮这位年轻人编了一本诗集《彩色的生活》，并增补了《鄂尔多斯草原》这首诗，列入"七月诗丛"第二辑，打好纸型后因胡风南下香港，该书到1951年才由上海泥土社出版。这是牛汉的第一本诗集。可就因为他和胡风的这层关系，1955年5月14日，牛汉被拘捕审查，是"胡风反革命集团"第一个被拘捕的，比胡风本人还要早两天。后来他被划为"胡风反革命分子"，关押了两年，被开除党籍，1969年至1974年在湖北咸宁五七干校劳动，直到1979年才得到平反。晚年的牛汉对于这些人生苦难，曾在自传中说："胡风这个'灾星'，二十多年来跟我和我的全体亲人有着深深的牵连。但现在那种深重的灾难基本上已成为过去，最终并未摧毁我们之间存于内心的友情，反而使纯净的友情更添加了一层庄严而凝重的亲情般的内涵。”胡风在去世前也说，牛汉是个可信赖的人，没有出卖过任何人。须知在那个年代，有多少人为了撇清自己，干过多少人格尽失的事情，而胡风和牛汉的情谊，经历了二十多年残酷的人间风雪依然未变，令人感动，验证了古人所说，躬履艰难而节乃见。

生活中的牛汉，喜欢收集石头，在他不大的书房中，案头和书橱里有许多大大小小奇形怪状的石头，从形态到色泽全是未经打磨的天然石，通体透露着不驯的野性，正如他们的主人。在这本书中，我注意到两首独特的诗，可能对理解牛汉有所助益。有一首叫《生命》的小诗，分为上下两段，上段写于 1946 年：“头发在向上生长，又直又硬，/ 脊骨也在向上生长，又直又硬”，下段写于 1999 年：“五十多年之后，/ 头发脱得几乎净光，/ 仍一根一根地向上生长，又直又硬，/ 仿佛生出了骨头”，这说明他那倔强坚韧的性格一以贯之保持了一辈子。还有一首《汗血马》，其中写道：“肩脚上并没有翅翼 / 四蹄也不会生风 / 汗血马不知道人间美妙的神话 / 它只向前飞奔 / 浑身蒸腾出彤云似的血气 / 为了翻越雪封的大坂 / 和凝冻的云天 / 生命不停地自燃 / 流尽了最后一滴血 / 用筋骨还能飞奔一千里 / 汗血马 / 扑倒在生命的顶点 / 焚化成了一朵 / 雪白的花”。牛汉笔下不顾生命往前飞奔直到流尽最后一滴血的汗血马，是他自己的生动写照，他晚年将书斋命名为“汗血斋”，也是表达了自己的这种人生追求。

在这本书的封底上，有北大教授、著名诗评家谢冕的一句话，这句话准确地评价了这位用骨头写诗的诗人：“他的诗与一切的温柔敦厚无涉，也与一切的平庸平和无涉，他的诗是用历经苦难的生命深处渗出的汗水、泪水和血水写成的。”

新闻、文学两栖大家

——袁鹰《袁鹰散文选》

《袁鹰散文选》，是“当代作家自选丛书”的一种，1983年5月由四川人民出版社出版，收录散文家、诗人袁鹰作品六十余篇，共分四辑：第一辑《望春之什》，收录1942年至1949年之作；第二辑《风帆之什》，收录1955年至1975年之作；第三辑《悲欢之什》，收录1976年至1982年之作；第四辑《天涯之什》，收录1956年至1981年出访国外之作。这些作品跳动着时代的脉搏，反映了各个时期的悲欢哀乐，其中对邓拓、陈笑雨、李季、赵丹、林淡秋等友人的怀念文章，别有一番滋味。作者在扉页上题签：“荣康　谌容同志惠正　袁鹰　八三、九”。

先来说说受赠该书的两位同志——荣康和谌容夫妇。

关于谌容，相信熟悉中国当代文学的人们，对她都不陌生。谌容祖籍重庆巫山，1936 年生于湖北汉口，1957 年毕业于北京俄语学院，任中央人民广播电台音乐编辑和翻译，后当过中学俄语教员，新时期任北京市作协专业作家，1980 年在《收获》发表的中篇小说《人到中年》，通过中年眼科大夫陆文婷因工作、家庭负担过重带来的悲剧，客观真实地展现了知识分子的艰难生存困境，获第一届全国优秀中篇小说奖一等奖。其他作品还有长篇小说《万年青》《光明与黑暗》等。她和丈夫范荣康育有二子一女，长子梁左、女儿梁欢是情景喜剧《我爱我家》的编剧，次子梁天和女婿英达都是著名演员。

谌容的丈夫范荣康，是袁鹰在人民日报社的老同事，虽然名气不如夫人大，但资历却老。他原名梁达，1930 年生于江苏南通，1946 年加入中国共产党，1948 年毕业于上海民治新闻专科学校。新中国成立后历任重庆《新华日报》记者、《人民日报》记者、副总编辑，为新闻事业做出了很大贡献。著有《新闻评论学》等著作。2001 年 4 月在京病逝。

袁鹰 2012 年 6 月在《上海民进》发表的《遥想虹口当年》一文，回忆了 20 世纪 40 年代在上海参加进步组织“上海文艺青年联谊会”的往事，其中写到了范荣康（梁达）：

当时在我们之中最年轻的大约是梁达，他有幸卜居于鲁迅和茅盾的芳邻留青小筑。十六七岁的中学生，就作为我们文艺青年联谊会主办的《文艺学习》的记者，去访问郭老这样的大文豪，还陪郭老一起坐三轮车来报告会会场，很有点初生牛犊的劲头。他那时大约也不曾料到竟然就此走上记者的道路。到解放区以后改名范荣康，度过三十多年报纸生涯，撰写了许多通讯、评论和社论，却无暇再写更多的文学作品，或许偶尔倒可以为写小说的夫人谌容做新作品的“第一读者”了。

让我们的目光再回到本书的作者，新闻界和文学界的两栖老人袁鹰身上。

袁鹰，著名散文家、诗人，原名田钟洛，1924 年生于江苏淮安，1947 年毕业于之江大学教育系。关于笔名“袁鹰”，前一个“袁”字取的是他母亲的姓氏，后一个“鹰”字是表述他在上海“孤岛”时期渴望飞向远方的意思。熟悉袁鹰的人都说他是脚踏新闻界和文学界的“两栖人”，因为他的人生经历始终围绕着新闻采编和文学创作两个领域展开。大学毕业后，他历任上海《世界晨报》记者、《联合晚报》副刊主编、《解放日报》文教组组长、《人民日报》文艺部主任，采写编发了许多重要新闻稿件。在文学创作领域，几十年来他一直笔耕不辍，出版了散文集《风帆》《海滨故人》《袁鹰散文选》《京华小品》《一方净土》《灯下白头人》《抚简怀人》，传记文学《长夜行人——于伶传》等几十部作品，曾任《人民文学》编委、《散文世界》主编、中国作协书记处书记。他的不少作品，特别适合青少年阅读，如《青山翠竹》《小站》《渡口》《白杨》等，都曾入选中小学语文课本，影响了一代又一代小读者。

袁鹰从 1953 年到《人民日报》文艺部工作，至 1986 年离休，其间三十多年，正是新中国成立后风起云涌、波澜壮阔的一段时期，社会的变迁和民族的命运，都能在新闻和文学领域反映出来。《人民日报》副刊主编徐怀谦在《中华读书报》撰文《那代人的幸与不幸》，以袁鹰为例，他认为，袁鹰作为历史见证人，能亲历世纪的种种狂风骤雨，烈火严霜，是一种幸运，一种机缘。站在时代的风口浪尖、漩涡中心，对于一个渴望平淡生活的普通人可能是不幸的，但对于一个新闻从业人员则是大幸。可是他赶上了那样一个不敢说真话的时代，是他们那一代人的最大不幸。一个幸或不幸的时代并不重要，重要的是他不管做弄潮儿还是吹鼓手，都坚持了自己的书生意气和文人品格，为周围的人营造了一个相对宽松的小环境。

对于自己的两栖人生，袁鹰回忆起来感慨地说："半个世纪的两栖生涯，一面为他人缝制嫁衣，一面为自己裁剪衫裤，忙忙碌碌，风风雨雨，酸甜苦辣五味俱全。但我至今不悔，还常常引以为荣，引以为乐。它是生活给我的厚爱，使我的人生道路虽然平坦却不单调，而且还算充实"，"倘若人生有来世，可以再选择自己为人民服务的岗位，那我肯定还是选择做报纸工作，当文艺编辑，业余写作，两栖生涯，用笔耕耘，用笔涂抹光阴，用笔为社会、为人民尽一点绵力。'亦余心之所善兮，虽九死其犹未悔'"。

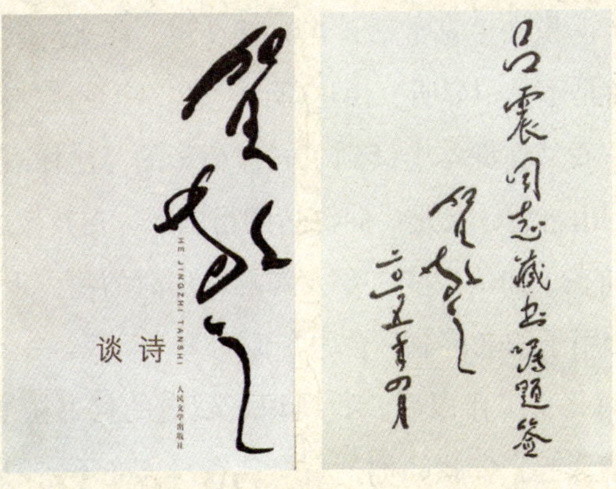

诗人和诗要同人民结合

——贺敬之《贺敬之谈诗》

几回回梦里回延安，
双手搂定宝塔山。
千声万声呼唤你
母亲延安就在这里！
杜甫川唱来柳林铺笑，
红旗飘飘把手招。
白羊肚手巾红腰带，
亲人们迎过延河来。
满心话登时说不出来，
一头扑进亲人怀。

记得在中学课本上读到这首《回延安》的时候，觉得非常亲切，它既像民歌，又像在说家常话，当时就在想，原来诗歌可以这样写！陕北的信天游是不是很好听？由这首诗，让一个乡村少年记住了贺敬之。再之后，我又在课本上读到了同样精彩的《桂林山水歌》，这既是一首优美的山水诗，又是一曲深情的祖国颂，在贺敬之笔下，桂林的山水神姿仙态，如情似梦，令人陶醉。那时的我，永远也想不到，这位大我一个甲子的老诗翁，会题签他的著作给我。

2013 年到北京工作以后，我认识了贺老的秘书柳湧同志。一次偶然的机会攀谈起来，我问他，贺老现在身体还不错吧？他说还好，于是我进一步试探性地问，我有一本人民文学出版社出版的《贺敬之谈诗》，不知能否请贺老在上面题签？我知道自己提出这样的要求非常冒昧，其一，贺老已经是九十高龄，不知身体状况是否允许；其二，贺老是文艺战线上的老领导，曾任中宣部副部长、文化部代部长，不知是否会理睬我这样的年轻人，所以没抱太大希望。不料柳秘书说，可以试试。不几日，他就带回了贺老题签的书。贺老在前衬页上写道："吕震同志藏书嘱题签　贺敬之　二〇一五年四月"。看到这潇洒流畅的笔迹，我如获至宝，小心珍藏。

七十七年前，1940 年春，十六岁的贺敬之怀揣着对理想的追求，从山东枣庄步行四十多天到达延安，坚持报考鲁迅艺术学院文学系。虽然他在考试时对文艺理论等专业知识答不上来，但系主任何其芳看了他在来延安的路上写的组诗《跃进》，认为"是很有些感觉的"，便破格录取了他，何其芳成为他步入文学殿堂的恩师。在学习期间，贺敬之向何其芳交了一篇习作，是以马雅可夫斯基的诗歌形式写成的，何其芳称赞他是"十七岁的马雅可夫斯基"。从此，他走上了诗歌创作之路，贺敬之的大名很快在鲁艺传开了。

这本《贺敬之谈诗》收录了作者谈论诗歌的文章、序言、访谈、讲话、书信、题词等共九十三篇，涉及几乎所有重要的诗歌理论问题，诸如诗与时代、诗与生活、诗与政治、内容与形式、继承与创新、诗品与人品、民族传统与西方文化、革命现实主义与革命浪漫主义以及诗的民族化、现代化、革命化、群众化等，提出了一整套观点鲜明、思想深刻的诗论主张。考虑到贺敬之的人生经历，我最感兴趣的还是诗与政治以及诗歌群众化等论述。

对于诗歌表现政治，他认为："我们的人民革命改变了个人的命运，也改变了社会的总体面貌，这样的政治能回避吗？今天的社会主义事业，难道不该用诗歌用艺术来表现吗？我国从写出第一部伟大的长篇政治抒情诗《离骚》的屈原起，历代的大诗人，以及外国历代的大诗人，哪一个是与政治完全无关，哪一个是没有在某些作品中直接间接地表现了某种政治内容？哪一个又是因此而丧失了'独立的自我'呢？这是文学史的常识。问题只在于，是诗性的表现还是相反，所表现的是进步的或革命的政治内容还是相反。我一向认为，'十七年'中的诗歌创作在艺术与政治的关系上确有反面教训应当吸取，这主要是两个方面：一个是某些作品机械地配合政治而对艺术性和思想性追求不够；另一个是某些作品中的政治内容出现偏颇或失误。这两个方面在我的某些作品中都有过表现，我曾多次通过文字或口头作过反思。"

对于诗歌讴歌人民，他认为，"诗人和诗，要同人民结合，同时代结合，这是一个具有根本意义的道路问题"，"要抒人民之情，叙人民之事"，"值得注意的是人民群众的声音"，"我绝不怀疑：人民群众的评价是更接近于真实的"。

说到这里，就想插一段故事，看看人民是怎么看待这位诗人的。

上世纪 80 年代末，贺敬之刚刚从中宣部副部长的职位上退下来，和夫人柯岩一起到山东来，这一次接待他的不是省委宣传部，成了人大常委会。一行人去爬千佛山，汽车开到了山腰，山腰有一个路卡，红旗一挥，什么车都得停下。基本上不挥绿旗，因为一般不允许汽车上山。贺敬之的车开过来了。红旗一挥，只好停下。陪同者下车向守山者声明：“车上坐的是中宣部原副部长！请允许开上去。”守山者听了，脑袋一摆，说：“部长？下车走上去！”陪同者又说：“部长还是全国人大常委会委员，年龄比较大了。”守山者听了，脑袋又一摆，说：“全国人大？也得下车往上爬。”陪同者仍不死心，试探着又说了一句：“他就是我们省的老诗人贺敬之！”守山者听了，笑眯眯地问：“贺敬之？就是那个写《回延安》的？”“正是他！”“真是写《雷锋之歌》的诗人？”守山者不大放心似的又追问一句。“不错不错！”守山者笑逐颜开地说：“我从小就会背他的诗！把车开上去吧！”这不是小说，是贺敬之夫人柯岩讲的真人真事。这说明，拿官位是压不服老百姓的，有生命力的作品却活在老百姓心中。

老百姓耳熟能详的贺老的作品，除了《回延安》《桂林山水歌》《三门峡——梳妆台》等经典诗篇和《南泥湾》等歌曲，还有我国第一部新歌剧、1951年曾获斯大林文学奖的《白毛女》。作品生动地表现了“旧社会把人逼成鬼，新社会把鬼变成人”这一深刻主题，语言民族化、群众化，极具创新性。《白毛女》上演后，反响非常强烈。丁玲在一篇文章中回忆《白毛女》演出盛况时说：“每次演出都是满村空巷，扶老携幼，屋顶上是人，墙头上是人，树杈上是人，草垛上是人。凄凉的情节，悲壮的音乐激动着全场的观众，有的泪流满面，有的掩面呜咽，一团一团的怒火压在胸间。”在那个年代，《白毛女》以其巨大的精神感召力，使受压迫的劳苦群众产生了强烈共鸣，成为团结人民、打击敌人的有力武器。《白毛女》的艺术魅力是长久的，1945 年在延安首演，七十年后，2015 年，复排的《白毛女》在京演出，贺敬之亲自把关剧本，著名歌剧表演艺术家郭兰英担任艺术顾问，“第四代白毛女”、中央军委政治工作部歌舞团一级演员雷佳饰演喜儿。从 11 月开始，新版歌剧《白毛女》在当年的首演地延安拉开了全国巡演的序幕，延安、太原、石家庄、广州、长沙，在所到之处，都赢得了掌声和喝彩。该剧以其永恒的艺术魅力感染、教育着一代又一代中华儿女。

贺敬之是从齐鲁大地走出去的诗人，他一直与山东保持着密切联系。山东诗人苗得雨、孔孚、桑恒昌、纪宇等都是他的好友，本书中也收录了与他们往还的书信。2016 年 5 月 6 日，贺敬之柯岩文学馆在风景秀丽的台儿庄古运河畔开馆，贺敬之、铁凝、张炜等文艺界知名人士出席。馆藏书籍一万余册，实物展品三百余件，珍贵图片二百余帧，名人墨宝二百余幅，是融贺敬之和柯岩文学展览、史料研究于一身的现代化展馆。近期，山东省作协主办的《时代文学》杂志，已开始连载李向东采访、贺敬之讲述的《风雨答问录》，回顾贺老走过的近百年风雨人生路。

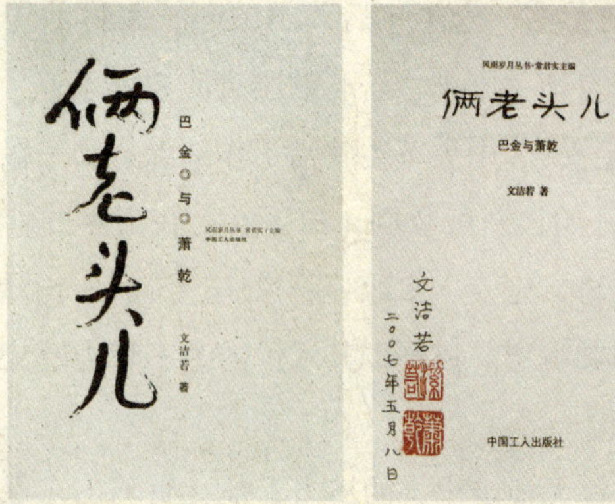

友谊把人间照得通亮

——文洁若《俩老头儿——巴金与萧乾》

自古以来，人间美好的友谊，总是令人感动，如果是作家间的友谊，就多了一层文化韵味，如果是作家间历经磨难而更加醇厚的友谊，就显得无比珍贵了。著名作家萧乾的夫人文洁若写的这本书，就是介绍巴金和萧乾之间风雨相惜六十年的友谊。

《俩老头儿》作为常君实主编的“风雨岁月丛书”之一种，2005年10月由中国工人出版社出版。作者文洁若是萧乾的夫人，也是著名的翻译家，她1927年生于北京，1950年毕业于清华大学外语系，曾任职于三联书店、人民文学出版社、中国作协等单位，著有长篇纪实文学《萧乾与文洁若》、文集《梦之谷奇遇》、随笔集《旅人的绿洲》、评论集《文学姻缘》等。译著有《高野圣僧——泉镜花小说选》《芥川龙之介小说选》《天人五衰》《东京人》以及与萧乾合译的意识流开山之作《尤利西斯》等近千万字。作者在该书扉页上题签："刘龙杰先生留念　文洁若　二〇〇七年五月八日"，并钤"洁若"、"萧乾"两方印章。该书受赠者刘龙杰资料不详。

萧乾是我国著名作家、翻译家、记者，1910年出生，著有《未带地图的旅人》《人生采访》《北京城杂忆》《我这两辈子》《风雨平生》，并有十卷本《萧乾文集》行世，译著有《尤利西斯》《莎士比亚戏剧故事集》《好兵帅克》等。有人说，萧乾的宗教是文字，文洁若的宗教是萧乾。1954年萧乾和文洁若结婚，他们没有举行婚礼，就是去民政局领了结婚证。两个人的年龄和经历相差很大，亲戚、朋友、同事都不看好，只有萧乾的朋友严文井送了一盆月季花。可是，文洁若和萧乾却冲破偏见，在一起相守相扶生活了四十五年，直到1999年萧乾去世。丈夫辞世后，儿子曾劝她跟随自己赴美小住，但她婉拒了，一个人住在北京木樨地一座普通居民楼里，继续坚持写作和翻译，做着萧乾的身后事，整理出版了《微笑着离去——忆萧乾》《余墨文踪》《父子角——萧氏家书》《俩老头儿——巴金与萧乾》等，还翻译了《圣经故事》等。2012年12月，她被中国翻译协会授予"翻译文化终身成就奖"荣誉称号。如今九十高龄的她，依然默默地在纸上耕耘着。

这本《俩老头儿》分为四部分。第一部分"巴金：忏悔"是写巴金的人生和创作经历，以及与萧乾的交往；第二部分"萧乾：心债"，是写萧乾的人生和创作经历，以及与巴金的交往；第三部分是二人的书信，收录巴金致萧乾六十四封，萧乾致巴金六十一封；第四部分是附录，收录萧乾和文洁若写巴金的四篇文章。在前言中，文洁若说："巴金只长萧乾六岁，是朋友关系，当然不同于父子。但自从1933年底在北京结识以来，巴金一直像慈祥而严厉的兄长一般关怀着萧乾，他对萧乾创作生涯的影响是巨大的。巴金可以说是一盏指路明灯，为萧乾照亮着前进的道路。我是1953年与萧乾相识，转年5月结婚的。四十五年的共同生活中，我知道萧乾心中始终有座神龛，里面供着巴金。”在该书正文前，印有萧乾一页手迹，他写道：“巴金使我懂得了什么是友谊，它不是个实用主义的东西，而应是人与人之间最大的善意。它时刻鼓励着你向上，总怕你跌跟头。当你跌了跟头时，它不是称快，更不会乘机踹上一脚，而是感到痛，深深地痛：这种痛里闪着金子般的光辉，把人间（即便是没有窗子的斗室）也照得通亮。”书中有几个生活片段，可以为这份友谊做一注脚。

1957年，萧乾由于发表了《放心·容忍·人事工作》和《“人民”的出版社为什么会成了衙门》二文，成为被引出洞的“蛇”，批判文章陆续见报，全国人尽皆知。正当他惶惶不可终日时，7月的一天，忽然接到通知，周总理在中南海会见文艺界人士，他也算一个。最使他感动的是，还没跨进大厅，巴金就直奔他身边，并在大庭广众之下，坚持紧挨着他而坐，这在当时的政治气候下，是极为难得的。巴金热情的宽慰和勉励，让垂头丧气的萧乾又燃起了希望之火。后来萧乾在自述中说，在我被世人当作垃圾渣滓而唾弃时，他是我始终不渝的朋友。

1978年落实政策后，萧乾又可以工作了，但房子的问题一直没有解决。巴金得知后，多次为这事和有关方面沟通，也多次在给萧乾的信中表示，“我关心的还是你们的房子问题，真正解决了，你们能安心工作，我才放心”，“你们应当住进这样的房子，这是照政策办事”，“你房子的事情，我一定要帮忙解决，让你们两位多为国家做点工作”。房子问题解决后，巴金又给萧乾写信，劝他写点东西，“以后有限的、珍贵的时光，要好好地、合理地使用，不要再浪费了，做你最擅长的事情，做你最想做的事情，有计划地搞点东西出来。不要随便听指挥，随便按照‘长官意志’办事，弄得一事无成”，“要记住：不要多表现自己，谦虚点，有好处。对你，我的要求是八十以前得写出三四本书，小说或散文都行，应该发挥你的特长，你已经浪费了二三十年的时间了。我也一样，我只好抓紧最后的五年。这是真正为人民服务，留下一点东西。名，利，地位等等，应当看穿了吧”。巴金对萧乾生活上的帮助，对他写作上的提醒，读来让人无限感佩，这都是掏心窝的话，是自己经历了纷繁无常的世事后，给老友的忠实劝告。他们的友谊之笃，可见一斑。

对于友谊，巴金曾在《友谊是我生命中的一盏明灯》中说：“友谊的眼泪，像春天的细雨，滋润着我的心，培养了人间最美好的感情。对我来说，友情是我生命中的一盏明灯，离了它我的生存就没有光彩，离了它我的生命就不会开花结果。”这也正如本文中萧乾所说，友谊的光辉，可以把人间照得通亮。他们用风雨人生六十年的互勉互助，给我们诠释了什么是真正的友谊。

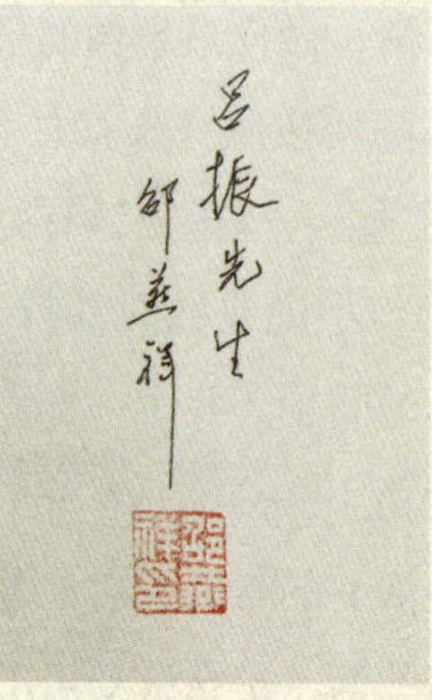

用诗歌寻找灵魂

——邵燕祥《七家诗选》

《七家诗选》最早的版本，是 1993 年由中国友谊出版公司出版的，收录艾青、蔡其矫、流沙河、邵燕祥、陈明远、傅天琳、舒婷等七位诗人的代表作。关于为何将这七位诗人选在一起，著名学者蓝棣之在初版序言中说，伦敦出版的英文版《世界名人录》，全世界大约有近百位诗人入选，其中我国当代诗人七位，即上面所说的七家。

2017 年 7 月，语文出版社出版了《七家诗选》增订本，增补了七位诗人的五十多首新作。天蓝色的封面素雅大气，诗人的名字下方有北斗七星闪耀。著名诗人邵燕祥在该书前衬页上题签：“吕振先生　邵燕祥”，并钤印。诗人、学者汪剑钊为新版作序，他认为邵燕祥的诗歌充溢着现实主义精神，有强烈介入社会的使命感和责任感。

邵燕祥祖籍浙江萧山，1933 年 6 月生于北平，40 年代后期开始诗歌创作，1949 年 10 月在《光明日报》上发表了长诗《歌唱北京城》，人们开始知道“邵燕祥”的名字，50 年代写出了《到远方去》等著名诗篇。但是这个热情歌颂新时代的青年作者，却在 1957 年“反右”运动中被打成右派，在诗坛沉寂了二十多年，新时期作为“归来的诗人”，冲破了思想的牢笼，写出了许多思想性和批判性极强的诗歌和杂文，他那坦率的个性和自省的精神令人称道。他在《假如生活重新开头》中写道：“假如生活重新开头 / 我的伴侣，我的朋友 / 还要唱那永远唱不完的歌 / 在喉管没有被割断的时候 / 该欢呼的欢呼 / 该诅咒的诅咒！”这是一种决绝的人生态度，诗人在特殊年代虽然吃尽苦头，但依然要用饱含良知的笔，歌颂真善美，鞭挞假恶丑，这就是战士般的邵燕祥。后来，他又陆续出版了《沉船》《人生败笔——一个灭顶者的挣扎实录》《找灵魂——邵燕祥私人卷宗：1945—1976》《一个戴灰帽子的人》《我死过，我幸存，我作证》等自传性书籍，特别是收录了邵燕祥被打成右派后，直到“文革”期间所写的交代、检查，以及没有发表的诗作，是一份珍贵的人生档案，也是一个时代的特殊注脚。

新版《七家诗选》收录邵燕祥诗歌三十八首，每一首都有自己的特色，试举两例。有一首名为《黑石礁》，是写海边的礁石，其中有几句是这样的：“只是几块黢黑的礁石 / 满身风浪凿出的瘢痕 / 粗糙不起眼的黑石礁 / 一动不动，兀立岸边 / 从不向大海屈服 / 也从不背叛大海。”这首诗虽然是写礁石，但更是赞扬不屈的人格。还有一首《嫉妒》，是将杂文手法引入诗歌创作的典范：“一棵树看着一棵树 / 恨不能自己变成刀斧 / 一根草看着一根草 / 甚至盼望着野火延烧。”简单的四句诗，却将人类的嫉妒心理写到了极致，具有很强的讽刺性。

2007年春天，中国当代文学研究会和首都师范大学中国诗歌研究中心在廊坊师范学院联合举办了邵燕祥诗歌创作研讨会。在会前，他给主办方写了一封信，信中说："希望大家不要把我当作一个期待安抚和慰藉的老人，相信我有听取批判性以至挑战性意见的承受力。对我的任何批评和鉴定，不仅会促使我反思过去，也将有助于我今后的写作和做人。"老诗人虚怀若谷的精神令人感动。在会上，著名学者吴思敬说，邵燕祥是中国当代真正继承了鲁迅风骨的少数作家之一，在他身上有一种严于解剖自己的精神和冷静的对现实的批判态度。在他身上，可以看到这个时代知识分子复杂的内心世界，包括失去灵魂的焦灼与寻找灵魂的痛苦。研讨会结束的时候，邵燕祥表示要说几句心里话，他除了对大家表示感谢以外，提到了自己对诗的真正的核心价值的追求，那就是两个字：自由。如果给这两个字作进一步注解的话，那就是邵燕祥曾在《找灵魂——邵燕祥私人卷宗：1945—1976》里面说的那句话："我也到所谓晚年了吧，这才发现：只有自由思想，自由意志，独立精神，独立人格，才是一个人的灵魂。"他以痛苦的经历、沉重的反思、严厉的解剖为代价，终于找到了自己的灵魂，人的灵魂，同时，也为中国当代诗坛注入了灵魂。

他是我们这个时代不可或缺的一位独特诗人。

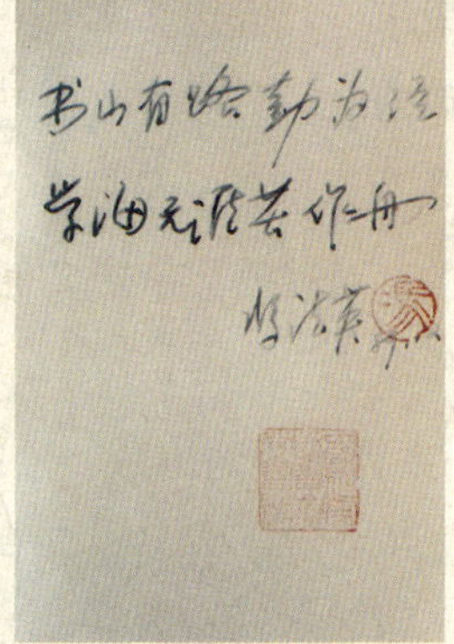

齐鲁大地多才俊

——冯德英《山东文学评论家评论集》

这部《山东文学评论家评论集》，由时任山东省作协主席冯德英主编，省作协副主席任孚先作序，收录山东的文学评论文章三十三篇。作为庆祝中华人民共和国成立四十周年之作，1989年9月由华艺出版社出版发行。在该书前衬页上，主编题写："书山有路勤为径，学海无涯苦作舟。冯德英 89.12"，并钤印，同时还盖有"中国作家协会山东分会赠"印章。

现在提起冯德英，可能知道他的人并不多了，但在上世纪五六十年代，几乎是家喻户晓。1958年，这位二十三岁的军人带着他创作的长篇小说《苦菜花》走上文坛。小说一经出版就红遍全国，五十年来已被翻译成十种文字畅销近千万册。之后接连出版的《迎春花》《山菊花》，这"三花"系列，描写了革命战争年代胶东地区农民血与火的革命斗争生活，成功塑造了丰满的“母亲”形象，成为新中国成立后改革开放前这一时期的文学史绕不过去的作品。莫言曾高度评价《苦菜花》，认为这部作品是“十七年文学”中对爱情描写最为成功、最少迂腐气的，对残酷战争环境下的两性关系描写卓有建树，远远超过了同时代作家。

“三花”系列小说的出版，给冯德英带来了许多荣誉，但也为此遭受了“浩劫”之苦，在特殊年代，“三花”曾被判定为宣扬资产阶级人性论、阶级斗争调和论、革命战争恐怖论的和平主义、爱情至上及有黄色毒素的“三株大毒草”，冯德英也因此被打成“反革命修正主义分子”“文艺界修正主义的黑苗子”，遭受批判，被剥夺创作权利达十年之久。

1980 年，冯德英从部队转业回山东工作，历任济南市文联主席、山东省作协主席、青岛市政协副主席等职。后来又创作出版了《染血的土地》《晴朗的天空》《冯德英中短篇作品集》等作品，但影响力都不如《苦菜花》。2008 年 9 月，冯德英文学馆在冯德英的老家威海乳山落成，馆名由著名画家韩美林先生题写。在这座面积一千五百多平方米的古朴建筑中，共收藏了冯德英文学创作生涯的图片、手稿、作品、影像、实物等资料近两千件，如今，文学馆已成为爱国主义和红色文化教育基地。

再回到这本书。该书选取了三十三位评论家的三十三篇文章。在这些作者中，有的后来成为著名学者，如和谐美学创始人周来祥，著名马克思主义文艺理论家李衍柱，著名儒学文艺学专家陈炎，著名鲁迅研究专家高旭东、李新宇等。当然，他们中的一些人如周来祥、陈宝云、任孚先、陈炎、冯中一、狄其骢等先生，已先后离开了这个世界；李衍柱、高旭东、牛运清、姜静楠、李新宇、贺立华、吴开晋、章亚昕等依然有学术文章发表。收入该书中的文章，注重以马克思主义文艺观分析文艺现状，也较广泛地体现了各种不同的观点，其中《审美感情和艺术本质》（周来祥）、《关于文学批评的主体性思考》（李衍柱）、《略论中国当代文学发展的三个逻辑层次》（高旭东）、《新时期小说争鸣的反思》（李先锋）、《改革时代作家自我超越的难题》（贺立华）等文章立论开阔、各有特色，代表了 80 年代山东文学评论界的水平。任孚先在序言中，对山东的文学评论者提出了殷切希望，他认为，应该加强文学评论的自主意识和参与意识，要对国家、民族、时代有强烈的使命感，主动接近现实，参与文学自身变革，站在自己民族文化的热土上，提高感受能力、分析能力、思辨能力、判断能力，体现文学评论家们的真知灼见。

山东文学评论，自古便有渊源，南北朝时期《文心雕龙》的作者刘勰就是山东莒县人。近年来，山东走出了不少全国知名的文艺评论家，但也有一个令人担忧的现象引起了我的注意，就是很多评论家读书成名在山东，但后来却都离开了山东。比如山东师范大学的吴义勤去了中国作协，张清华去了北京师范大学，山东大学的施战军去了《人民文学》杂志社，高旭东去了中国人民大学，山东省作协的王光东去了上海大学，曲阜师范大学的李新宇去了南开大学，这一批出生于上世纪五六十年代的知名学人的离开，对山东学术界是一个不小的损失。为什么山东留不住文学评论人才？是学术环境的问题，还是其他什么原因？这值得山东宣传文化界和高等教育界深思。

幸好江山代有才人出，现在山东又有一批年轻的 70 后文艺评论家正在崛起。山东也开始实行签约文艺评论家制度，给予文艺创作扶持资金，进行文艺评论专栏约稿，参与重要文艺活动等。希望这一系列的举措，能够促进山东文艺评论事业繁荣发展。

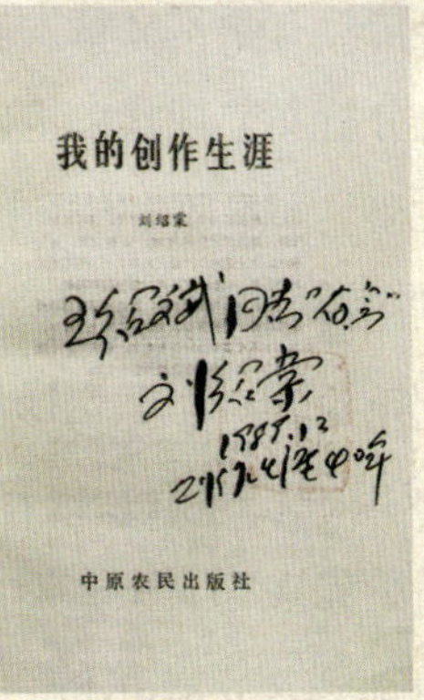

泥人不改土性

——刘绍棠《我的创作生涯》

刘绍棠是著名乡土文学作家，1936 年 2 月生于河北通县，曾任中国作协副主席，著有《青枝绿叶》《运河的桨声》《蒲柳人家》《豆棚瓜架雨如丝》等。这本《我的创作生涯》，由三十多篇创作谈和回忆文章构成，是刘绍棠创作经验的结晶，1988 年 4 月由中原农民出版社出版。中原农民出版社是河南郑州的一家出版社，主要出版农业、农村、农民方面的书，文艺类书籍很少，刘绍棠选择将此书在这家出版社出版，估计也是出于对“农民”二字的深厚感情。作者在该书扉页上题签：“王绍斌同志存念　刘绍棠　1989.12　创作生涯 40 年”，并钤印。受赠者王绍斌资料不详。读完本书之后，我觉得书中所写对今天的创作者，会有一些启发。

其一，民间文化资源是创作的富矿。一方水土养育一方人，刘绍棠有着根深蒂固的乡土观念，他的文学创作从来没有离开乡土，离开民间。他总结自己的创作生涯时说，“这三十六年我一直写我的家乡，写我的家乡的新人新事，写我的家乡的风土人情，写我的家乡的可歌可泣的历史，写我的乡亲父老兄弟姐妹们的多情重义”，“我虽然上过大学，出过国，接近上层，见过世面，但是泥人不改土性。我的思想、感情、生活作风和伦理道德观念，跟农民和土地血肉相连”。有评论家把刘绍棠清新淳朴的文学风格，归为荷花淀派，这是有道理的，他和孙犁都注重从民间吸收创作营养。著名作家孙犁曾说，他的语言老师，一个是他的母亲，一个是他的结发妻子，她们都是农村妇女。刘绍棠也认为，自己写的小说，许多营养都是从民间文学汲取，一级“教授”是中年和老年农村妇女，二级“教授”是人生阅历丰富、性格诙谐风趣而又能说会道的农村长老和评书艺人。他每回下乡，最大的乐趣是盘膝坐在热炕头上，或是豆棚瓜架下，跟婶子大娘家长里短，聊得如痴如醉。他把积累的民间故事充分运用到小说创作中，使小说天然风趣，生动活泼。

其二，中国气派和民族风格是重要创作方向。作家生活的肥沃土地上，蕴藏着取之不尽的养分，这让坚守乡土文学创作的刘绍棠，有了足够的文化自信。他大力提倡乡土文学，推动“中国气派，民族风格，地方特色，乡土题材”的创作。他特别服膺 1934 年鲁迅在致陈烟桥的信中说的一段话：“现在的文学也一样，有地方色彩的，倒容易成为世界的，即为别国所注意。打出世界上去，即于中国之活动有利。可惜中国的青年艺术家，大抵不以为然。”刘绍棠喜欢鲁迅这句话，也用自己的创作实践着这句话。1987 年，刘绍棠入选法国《世界文学大辞典》，编者给他来信咨询相关问题，其中有个题目是“您作品的主要主题是什么？”，他答复说：“表现中国气派，发扬民族精神，讴歌真、善、美，揭穿假、恶、丑。”他认为文学创作千变万化，都要不离根本。作家要牢记自己是中国人，是中国作家，是当代的中国作家，写出的文学作品是为了给中国人看，给当代的中国人看，那就必须使用中国话，写中国的人情世态。真正学会使用中国话进行写作，时代特点和民族特点就全有了。

当然，这并不是盲目排外。刘绍棠也多次表示，乡土文学不能作茧自缚，画地为牢，相反，甚至应比开放型作家更要胸怀五大洲三大洋，眼观六路耳听八方。只有从大处着眼，才能在小处落墨。目光短浅，器量狭窄，孤陋寡闻，只能因小失大，萎缩了乡土文学。他在创作过程中也非常注重博览和研读外国小说，一是为了了解，二是为了比较，三是为了借鉴。他坚信，只要有正确的思想观点，深刻的国情意识，坚实的古典文学根基，便不会崇洋媚外和皮毛模仿。

其三，注重身体健康是作家创作的前提。1988 年 8 月初，五十岁的刘绍棠由于长年伏案写作，积劳成疾，突发脑血栓住进了宣武医院，虽经抢救，仍造成偏瘫。他在《蝈笼中的宁静》中自我反思道：“我一向以折腾为乐事，熬夜写作，接连开会，东奔西走，高谈阔论，不知疲倦二字为何物”，“在运河两岸流窜，话说得多，酒更喝得多，伤神而又戕身”。医生说，刘绍棠的身体是一部好机器，但他是个不爱惜这部好机器的人。他身体瘫痪后，依然坚持写作，出版了几部长篇小说，但天不假年，1997 年 3 月 12 日，刘绍棠因肝硬化、肝腹水抢救无效，病逝于宣武医院，年仅六十一岁。他的过早离世，不仅给亲人朋友带来了巨大的伤痛，对文坛也是不小的损失。如今许多年轻作家生活并不规律，不知爱护自己的身体，这是需要特别注意的。

在这本书的末尾，收录了一篇刘绍棠为友人写的悼念文章《痛悼丁仁堂同志》，其中写道：“他的朴实，像泥土一样；他的本色，像泥土一样；他的多情重义，像泥土一样。他的朋友们不会忘记他，他的读者们不会忘记他。”他这样深情地怀念自己的友人，喜爱他作品的读者们，也会这样深情地怀念已经远去的刘绍棠。

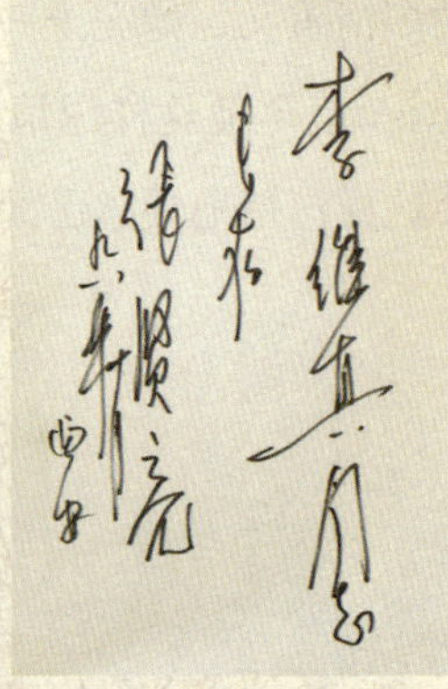

文商双绝大玩家

——张贤亮《男人的风格》

2014年9月27日下午，著名作家、宁夏镇北堡西部影城董事长张贤亮因肺癌在银川去世，享年七十八岁。这位人生大起大落的老人，告别了自己驰骋了几十年的文坛和商界，去休息了。

说起张贤亮，在上世纪80年代的中国文坛，他是叱咤风云的人物。他祖籍江苏盱眙，1936年生于南京，1955年到宁夏担任文化教员，1957年因在《延河》发表抒情长诗《大风歌》而被打成右派，在农场劳动改造达二十余年。1979年平反后开始发表小说，代表作《灵与肉》《绿化树》《男人的一半是女人》在当时的读者中风靡一时。他在文坛开风气之先，是改革开放后第一个写性（《男人的一半是女人》《习惯死亡》）、第一个写饥饿（《绿化树》《我的菩提树》）、第一个写城市改革（《男人的风格》）、第一个写早恋（《青春期》《早安，朋友》）、第一个写劳改队（《男人的一半是女人》）的作家。他在文坛不断突破禁忌的性格，来自他那颗不羁的灵魂，这也注定了他日后不会安于书斋写作，而是踏入了波诡云谲的商界。

这本《男人的风格》购于西安旧书店。该书作为“中国当代名家作品精选”的一种，1998 年 9 月由陕西旅游出版社出版。作者在前衬页上题签：“李维真同志惠存　张贤亮　九八年十月　西安”，受书者“李维真”资料不详。这是一部反映 20 世纪 80 年代波澜壮阔的城市改革的长篇小说，指出了社会改革的必然性，塑造了市委书记陈抱帖、市长孙玉璋、建筑学家黄国桢、作家石一士以及市委书记夫人罗海南等栩栩如生的人物形象。但也有论者指出，该书对改革的复杂性和曲折性把握不够，写得过于顺利，过于理想化，人物间大段的议论多了一些，有理念大于形象之嫌。

关于张贤亮的文学成就，国内发行的几十个版本的当代文学史，几乎都有关于他的专门论述，如果他一直写下去，可能还会沉淀出更有社会历史价值的小说文本。但他觉得，书写人生不一定只停留在纸上，还可以在大地上直接书写，所以他后半生选择了另外一种生活方式。

上世纪 90 年代初，张贤亮担任着宁夏回族自治区文联主席，因为文联办公经费拮据，他想下海为文联挣点活动经费，顺便增加新的社会生活体验。于是，乘着邓小平南方谈话的东风，张贤亮在 1992 年创办了西部影城并担任董事长。在宁夏镇北堡这个处处透着苍凉和悲壮的废墟上，张贤亮充分运用自己的智慧，把人文因素融入这片荒野，使其产生了独特的魅力和经济价值。在这片属于张贤亮的黄土地上，先后有《牧马人》《红高粱》《黄土地》《黄河谣》《老人与狗》《大话西游》《新龙门客栈》《东邪西毒》《双旗镇刀客》《黄河绝恋》

等几十部电影在这里取景拍摄，谢晋、张艺谋、陈凯歌、姜文、葛优、巩俐、斯琴高娃、朱时茂、刘晓庆、周星驰等导演和演员，都在这里打磨过他们的作品。

这个在劳动改造期间“啃”了许多遍《资本论》的人，说他是作家里最会经商的、商人里最会写作的，大概谁也不能否认。如今的西部影城，已成为集观光、娱乐、休闲、餐饮、购物、体验于一体的中国西部文化名片。张贤亮曾自豪地说：“如果说，我创作的小说是平面文学的话，那么，西部影城就是我创作的立体文学”，“我这一生中最值得宽慰的是，写好小说的同时，为中国西部平添一处人文景观。镇北堡将和西夏王陵一样永远矗立在中国西部，我一生无憾”。

来镇北堡西部影城考察并留下题词的领导很多，张贤亮最为欣赏的是文化部原部长孙家正题写的三个字：“真好玩”，这是写作和为人的高境界。对于张贤亮而言，创作是玩，经商也是玩，目的都是创造性地追求人生快乐。在外人看来，他是名利双收，但我一直觉得，从他的文字和生活来看，他在晚年有一种常人难以体会的深深的孤独感。媒体曾报道，晚年的张贤亮住在影城里的一个四合院中，上午练练毛笔字，看看报纸杂志，看看美剧，去影视城转转，下午慢悠悠地写自传，天好的时候去古城墙上散步。他在病重的时候，嘱咐儿子张公辅，墓碑上就写六个字——“他来了，又走了”。

中国作协副主席高洪波回忆说，2014 年 3 月，张贤亮来京看病，几个作家老朋友聚了一次，张抗抗也在，张贤亮半开玩笑地说，“这可能是最后一次见面了，但文学史是绕不过我的”。在生命的最后阶段，他心里看重的还是文学，他很自信，觉得自己的作品终究会留下。但又让人觉得悲凉，这个在文坛商界玩了一辈子的人，洒脱了一辈子的人，将要离开他恋恋不舍的这个世界了。其实，人这一生不过几十年，真诚地活过，痛快地爱过，肆意地书写过，也就够了，能不能留在文学史上，到底能留多少年，那是写史人的事，是时间的事，管他呢！

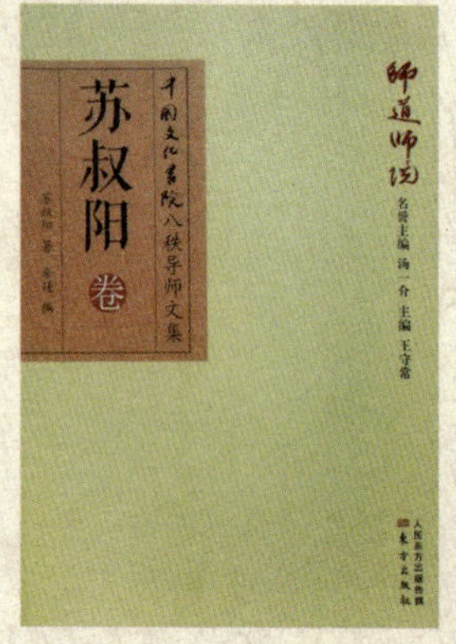

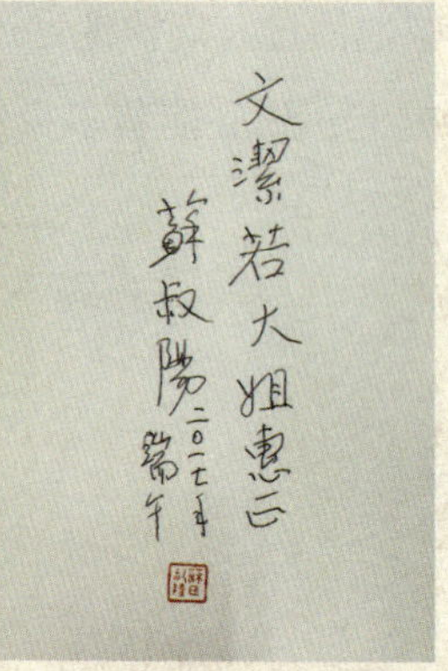

将自己化为一盏灯

——苏叔阳《师道师说　苏叔阳卷》

1984年，在老一辈著名学者梁漱溟、冯友兰、张岱年、邓广铭、周一良、任继愈等先生的支持下，一批中青年学人联合创办了民间学术文化团体——中国文化书院，北京大学汤一介先生任院长，宗旨是通过对中国文化的教学和研究，继承和发扬中国文化优良传统，通过对海外文化的研究、介绍和学术交流，提高对中国文化的研究水平，促进中国文化现代化。三十多年来，书院的导师们肩负着“为往圣继绝学”的重任，坚持思想自由、兼容并包，在各个领域奉献出了无数精神成果。

从2010年起，书院开始筹备编辑出版已故去和仍在世的九十岁以上导师的文集，名曰《中国文化书院九秩导师文集》，一是为了表示对他们的怀念和尊敬，二是从侧面反映现代中国文化历程。这套丛书于2013年由东方出版社出版，收录著名学者梁漱溟、冯友兰、张岱年、邓广铭、季羡林、侯仁之、启功、周一良、杨宪益、虞愚、牙含章、王元化、何兹全、金克木、任继愈等十五位先生的文集，每人一卷。2014年，书院又着手编辑《中国文化书院八秩导师文集》，包括汤一介、乐黛云、龚育之、梁从诫、陈可冀、苏叔阳、宁可、严绍璗、孙小礼、严家炎等先生。这本《师道师说　苏叔阳卷》就是其中的一册，2016年1月由东方出版社出版。该书由苏叔阳的学生余瑾编选，收录苏叔阳关于中国文化、古典诗词、戏剧影视、序跋评论、师友回忆等主题的文章七十余篇。作者在书前衬页上题签："文洁若大姐惠正　苏叔阳　二〇一七年端午"，并钤印。该书受赠者为著名作家萧乾的夫人、翻译家文洁若，此年文洁若九十岁，苏叔阳七十九岁。

苏叔阳，1938年生于河北保定，1953年开始文艺创作，曾任教于中国人民大学、河北师范大学、北京中医药大学等高校，后任北京电影制片厂编剧。在文艺界，苏叔阳可谓是个全才，1978年他创作的话剧《丹心谱》使他在文坛一炮走红，之后他又创作了话剧《左邻右舍》、小说《故土》、电影《夕照街》《春雨潇潇》等有影响力的作品。进入21世纪，他写了很多弘扬中华优秀传统文化的文章，他对中华文化本身的合理性以及内部融合和吸收外来优秀文化的能力，都有相当的自信心。另外，他有老一辈知识分子身上较为凸显的强烈责任感和使命感，他推崇鲁迅所说的文艺是国民精神所发的火光，同时也是引导国民精神前途的灯火。他在本书收录的一篇名为《作家要有一颗善良的心》的文章中写道："文学应当让读者在黑暗中看得见光明，在崎岖中感觉到坦途，而能百折不挠地前行。作家应当奉献善良的心，将自己化为一盏小小的灯。"这话说得真好，如果知识分子也放弃了崇高，成为欲望的奴隶，精神的流民，那是一件既可怕又让人绝望的事情。由此我想到中国文化书院的这些耄耋导师们，他们从九秩到八秩再到七秩，这是年龄的自然更替，但是他们都是擎着民族灯火的传灯者，将自己毕生的智慧形诸文字，滋养着一代代国人的心灵，照亮人们前行的路，21 世纪的中国如果缺少了他们，历史就会失色许多。

说苏叔阳，不得不提他的《中国读本》。1998 年，辽宁教育出版社想为青少年编一本了解祖国历史的小书，并征求中宣部出版局的意见，经过商议，他们确定编一本非官方的、充满创作个性的、高度浓缩中国五千年文明史的小书。因为此时的苏叔阳已出版过一本名为《我们的母亲叫中国》的书，于是他们想请苏叔阳承担这部书稿的写作任务。令人没有想到的是，这本十几万字的小书出版后大获成功，迄今已销售一千六百多万册，在世界范围内以近二十种语言发行，成为中国图书“走出去”的范例，也成为西方读者了解中国的一本入门书。他在一篇名为《人生与阅读》的文章中说：“一个作家的使命就是诉说，就是把你最美好，爱祖国、爱民族的东西，本分的东西拿出来，真实地述说，兢兢业业地去做就够了。”我觉得这本书就是他爱祖国爱民族的最好的表现形式，是献给祖国的一首情歌，是献给世界的一首友谊之歌。

八秩导师苏叔阳今年已届八十，看封面勒口的照片，他满头银发精神矍铄，面容微胖不见皱纹，乍一看上去，也就六十岁左右，可谁又能想到，这是一位晚年体弱多病的老人。1994 年他得了肾癌，切除了一个肾脏；时隔七年，癌症又转移到肺上，做手术切除了左肺上叶；又过了三年，肿瘤又转移到脾脏，继续在医院做放疗。就在这二十多年的抗癌过程中，他还写出了《我们的母亲叫中国》《中国读本》《西藏读本》《中国美德读本》等著作，另外还写了近百万字的散文随笔，他的亲友都觉得这是个奇迹。他的心态出奇地好，他总说，癌症犹如一个不大让人喜欢的朋友，只能正确对待，不能拒而抗之，该怎么治就怎么治，就像没生病一样，放慢生活节奏，体味人生哲理和生活之美，完成一些有意义的事情，也就有了成就感，自然就把病忘在脑后了。

苏叔阳曾出版过一本随笔集，名为《我的人生笔记：燃烧是美丽的》，他说，对于灯来说，尽自己的力，燃到顶点，和所有的灯火一道，组成灿烂的灯海，才是本分。你是灯，别人也是灯。祖国是被无数闪光的灯照得透亮的。像鲁迅先生一样，燃尽自己的生命，照亮整个的民族。我们希望苏叔阳这盏文化之灯，燃得更亮，燃得更长。

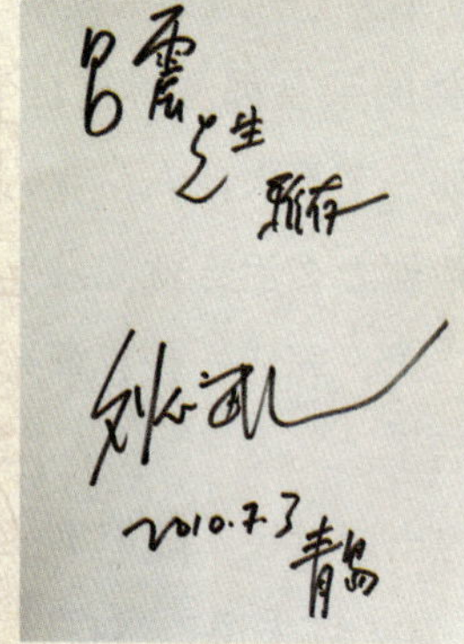

温榆斋里“种树人”

——刘心武《刘心武：四棵树》

2010年7月，夏日的青岛海边依然凉风习习，在央视《百家讲坛》大红大紫的作家刘心武，到青岛签售《〈红楼梦〉八十回后真故事》，机会难得，我请他在《钟鼓楼》《刘心武小说》《刘心武：四棵树》等四五本书上签字留念。现在选其中一本《刘心武：四棵树》来聊一聊刘心武，而不是他的代表作《钟鼓楼》或知名度高的“续红楼”，是为了让大家了解更多更全面的刘心武。

说起刘心武，现在的年轻人可能只知道他在央视讲《红楼梦》，但他爆得大名却是因为写小说，并在中国当代文学史上有标志性的地位。1977年，三十五岁的刘心武创作了具有政治批判性的短篇小说《班主任》，经张光年拍板在《人民文学》发表后，在文坛引起了强烈反响，被认为是新时期文学的发轫之作、“伤痕文学”的代表作，冯牧、陈荒煤、严文井等文坛前辈都站出来支持，当然，也不可避免地存在一些反对的声音。1979 年全国首届短篇小说评奖，《班主任》获第一名，作协主席茅盾亲自给刘心武颁奖。在今天，有人让他回头去评价自己的《班主任》，他说敝帚自珍，小说从“文化”的角度对“文革”予以断然否定，是文学介入社会的一种尝试，是自己生命历程中一个与时代和社会进步吻合的足迹。

1985 年，刘心武迎来了文学创作之路上的第二个高峰，长篇小说《钟鼓楼》获得第二届茅盾文学奖。这部小说描写了北京四合院一天中发生的市井生活，浓缩了人生百态。后来，他在 90 年代又创作了《四牌楼》《栖凤楼》和《风过耳》，被作家邱华栋总结为代表作是“三楼一耳”。另外，他写的报告文学《5・19 长镜头》《公共汽车咏叹调》也曾引起轰动。

这本签名本《刘心武：四棵树》，2007 年 1 月由二十一世纪出版社出版，收录了短篇小说、随笔、建筑评论和《红楼梦》研究等四类文章。他说：“我热爱写作，热爱《红楼梦》，只要身体情况和精神头还行，就会继续写小说、随笔、建筑评论，进行《红楼梦》研究。我把自己这四个方面的写作比喻为种四棵树，不断地把四棵树上结出的果实奉献给读者品尝。把近期这四棵树上的果子摘些给读者尝新，当然，也会收入某些发表较早但被人所忽略，而我自己觉得也无妨再请读者体味的‘果脯’。”

2005 年起，刘心武开始在央视《百家讲坛》录制播出《刘心武揭秘〈红楼梦〉》《〈红楼梦〉八十回后真故事》等系列节目，并将讲座内容整理出版，在社会上引发了一股“红楼风”。他独辟蹊径，从探索秦可卿这一艺术形象入手解读《红楼梦》，开创了所谓“秦学”的研究课题。该节目为央视提高了收视率，给出版社带来了发行量，让刘心武赚足了名声，但好名与恶名同在。有人认为他为红学研究带来了生气，将这部经典名著普及到大众之中，红学家周汝昌也支持过他。有人认为他是乱弹琴，对红楼人物的猜测毫无依据。《红楼梦学刊》2005 年第六辑发表了红学家冯其庸、李希凡、张庆善的访谈，集中批评刘心武。他们认为，“秦学”不是一门学问，完全是他自己猜的，是新索隐，是在搞创作，编故事，可以说是矛盾百出；刘心武所谓的《红楼梦》讲解不是“红学”，认为中央电视台播放这样的节目会造成社会文化混乱。

对此，刘心武本人持保留意见。他说，“我不是科班出身，不是这方面的正式研究人员和教授，只是一个爱好者和业余研究者，我参与这个讲座并不是要观众都来认同我的观点，我希望的是引起人们的兴趣：没读过《红楼梦》的能找来读，原来读不下去的人能产生出往下读的兴趣，读过的还想再读”。对于各界反应，他在接受采访时说：“支持与反对，喜欢与厌恶，批评与维护，赞扬与嘲讽，我都承受。”

说完了刘心武的创作，还特别想聊聊他的“温榆斋”，这是最令我羡慕的地方。

在文章的末尾，他经常会标注“某某年写于温榆斋”，这是刘心武在农村的书房。1999 年，他在北京东郊温榆河畔的乡野，找了一处住所，辟成静谧的书房，取名“温榆斋”。据他的文章描述，温榆斋附近有湿地、藕田、玉米地，荷叶香和粪肥味儿都能随风飘进温榆斋。房子附近有段长长的柳堤，柳堤尽头是堤坡，上面有一条铁道，道石间每逢春夏就蹿满野草野花，堤旁的酸枣树、野桑树也都恣意地生长。刘心武说：“在那里面写作，我有一种身心融入了温榆河周边大自然的彻底舒张的感觉，这感觉无法用数字表达，是一种情感的涟漪在推衍，是一种诗意的云霓在闪现，构成我生命中最可宝贵的要素。”

有媒体的朋友描述，没事儿的时候，他常常待在北京温榆河的乡间，听音乐、爬格子、种樱桃、养猫咪。写作之余，他要么找村里的老乡神侃，于无意中捕捉写作灵感和素材，要么坐上村民的简陋汽车去写生，过着“采菊东篱下，悠然见南山”的生活。在滚滚红尘的大都市中，能有这样一处安放心灵的居所，再幸福不过了。

真渴望那种乡村田园的生活：有山，有水，有树，有花，有几间瓦房，有几亩菜地，有一条老狗，有几只鸡鸭，有一坛高粱酒，有一间大书房，日出而作，日落而息，安安心心，读书种地。不过，这是一种奢望，仅仅能停留在想象的层面，这样的乡村已经回不去了。

为了逐渐消失的纪念

——刘玉堂《戏里戏外》

我对戏曲最初的记忆，是在儿时乡村的大集上，每当节日来临的时候，镇上就会花钱雇戏班子来大集上演出，这个时候，就是十里八乡老人和小孩最欢乐的时候。提前一天，村里的老人就会相互转告，明天是什么戏，有时候是《穆桂英挂帅》，有时候是《清风亭》或者《卷席筒》。当天一早，老人们天不亮就起床，下口面条儿填饱肚子，拿上马扎和水壶，领着孙子孙女，相约着奔赴戏场，怕去晚了占不到有利位置，看不见听不清台上的演出。在那几年，我跟着爷爷奶奶去看了不少戏，虽然看不懂，但听着曲调宛转悠扬，看着服装色彩鲜艳，还是愿意看。当然，更吸引孩子们的，还有戏台周围摊位上卖的玩具和棉花糖。

《戏里戏外》收录的是作家刘玉堂所写的关于戏曲的文章，2014

年4月由山东大学出版社出版，作者在扉页上题签："吕振先生惠存　刘玉堂　2014.6.7"，并钤印。

刘玉堂擅长乡土题材小说，著有中篇小说《钓鱼台纪事》《温柔之乡》《人走形势》《最后一个生产队》《一头六四年的猪》，长篇小说《乡村温柔》《尴尬大全》等。但他同时也是戏迷，是票友，既懂戏，也能唱戏，他认为最能反映地方文化的正是地方戏曲，同时，戏曲也是构成"乡愁"的重要元素。但随着全球化、信息化、城镇化的发展，地方戏曲逐渐淡出人们的视野，为了逐渐消失的纪念，他写了这本关于戏曲的书，以备将来有一天人们想起时，能有案可稽，至少可以成为记忆的线索。

在阅读本书的时候，有这样一些感受。一是权威性。作者在写作本书时查阅了很多资料，所介绍的戏曲故事和唱词都是准确的，完全可以引用或照着唱。二是知识性。作者从一个戏迷和小说家的角度，着眼于戏曲故事、经典唱段的介绍，做一点不同剧种演同一个剧目的比较，说一些台下或戏外的有趣故事，如《〈王小赶脚〉与吕剧的由来》这篇文章，作者单就吕剧名称的由来就探讨了四种说法。三是兼顾戏曲剧种。由于作者生长在山东，该书所选戏曲以吕剧和山东地方戏为主，但同时也论述了京剧、评剧、黄梅戏等其他剧种。四是大戏小戏兼顾，既有荡气回肠的人戏《贵妃醉酒》《锁麟囊》《宋士杰》《秦香莲》《西厢记》等，也有欢快诙谐的小戏《小放牛》《打猪草》《刘海砍樵》《小借年》《喝面叶》《龙凤面》《井台会》《蓝桥会》《锔大缸》《双推磨》等。

另外，图文并茂也是该书的一大特色。书中彩色印刷了几十幅生旦净丑戏曲人物图，系山东省书协副主席于明诠所绘，这些人物大都来自该书所介绍的曲目，与文章印在一起相得益彰。我在阅读本书的时候，每看完一篇文章，就从网上找来所介绍的戏曲唱段听一听，竟听得如痴如醉，既感佩于中国传统文化的博大精深，也为刘玉堂所选戏曲的眼光所折服。我想，如果这本书后面再配一个名家戏曲唱段的光盘，让读者能对照着来看来听，那就更完美了，即使定价贵一点也是值得的。

我小时候，对戏曲有模糊的印象，来北京后，因为工作原因，经常要去剧场看戏，大都是名家的整台大戏，看他们的演出确实是一种美的享受。一出好戏，首先要有能打动人心的好剧本，其次要有唱功和表演都很优秀的演员，还要有经验丰富的导演，这三点缺一不可。当年的昆曲《十五贯》，被称为“一出戏救活了一个剧种”。好剧能推出名演员，名演员就能带领剧团发展，这是一个规律。

今天来谈戏曲，观点各不相同，有人认为应该发扬光大，有人认为应该自生自灭。我觉得，在当前视听媒介多元化，人们的欣赏趣味发生变化的情况下，要想将戏曲尤其是地方戏发扬光大，确实很难，但也不能任其消亡，戏曲剧团应该保护，戏曲人才应该培养，戏曲传承应该重视。2014 年，国家出台了支持戏曲传承发展的若干政策，2017 年又实施“戏曲进校园”，这都是在播撒中华优秀传统文化的种子。戏曲所承载的“仁义礼智信”的价值观不容忽视，正如在该书《百听不厌〈锁麟囊〉》中，作者引用的京剧大师程砚秋对戏曲演员所说的一段话：“我们除了靠演戏换取生活维持费之外，还对社会负有劝善惩恶的责任。所以我们演一个剧就应当明了演这一个剧的意义。算起总账来，就是演任何剧都要含有要求提高人类生活目标的意义。如果我们演的剧没有这种高尚的意义，就宁可另找吃饭穿衣的路，也绝不靠演玩意儿给人家开心取乐。”

从煤矿走出来的小说巨匠

——刘庆邦《黄泥地》

刘庆邦在当代文学史上是一位极具特色的作家，曾有论者认为他是中国的“短篇小说之王”。在认识庆邦老师之前，我读过他的成名作《神木》《走窑汉》等作品。《神木》写的是矿井生活的黑暗面，两个骗子骗打工者到井下工作，通过害命来达到谋财的目的，其中对人性在善恶中挣扎的描写震撼心灵。该书曾获第二届老舍文学奖，据其改编的电影《盲井》曾获第五十三届柏林电影艺术节银熊奖。

2015 年 9 月下旬，一群文学界的朋友在京聚会，我下班后赶到和平里附近的酒店，大家都已就座，我一眼就认出了坐在对面的刘庆邦老师，于是主动打招呼，他也微笑示意。其他在座的还有《十月》杂志主编陈东捷及作家荆永鸣、刘玉栋等。那一晚，大家聊得很尽兴，推杯换盏，心情畅快，庆邦老师安静地听大家聊天，时而表达一些自己的看法，对年轻人也特别谦逊，尤其让我敬佩的是他的酒风豪爽，大家敬酒，来者不拒，这对于一位六十多岁的老人，是很了不起的。那天晚上宴席结束的时候，送庆邦老师下楼，他步履稳健，握手与大家话别，然后骑上一辆停在路边的旧自行车，潇洒而去。这更让我看呆了，在这万家灯火的北京城，车水马龙的街道上，有位花甲老者面色微醺，徐徐骑行，无人知晓，这就是以短篇小说蜚声文坛的刘庆邦！

自相识后，便与庆邦老师相约，改天再去拜访。2015 年 10 月 25 日，我按约起了个大早，坐车到和平里兴化路《阳光》杂志社拜访庆邦老师。十点半左右，庆邦老师已在楼下等候，还是骑那辆自行车来的。我们一起到他写作的办公室。办公室面积不大，但很干净、温馨，书桌和窗台上养着绿植，书桌后面的书架上，有庆邦老师自己出的书，也有朋友们送他的书。那天我们聊了很多，庆邦老师讲了自己原来在农村和煤矿的工作生活，以及如何走上创作之路，并签赠我短篇小说集《麦子》《清汤面》，长篇小说《黑白男女》等多本他的作品，这一册《黄泥地》也是其中之一。庆邦老师在前衬页上题写："吕振小兄正之　刘庆邦　2015 年 10 月 25 日　北京和平里"，并钤印。庆邦老师长我三十四岁，竟以"小兄"相称，令我惶恐不安。临近中午，庆邦老师说，天冷了，咱们到附近去吃涮羊肉吧，我请你喝酒。随后庆邦老师拿出一瓶早已备好的白酒，我看了一下，酒瓶上有贾平凹题写的"瓦库"二字，但那天我还有其他事情要办，就匆匆道别，他执意要将那瓶酒送我，让我带回去喝，令我非常感动。

知道庆邦老师是河南沈丘人，喜欢听豫剧，于是只要有豫剧经典剧目进京演出，我就会邀请庆邦老师一起观看。2016 年 3 月，河南豫剧院组织全国十几家豫剧院团三十二台大戏进京展演。3 月 12

日晚，在民族文化宫举办首场“豫剧折子戏名家名段演唱会”，王善朴、杨华瑞、柳兰芳等众名家联袂演出。当晚，庆邦老师和爱人一起观看了演出，非常高兴，并赠我一本新出的散文集《月光记》。后来，我又找机会邀请庆邦老师在京观看了《三哭殿》《朝阳沟》等经典剧目。

让我们再回到庆邦老师的文学创作。几十年来，他的作品大都围绕着乡土和矿区这两个主题展开。有论者认为：“刘庆邦一直默默关注着底层社会的人和事，怀着对民间的热爱与关怀，对生命的敬畏与尊重，以朴实无华的语言记载着民间生活的苦乐酸甜，挖掘着底层人物的灵魂，吟唱着民间社会生命的悲歌。”近两年，庆邦老师在乡土和矿区这两个领域各推出了一部长篇力作，产生了很好的社会反响。《黄泥地》通过对村支书卸任、改选、告状、上访等一系列跌宕起伏的事件的描述，以及对不同人物的心理刻画，反映了农村巨大改革中出现的问题，隐喻着中国农村改革进程的复杂与艰难，极具现实主义批判力量。《黑白男女》写的是煤矿瓦斯爆炸后，死难矿工身后的孤儿寡母面临生活和感情的重建。该书语言老练自然，感情丰富细腻，写出了家庭支柱倒塌后，人们面临外在的、内心的种种压力和挣扎的同时，依然不屈于命运的安排，依然顽强地生活下去。世态百相尽显人情冷暖，结尾处又让人感到温暖和希望。在中国图书评论学会和中央电视台联合举办的 2015 中国年度好书评选活动中，共评选出了三十部好书，当代文学类仅有三部入选，其中就有刘庆邦的《黑白男女》。

一个作家的作品究竟如何，要看在读者心中的分量重不重。有读者这样评价刘庆邦：“在陕北，提到路遥，就有人请你吃饭；在矿区，提到刘庆邦，就有人请你喝酒。相比那些粉饰太平的文字，这才是真正的文学；相比那些为权者言的墨客，这才是真正的文人。一个作家，失去了创作的依托，失去了说真话的勇气，也就失去了存在的意义。欣慰的是，我在这位河南作家身上看到了人性的亮点，看到了文字的光芒。”

写完这篇文字的时候，已经是2016年年尾了，忽然想起，应该给庆邦老师打个电话，再一起喝点酒，聊聊天了。

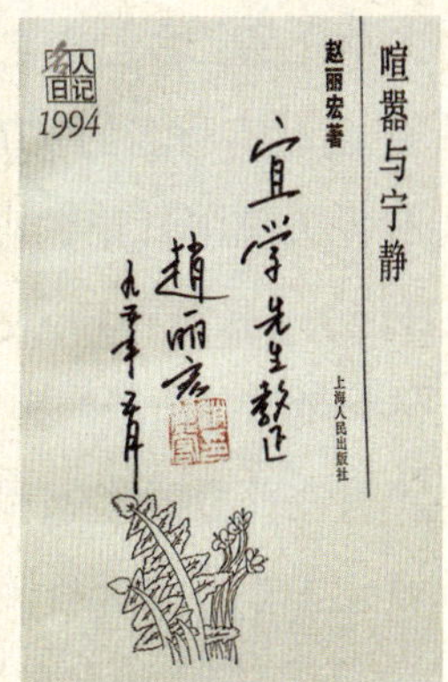

今天的日记就是明天的历史

——赵丽宏《喧嚣与宁静》

赵丽宏所著《喧嚣与宁静》，是上海人民出版社推出的“名人日记”之一种，1995年1月出版，收录作家赵丽宏1994年1月4日至11月25日所写日记一百余篇。该书系还包括刘心武、沙叶新等作家的日记。

此书取名《喧嚣与宁静》，据作者言，是“想以此来说明我的一种心境，即在喧嚣中保持自己人格的独立，保持自己心灵中的那一份珍贵的、谁也无法将之驱逐的宁静”。作者在扉页上题签：“宜学先生教正　赵丽宏　九五年五月”，并钤印。该书购于济南中山公园旧书市，和这本书放在一起出售的其他旧书，也有许多签名本，扉页上大都写着“朱宜学先生指教”，据我推测，受书人可能是大众报业集团前总编辑朱宜学。

日记成为文学作品，古已有之。南宋有陆游的《入蜀记》、范成大的《吴船录》，清代有著名的《曾国藩日记》，近现代作家学者留下的日记更多，有《梁漱溟日记》《胡适日记》《钱玄同日记》《吴宓日记》《顾准日记》《张天翼日记》《谭其骧日记》等。鲁迅、巴金、冰心、臧克家、季羡林等出版的全集中，也都包含多卷日记，成为重要的研究资料。有些西方的作家和学者，也有日记翻译到国内来的，比如《卡夫卡日记》《托尔斯泰日记》《奥威尔日记》《克尔凯戈尔日记选》《梭罗日记》等。由此可知，名人喜欢记日记，读者更愿意读日记，通过阅读日记，不但可以和大师的心灵走得更近，有时还能满足读者的窥探欲，会从日记中发现许多有意思的事情。

同样是日记，却是有区别的，最大的区别就在于，作者在写日记时，是否知道日后会出版。如果不知道以后日记会公之于世，则所记内容随心所欲毫无顾忌，可以任意臧否人物，可以写成流水账，情绪低落时一笔带过，兴致盎然时奋笔千言，爱情、亲情和友情都不避讳，文字极少伪饰，满含真诚，能看出“此时此地此心”的真实状态。如果后人整理出版时维持原貌不做修改，那这类日记是最珍贵的。另一类日记，就是作者写日记的时候，已经知道日后会出版，为避免面世后惹来麻烦，或者怕别人窥见自己内心的隐私，写起来感情自然就会收敛很多，基本不会品藻人物时事，反而像生活化的散文。手头这本书，就是出版社编辑约稿的结果。赵丽宏在自序中说：“当初答应写这本日记体的书时，心里有些困惑：这样写日记发表出书，会不会让人觉得造作和虚假？后来想想，觉得未尝不可。反正我可以坚持自己的原则，写真实的生活，真实的感受。日记只是一种形式，内容才是最重要的。所以，我还是用写随笔的习惯来写这些日记，写一天中值得一记的遭遇，写一天中曾产生过的思索。”由此看来，作者已经预料到，明知要出版而写作的日记，就丧失了无所顾忌只面对自己内心的那份真诚，有可能会让读者觉得“造作和虚假”，所以他发挥了自己的优长，在潜意识所认可的叙述范畴内，既记人也记事，既抒情也议论，把一篇篇日记写成了饶有趣味的小散文，可读性依然很强。

在本书中，作者记录了日常琐事、签名售书、观影听戏、会亲访友、休闲旅游等，其中，关于读书写作的内容占很大比例，还有与文坛诗友的交往，包括冰心、巴金、柯灵、徐开垒等文坛前辈，也有邵燕祥、张抗抗、王小鹰、陈村、聂华苓、魏明伦、余秋雨等当代作家。其中读来让我最感动的，当属他笔下的脉脉亲情，尤其是在这一年，作者经历了父亲的去世。他在6月15日的日记《回响在生命里》中写道：

> 我赶到父亲的床前时，父亲平静地躺着，没有痛苦的表情，似乎略带着微笑，就像睡着了一样。他再也不会笑着开口叫我“小弟”，再也不会向我倾诉他的病痛，再也不会关切地询问我的生活和创作，再也不会拄着拐杖跑到邮局去买发表有我文章的报纸和刊物……我把父亲的遗体抱回到他的床上，为他擦洗了身体，刮了胡子，换上了干净的衣裤。这样的事情，父亲生前我很少为他做，他也不会要我做。

在6月27日的日记《藤椅》中写道：

> 坐在父亲修理过的藤椅上，我感到父亲就站在我的身边，用他特有的那种淡然慈祥的目光凝视着我。我情不自禁

地回忆起很多和父亲交流的往事……对亲人的怀念，有时只需要一点小小的但是实在的寄托，心中的思念就会如同泉涌，源源不断地流出来。此刻，一把旧藤椅就牵动了我的无限思念。

关于日记的写作，据我了解，不但名家在记日记，读书界也有很多人热衷于写日记。十几年前，济南作家自牧先生曾编辑出版《日记报》，后来改为《日记杂志》，该杂志内容精彩纷呈，设置了"日记杂俎""日记情结""旅行日札""日影公园""日记作坊""连载·选粹""辞典·书简·拾遗"等栏目，峻青、王学仲、姜德明、来新夏、龚明德、陈子善等名家都曾为其撰稿。以自牧为中心的一批同道书友，十余年致力于继承和弘扬日记文化，为文坛保存了许多第一手资料，从这个角度讲，功不可没。

著名作家周国平曾写过一篇《养成写日记的习惯》，其中说到写日记有四大好处：日记是岁月的保险柜，是灵魂的密室，是忠实的朋友，是作家的摇篮。讲得很有道理。用真情实感记述自己的人生路，给自己的心灵一个倾诉的空间，给自己的晚年一个可供细细回味的翔实资料，人生将因为记日记而变得更加丰富厚重。试想，如果每个人都能拿起笔来，记录下自己的所见所思，那今天的日记，就是明天最真实的历史。

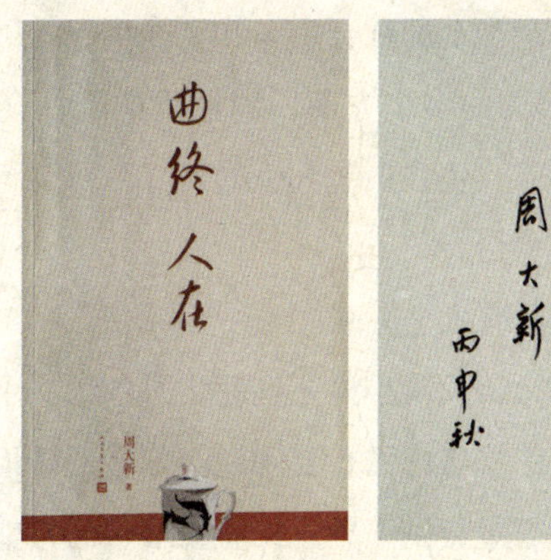

政治忧思与人性追问

——周大新《曲终人在》

自上世纪90年代以来，“官场小说”一直在中国文坛风生水起，写此类小说的作家越来越多，渴望通过小说了解官场生态的读者也越来越多。张平的《抉择》《国家干部》，王跃文的《国画》，周梅森的《至高利益》，陆天明的《大雪无痕》，阎真的《沧浪之水》等，都曾风靡一时，引发热议。

2015年4月，人民文学出版社推出了著名作家、茅盾文学奖得主周大新的长篇小说《曲终人在》，腰封上的推荐语是“披露为省长‘写传记’的采访素材”。我看到有的媒体在宣传的时候，也把这部小说归入了官场小说一类。但周大新本人在接受采访时表示，他不是在写官场小说，写官场黑幕，教人如何在官场立足，而是在写人生，写一种非常忧虑的情绪。待我把书读完，也深深地感到作家的良苦用心，他在作品中探讨的是当下的社会生态和官场生态，讲做官和做人的复杂关系，用真实社会的多个方面，把他忧虑的社会问题展示出来，审视人性缺陷的同时，也在展示人生的美好，所谓官场，只是他觉得最合适的一个叙事平台。

在我看来，这部小说有三个突破。

一是创新了叙事结构。长篇小说一旦确定了主题，用什么样的结构来讲故事，就成为作家要考虑的首要问题。作者巧妙地把握了这部小说的叙事结构，既没有重复别人，也没有重复自己，他用新闻采访的形式，从清河省原省长欧阳万彤的死讯开始写起，依次采访了主人公的亲人、朋友、同事（包括妻儿、初恋、司机、秘书、保姆、同乡、政敌，以及与他接触过的总裁、农民、工人、教授、工程师、模特等二十多人），形成了二十七篇采访记录，这些叙述人既能各自独立，又能彼此勾连，从他人的口中眼中，讲述了欧阳省长如何走上政坛中心，以及他日常工作和生活的多个侧面，以此串联起他的一生。这些采访记录，成为小说主体。这种叙述模式，既消除了作者对省长真实的工作生活并不完全熟悉的短板，又能为读者营造出真实的阅读效果。

二是塑造了丰满人物。书中接受采访的人物很多，每个人的身份、讲述角度都不同，每个人眼中都有一个不一样的欧阳万彤，既互相补充，又互相质疑。欧阳省长本人并没有直接出现，但是他的形象却通过多种素材反映得异常丰满，颠覆了以往此类小说中正面或负面单一模式的官员形象，形成一个巨大且复杂的存在：有钩心斗角，也有正直刚毅；有政治手腕，也有为民情怀；有情场迷离，也有道德底线；有利益诱惑，也有做人原则。从这个有血有肉的多面人物身上，能映衬出社会各阶层人物的思想状态和人生境界。小说呼唤官场的风清气正，呼唤官员的刚健有为，但同时也提出了一个严肃问题——假若有一天把管理社会的权力交给你，你将会成为一个什么样的官员？

三是表达了深刻内涵。周大新在这部小说中，熔铸了自己的政治忧思与人性追问，这是《曲终人在》的亮点和深刻之处。该书写出了官场相对真实的生态，尤其可贵的是没有先入为主，一味鞭挞官场腐败，而是多维展示，理性思考，重点描述政治的复杂。小说的主人公形象是正面的，思想主题是希望这个世界变得更好。虽然为官不易，但官员作为掌握国家行政权力的特殊群体，他希望有更多的官员能为国家和民族的利益着想，充当国家的脊梁，而不是做自私的政客。

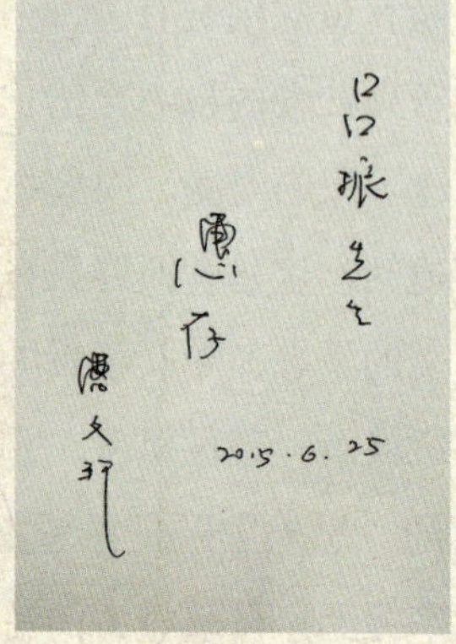

写马，更是写人

——曹文轩《火印》

曹文轩的长篇小说《火印》，2015 年 5 月由人民文学出版社、天天出版社联合出版，二十六万字，首印十万册。打开书来，有一张王悦拍摄的曹文轩的照片，他斜倚在一个门前立有石狮的旧门框上，眺望着远方，门框上写着“善行唤醒万象新”。曹文轩在书的前衬页上题签：“吕振先生惠存　曹文轩　2015.6.25”。

先说说这本书的由来。在我手里，曹文轩的签名本除了《火印》，还有《草房子》《甜橙树》《山羊不吃天堂草》《细米》等，这些书大都是儿童文学作家安武林帮我求来的。安武林大我十九岁，我们都是山东大学中文系毕业，我称他大师兄，他的代表作有童话集《老蜘蛛的一百张床》，诗集《月光下的蝈蝈》，小说《泥巴男生》《夏日的海滩》，散文集《母亲的故事是一盏灯》等。安武林和曹文轩关系好，这在儿童文学界是出了名的。他知道我喜欢收藏作家签名本，所以一有机会，就请曹文轩给我签赠著作。他们二位的关系好到什么程度，有几件小事就能看出来。其一，2013 年，北京少年儿童出版社出版十卷本《曹文轩小说阅读与鉴赏》，基本囊括了曹文轩发表过的作品，这十卷本，都是由安武林导读点评的，可见曹文轩对安武林的信任。其二，2016 年 4 月 4 日，曹文轩获国际安徒生奖，全国文学界和媒体界倍感振奋，许多记者想采访曹文轩，但联系不上，于是将“靶子”转移到安武林身上，知道能从曹文轩的好友安武林这里挖到不少“好料”，那几天，师兄安武林的电话也快打爆了。8 月 20 日，曹文轩到新西兰领取国际安徒生奖，只有几位亲友陪同，其中就有安武林。其三，安武林在天津媒体开专栏专门谈曹文轩，已发表的有《曹文轩的故乡》《曹文轩的囧事》《曹文轩的优雅》等，据说要写几十篇，还要出书，由此可以看出，安武林对曹文轩有多么了解。每次在京跟师兄聚会，总期待他能再带几本曹文轩的签赠本。

再回到《火印》这本书。曹文轩在自序中说，在读萧红的短篇《旷野的呼喊》时，看到一段文字，说在一个风沙弥漫的天气里，主人公朦朦胧胧地看到有几匹马向他这边跑过来，心想应是有客人骑马来这里，没有将缰绳系牢，让这几匹马跑了，于是呼唤马，好在马跑过来时一把将它们抓住。可是当马跑到跟前，他伸手去抓缰绳时，手却又立即缩回去了——他看到，马的身上烙有日本军营的圆形火印。曹文轩看到这个细节，在脑海中便出现了一个孩子和一匹马的情景，其次出现的就是日本人征用马匹的场景。他说，生活经验和知识体系中那些可以编入故事经纬的素材和理念，如雪片般纷纷飘入脑海，“是萧红用不经意的几十个字，引爆了我处处用心的二十余万字”。在本书的内容简介中，曹文轩这样表述：雪儿是坡娃从狼群中救回来的一匹小马驹，它和坡娃一家，在野狐峪过着宁静的田园生活。战争爆发了，雪儿被日军强行征走，身上烙下了一枚日本军营的火印。日本军官河野看中了雪儿，想要训练它成为自己的坐骑。但雪儿不肯接受河野的驾驭，它心中唯一的主人是野狐峪的坡娃。由于雪儿的不屈和对抗，它沦为拉炮的战马，不得不忍受母子分离，遭受种种凌辱。同时遭遇不幸的，还有处在日军大炮攻击下的野狐峪村民。历经战火和苦难之后，坡娃终于将雪儿带回了野狐峪，但雪儿身上的火印，成为它终身的耻辱。雪儿在村民们面前深深地低下了头，直至它获得了赢回尊严的机会。

2015年是一个特殊的年份，我们都还记得，当年9月3日，在天安门广场举行了纪念中国人民抗日战争暨世界反法西斯战争胜利七十周年大阅兵，这是我国首次以纪念抗战胜利为主题的大阅兵。而在文学领域，以抗日战争为背景的《火印》的出现，不得不说是巧合，是天意，正如曹文轩自己所说："我在构思这本书时并没有将它与这个日子联系起来。我很在意这个日子，但这部作品却不是刻意为这个日子而写的。所以这是天意。"同时也应注意到，《火印》的写作，抗日战争只是作为背景，路数是写战争，但更是在写战争中的人，是以野狐峪村民的视角对战争进行观察，用他们的亲身遭遇对战争进行描绘，站在人性的高度来审视、反思那场战争，并用大量的笔墨描写了人的各种情感——人对动物的深情，对家乡的热爱，对敌人的仇视，读来让人欲罢不能。这本书，依然沿袭了他的创作风格，恪守现实主义，注重理想追求，体现唯美品格。

大家都知道，曹文轩是一手搞创作，一手搞研究，"两手抓，两手都硬"，这实在难得。关于创作，以《草房子》《青铜葵花》为代表的一大批作品早已声名远播。关于研究，他也推出了《小说门》

《中国八十年代文学现象研究》《二十世纪末中国文学现象研究》等有影响力的学术著作。另外，他还倡导设立了“青铜葵花儿童小说奖”，最高奖奖金高达二十万元，我的好友、作家刘玉栋就凭借小说《泥孩子》获得了第一届“银葵花奖”。

2016年4月，从意大利博洛尼亚国际书展上传来消息，曹文轩获得国际安徒生奖。国际安徒生奖由国际少年儿童读物联盟于1956年设立，由丹麦女王玛格丽特二世赞助，以童话大师安徒生的名字命名，是世界儿童文学最高奖。该奖每两年评选一次，奖励世界范围内优秀的儿童图书作家和插图画家。曹文轩是获该奖的首位中国作家。颁奖词评价道：“曹文轩的作品读起来很美，他书写了关于悲伤和苦痛的童年生活，树立了孩子们面对艰难生活挑战的榜样，能够赢得广泛的儿童读者的喜爱。”他获奖后，全国各大报纸集中报道了这个喜讯，我注意收集了那段时间的《人民日报》《光明日报》《中国文化报》《中国艺术报》《文艺报》《中国新闻出版广电报》等媒体的报道，将这些报纸整理后交给了曹文轩，以表达他给我签赠著作的谢意。

曹文轩在写作上获得成功，主要原因还是他对待文学有一颗虔诚的心，能够安安静静地读书，认认真真地写作，不追求市场发行量，不追逐时髦的写作话题，永远把文学作品当作艺术品来对待，把儿童文学当作为孩子打好人性基础的大事，在今天的创作环境中，这是多么难能可贵。我们不要再过多地打扰他，让他继续在安静中哲思，在书桌前奋笔，给我们的孩子，给中国和世界文坛，奉献更多的精神大餐吧！

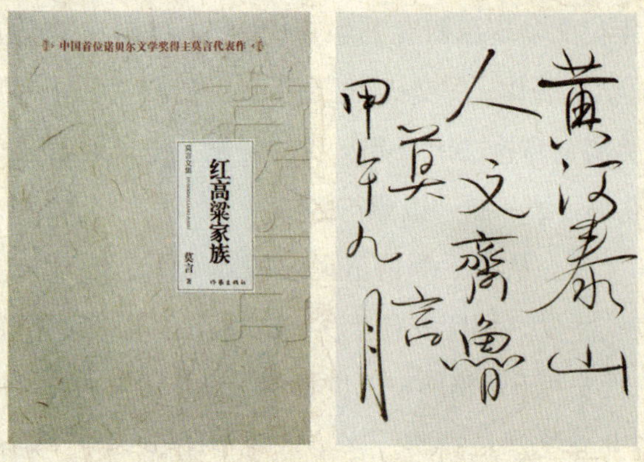

莫言在山东大学

——莫言《红高粱家族》

2014年10月14日下午，莫言和其他著名艺术家一起，入住北京京西宾馆，准备参加第二天上午的文艺工作座谈会。当晚我和友人一起去拜访莫言先生。莫言是高密人，我是莱芜人，都是山东老乡，所以话题自然离不开山东。另外，莫言是山东大学讲座教授，和山大贺立华、郑春等教授是多年好友，莫言的女儿是山大毕业的，而我也是山大中文系毕业，所以话题自然也离不开山东大学。越聊越觉得亲切，所以大胆拿出了准备好的《红高粱家族》，请他在前衬页上题词，他欣然命笔：“黄河泰山　人文齐鲁　莫言　甲午九月”。

要说莫言与山东大学的渊源，由来已久。早在1988年，山大学者就曾在莫言故乡高密发起召开了“莫言创作研讨会”。2001年，莫言应邀担任了山东大学文学院兼职教授，与贺立华教授联合招收研究生，并开设了“创作学”和“当代作家论”两门课程。2013 年 4 月 27 日上午，获得诺贝尔文学奖的莫言再次来到山东大学，受聘为山大讲座教授，校长徐显明为其颁发聘书。当天下午，莫言来到文学院会议室，与学院师生亲切座谈，畅聊文学与人生。这次座谈会我亦在场，莫言对文学创作的许多看法，给我留下了深刻印象。

作为一位在创作领域苦苦摸索了三十多年的写作者，莫言的创作理念曾经发生过不少变化。“刚开始想把好人当坏人写，把坏人当好人写，到了 90 年代以后，慢慢意识到应该向内转，应该把搜索社会黑暗和他人阴暗面的放大镜投射向自己的内心，也就是把自己当罪人写。这里的‘自己’并不是跟我本人画等号，而是每个人都应该有反思自己行为的意识，不能把所有的责任都推给别人”。

当有同学问及，莫言在创作过程中有没有困境，如何突破自己时，他用自己的亲身经历来解答同学们的困惑。“作家整个的创作过程就是一个自我搏斗自我挣扎的过程，精神困境实际上还是围绕着作品里的人物，这个人物到底有什么样的典型意义？是不是在别人的作品里已经有过甚至很多类似的人物了？如果没有独特性，写出来就没什么意思。另外，这个人物到底代表了什么样的思想？放在整个社会思潮中有没有存在的价值？这是非常令我困惑的。比如《生死疲劳》中‘蓝脸’这个人物，到底有什么意思呢？别人都加入人民公社，就是他不入，要单干，后来我发现实际上这是一种有意义的个性。有的人一根筋到底，但是逆历史潮流而动，这种坚持就没有意义。蓝脸当时看起来是逆历史潮流而动，但在整个历史链条当中他却代表了一种正确的方向，这样一种坚守，这样一种对整个社会大众的对抗，就是有价值的，所以当我把他放到整个历史循环过程当中时，就感觉这个人物有意义，所以就写下去了。”

其实，莫言在创作过程中一直努力求新求变，希望创作出具有“莫言特色”的作品来。他在作品中写到了很多特殊人物，比如身体残缺者、身怀绝技者、精神变态者。在《四十一炮》中，莫言将罗小通吃肉写得跟宗教仪式一样，《丰乳肥臀》里迷恋女性乳房的上官金童也带着某种象征性意味。莫言将人类的食欲、性欲等最基本的欲望极端放大，来发现人性的一些秘密。另外，对于叙述结构创新，莫言在《生死疲劳》中借用了佛教六道轮回的概念。对于文体创新，《蛙》尝试了跨文体写作，将小说、书信、戏剧等文体形式熔于一炉，这样就增加了小说的丰富性和多义性，不是简单地讲一个故事。

文学与政治一直有着藕断丝连的关系，“歌颂”与“暴露”也是很多文艺理论家探讨多年的话题。文学创作到底有没有禁区？如何对文学作品中面临的社会现实进行艺术处理？面对师生们的疑问，莫言谈了自己的看法。

“一个作家如果觉得到处都是地雷，那就是不成熟的，小说当然可以写政治问题和最敏感的社会问题，但完全可以进行艺术处理。文学既不是歌颂某个阶级的工具，也不是反对一个党派的工具，不是向体制挑战。文学是写人的，无论什么样的人，在作家心中首先是个人，然后才是其他的符号，作家最应该关注的不是人身上的阶级性，而是人身上共有的普遍人性。之所以中国作家能走向世界，外国作品能翻译成中文感动我们，就是因为这些作品描写了普遍的人性。我们过去的某些作品之所以很狭隘，就是因为非要把作品变成某个阶级的文学，作家也有强烈的阶级意识和政治意识，用这样的方式来构思的人物，发展到极端就是样板戏。在80年代，大家开始意识到这是不科学的，违背了文学的基本规律，文学开始超越阶级、超越政党、超越时代、超越国境，如果没有做到这一点就说明还是没有写好。有了这样的高度以后，无论写什么样的问题，都不会形成障碍。文学与政治的处理还是有办法的，这和有没有胆量干预现实没有矛盾，一个人在生活中可以很谨慎，但写作时站在这样的高度就完全可以放开。”

此次莫言受聘山东大学讲座教授，当年就招收了三名硕士研究生。学生们都表示，这是一种幸运，也是一种鞭策，以后要更加认真地阅读和研究莫言老师的作品，利用这宝贵的机会，多向老师学习和请教。莫言说，“我能够在山大保持讲座教授的席位，还是要靠我今后的创作，假如今后还能写出大家比较满意的作品来，讲座教授的含金量也就保住了”。

对于在山东大学的教学计划，莫言想通过两种方式履行自己的职责：一是认真准备教案，再到山大来的时候，会讲一些系统的文学知识；二是以聊天的形式，讲自己的作品和创作心得。这两种授课方式都会兼顾。在莫言眼中，师生关系是平等的。“在文学这方面，很难说是谁教谁，因为我们都是读者，我更愿意跟大家进行平等交流，比如针对某本书，或者我的某部作品展开讨论，你们有什么创作我也愿意帮着看一看。教学相长，平等的交流切磋，希望大家从中都有收获。”

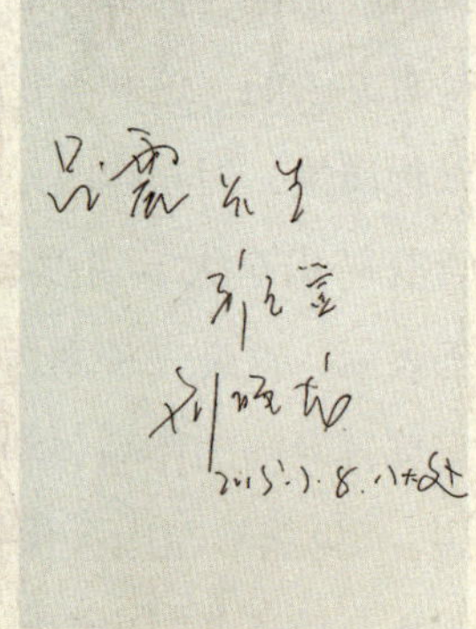

为默默苦行的民间英雄立传

——刘醒龙《天行者》

这里说的“民间英雄”，是指的民办教师。民办教师是未列入国家正式编制的教学人员，主要集中在农村，是补充农村九年义务教育师资不足的主要形式。我本人对民办教师有着特殊的感情，因为我爷爷就是民办教师中的一员。他辗转在七八所乡村中小学教了一辈子书，20 世纪 80 年代初才转为公办教师。90 年代初我上小学的时候，我的很多老师也是民办教师。由于历史原因，长期以来民办教师没有合理的保障机制，使他们成为一群尴尬的存在。物质上，他们工资不高，在贫困线上挣扎；精神上，比公办教师低人一等，得不到社会应有的尊重。

中国农村的民办教师，一度有四百万人之多。他们在极其艰苦的环境里，担负着为一亿几千万农村中小学生“传道授业解惑”的重任，将现代文明播撒到最偏僻的角落，付出巨大而所得甚少。作家刘醒龙注意到了这群特殊的知识分子群体，为他们代言，为他们发声，写了中篇小说《凤凰琴》并拍成电影，让多年在山村默默奉献的民办教师站在了全国民众面前，无数观众为之动容，流下热泪。十几年后，刘醒龙意犹未尽，又以一部《天行者》继续讲述民办教师艰苦卓绝又充满希望的故事，为这些“在20世纪后半叶中国大地上默默苦行的民间英雄”唱响了感天动地的悲歌。

长篇小说《天行者》，2009年5月由人民文学出版社出版，2011年获第八届茅盾文学奖。该著讲述了一群在贫苦山村默默奉献的民办教师为求转正而发生的辛酸故事，塑造了余校长、孙四海、邓有米、张英才等性格各异的民办教师形象。作者在前衬页上题签：“吕震先生雅鉴　刘醒龙　2015.7.8. 八大处”，是刘醒龙在北京八大处公园附近签赠与我。

民办教师，既是乡村贫苦生活的亲历者，也是使乡村摆脱蒙昧贫穷的启蒙者。就如书中余校长所说：“当民办教师的，什么本钱都没有，就是不缺良心和感情。这么多孩子，不读书怎么行呢？”这群在乡村角落里苦苦挣扎的弱者，用微弱的力量点燃乡村的知识星火，正是因为有他们的存在，才使乡村有了希望，在他们的肩上，可能扛起来的是许多孩子的未来。但人世间总有许多事情不尽如人意，民办教师的转正问题，是他们生命中的主要命题和精神支柱。在一次访谈中刘醒龙说：“作为乡村知识分子的这一类教师，一切的乡村奇迹的酝酿与发生，本应当首先归功于他们。然而，荒诞让历史与现实一次次地无视其伟大得不能再伟大的贡献，以至于沦落为被人拒绝理解的地步。这一点也正是时代正在流行的顽症。”从国家层面来看，也意识到了这一点。1997年9月，国务院办公厅下发了《关于解决民办教师问题的通知》，通过多种方式保障民办教师利益，在上世纪末基本解决了民办教师问题。

说完了《天行者》的主人公民办教师，再来说说刘醒龙。

我第一次见到刘醒龙，是在山东大学中文系读研究生的时候，当代文学教研室贺仲明教授邀请他来参加山东大学“文学大讲堂”，与同学们进行交流。他是继莫言之后受邀的第二位参加“文学大讲堂”的作家。翻日记本，看到那天是 2013 年 5 月 30 日，地点在山东大学中心校区知新楼 A 座 620 教室，刘醒龙以“文学的觉悟”为题，与文学院师生畅谈读书心得与创作经验。

他谈到，自己是一名从草根成长起来的作家，几十年的文学经历使他懂得在文学的道路上，写作只是很小的一部分，更重要的一部分则是读者，“伟大作品的产生需要伟大的读者”，而“读者素质决定着文学的高度”。他畅谈了自己发表处女作的经过，以及写作长篇小说《圣天门口》的收获与遗憾。他认为中国的文学读者虽然有年龄上的差距，但阅读的文本却总有相通之处，其中承载的人文精神也会在一代代国人中传承。

印象尤其深刻的是，他建议同学们在有生之年要做三件事：“第一件，一定要看一次杨丽萍的孔雀舞。我看舞剧时，包括我自己的作品改编的，只是觉得很美，但是有一次看了杨丽萍的孔雀舞，她那种对人性、生命和美的演绎，让我泪流满面。第二件，要去一次青藏高原，最好能喝到珠穆朗玛峰上的泉水，那种水与身体毫无阻碍的融入感，那种干净澄澈，让人终生难忘。第三件，一定要静下心来，细细读一遍《红楼梦》。”他认为读书是为了让人心灵明净，并鼓励同学们多读书、读好书。

在现场提问环节，刘醒龙与师生们充分互动，解答了现场听众关于阅读和写作的诸多问题。在谈及写作与故土的关系时，刘醒龙说，故乡是写作之根，更是文学生长的基点。古今中外多少作家无一例外都有自己的“根”，而对“根”的怀念、热爱与不舍能激发出作家们的写作才华，如果离开了对故土的爱、对亲人的爱，写作的魅力将会丧失。

这次讲座之后，我在北京又见到刘醒龙。2016 年 10 月，在北京中国职工之家召开的文艺创作经验交流会上，我和刘醒龙、彭学明在一个桌上吃早餐，聊起在山大的那次讲座，刘醒龙还记忆犹新。他说，我是“文学大讲堂”的第二讲，前面莫言讲过一次，我怕讲不好，还有点紧张，但讲完以后，效果还不错，有学生说，你讲的比莫言讲的还好。说完他哈哈大笑起来。我看到了一个幽默自信的刘醒龙。

刘醒龙从 1984 年发表《黑蝴蝶，黑蝴蝶……》开始登上文坛，到上世纪 90 年代创作了《分享艰难》《村支书》等被称作“现实主义冲击波”的作品，直到新世纪以来创作的三部重要的长篇小说《圣天门口》《天行者》和《蟠虺》，他旺盛的创作力已经持续了三十多年。如今年届六旬的他，依然在创作的黄金期，希望能够看到他进一步突破自己的新作面世。

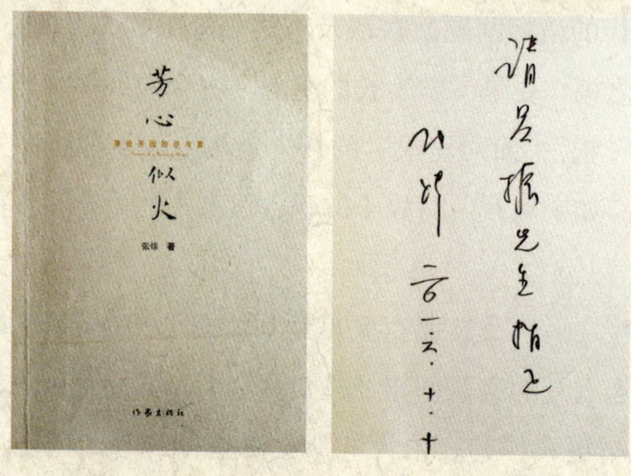

月光照在精神高原

——张炜《芳心似火》

在我看见这本书的时候，这个诗性而热烈的名字首先吸引了我。开始阅读后，我无可救药地迷恋上了它，那优美的意境，从容的心态，奇幻的故事，迷人的语言，浩瀚的史料，静谧的哲思，是之前阅读经历中从未体验过的。我觉得，这是一部安静的书，要在月光下细细品味，像一坛老酒，越来越香，越来越醇，待我一口气把它读完后，竟然深深地醉了。

这是一本梳理齐国历史的书，是张炜一个人的齐国史，是积累多年行走经验和思考成果之后的集中喷涌。他带着我们穿越齐国悠长的历史隧道，遍访齐鲁之地的风土人情和文化气象，追寻过往岁月的踪迹。他写到了乌龟、狐狸、山泉的神话传说，写到了点心、千年膏、炕头柜的民俗风情，写到了宣纸、古琴、中医等士人生活，写到了徐福、管仲、淳于髡等历史人物，也写到了繁华的都市、好色的国王、狂欢的集团等政治生态。谈论历史，是为了观照今天。通过对齐文化兴盛、躁动、恣肆的理性反思，来警醒世人，不论身处怎样的繁华盛世，都要保持平静从容之心。著名学者孙郁评价该书说："历史叙述被学问家垄断的时候，趣味就没有了；而被文化商人奚落的时候，我们又将掉入黑洞之中，不知道真实在哪里。张炜是没有学者腔与商人腔的人，他给了我们一个新视角下的历史。儒雅的笔调和沉静的观照，将古老的幽魂与鲜活的人间纠缠起来。往返古今，自得玄机，向天而笑，在岁月的风尘里也画出了他自己的生命。"

我在山东出生、成长，张炜笔下的故事，读起来总有一种亲切感。在高中的时候，就知道他的《古船》和《九月寓言》，大学期间又读了《能不忆蜀葵》《融入野地》等作品，对于他和他的作品，我从心底里是崇敬的。但日后和他认识，却是我没有想到的事情。

2013 年 6 月，我来京工作前，我的莱芜老乡、作家张期鹏在济南家中宴客，我和山东艺术学院崔云伟教授赶到的时候，发现著名作家张炜、刘玉堂在座，见到了心仪的大作家，不免心里一喜。那天人不多，除了我们四人，还有张期鹏夫妇，共六人。席间聊了张、刘的文学创作情况，以及他们想要编一套散文丛书的设想，张炜签赠我一本散文《品咂时光的声音》。后来张炜来京开会，我们在他房间聊了半个多小时，他亲切地询问我住在哪里，上班路上用多长时间，工作累不累，平常是否还回老家等，并邀约到济南时小聚，或有空到万松浦书院看一看走一走。2016 年 12 月初，张炜来京参加中国作协第九次全国代表大会，住在首都大酒店，晚上到他房间叙谈，聊起四天的会议日程安排得很紧，他说身子累，心不累。这话让我记忆深刻，能够看出他的精神洒脱和超然物外。过了两天，他当选第九届中国作协副主席。对于张炜而言，对于他几十年来创作的一千多万字的作品而言，这个身份实至名归。但我知道，他已将名利看得很淡，这既不会成为他引以为豪的资本，也不会成为他继续写下去的羁绊。我相信，这样一个充满大爱远离喧嚣认真思考的作家，会继续用他深刻厚重的作品说话。就如他之前所说的，“这几十年来，也许有两个方面我是没有改变的，这让我稍感欣慰：一是我对文学的深爱没有变，二是我相信人世间有正义、有真理，并且要追求它。我庆幸这没有改变的两个方面，是它使我还能一直往前走下去”。

聊张炜，不能不提他那部获得茅盾文学奖的《你在高原》。2010年，张炜在作家出版社推出了三十九卷、十册、四百五十万字的长篇小说《你在高原》，这部用二十二年精心打磨的鸿篇巨制一经推出，就震惊了整个文坛。人们难以想象，在这场文学的“马拉松”中，张炜是凭借怎样的毅力坚持下来的。他在寂寞中劳动，在劳动中享受欢乐，做了一次诗性的长途跋涉。这种创作本身，就不得不让人心生敬意。作家出版社原副总编、《你在高原》的终审杨德华这样评价这本大书：一是它深沉的思想和强大的道德勇气。在长达二十余年的时间里，以如此巨大的篇幅沉湎于历史、自然、人性、传说、哲学、宗教的诸般追索之中，展开了一场深沉浩大的跋涉。二是强烈而真实的现场感。甩开阔步，实勘大地，足踏高山荒原、江河林川，穿行在田野垄舍车水人流之中，极为具体地面对了生活局部。三是它百科全书般的容量和质地，是一部精心镌刻的民族史诗。四是它描绘的令人震惊的众生相，活跃着多达几百个形形色色的人物。五是它艺术探索的难度和勇气，集中了19世纪至今中外主要的文学试验和探索成果。六是它和作家其他作品形成的巧妙关系。《芳心似火》以散文的方式浓缩了《你在高原》的精神内核：人类发展的历史证明，片面的物质财富积累是有限的，甚至是危险的，而精神文明的积累相对物质积累，具有更加恒久的意义和价值。北大中文系教授陈晓明更是鲜明地指出，如果汉语文学有高原，《你在高原》就是高原；如果汉语文学有脊梁，《你在高原》就是脊梁。

如今的张炜，年已六十。当年卢青河边默默读书的翩翩少年，今天已经是著作等身的著名作家。但他依然经常一个人行走于广袤的原野上，吹着海风，思考着天人之变、万物之灵。他相信对于文学，只有时间是标准，对于文学，他依然葆有似火的芳心。就像这本能够滋润生命、安抚灵魂的书中所言："我们以前曾经讨论过什么才是芳心。到现在我们终于更加明白了，那就是在皎洁的月光下跳动的一颗心，它有月光一样的清纯和遥远，有它一样羞涩的外表和内在的热烈。与这颗芳心相匹配的，就是月色下的这一切，大地、河流、树木、清风和夜鸟，以及天空这片稀疏的蓝宝石一样的星辰。"

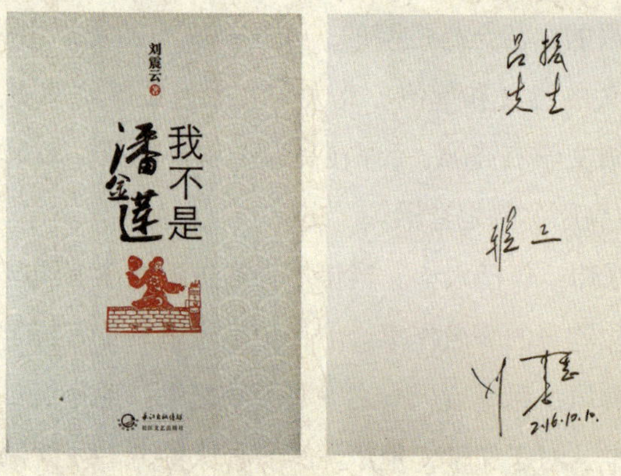

一辈子就干一件事

——刘震云《我不是潘金莲》

有人说，对于电影界而言，2016年是“刘震云年”，理由是在这一年的11月，有他的两部小说改编的电影在院线播出，都取得了不错的票房：一部是老搭档冯小刚导演的《我不是潘金莲》，一部是刘震云女儿刘雨霖导演的《一句顶一万句》。另外，他的其他小说如《一地鸡毛》《手机》《我叫刘跃进》《温故一九四二》，也在前几年陆续改编成影视作品，他成了作家、编剧、教授等多重身份集于一身的名人。

就在这一年，我两次见到刘震云。

一次是2016年3月12日晚，河南豫剧院在北京民族文化宫举办“豫剧折子戏名家名段演唱会”，那天晚上，我和河南籍作家刘庆邦夫妇一起看了演出。在散场的时候，我们忽然发现刘震云和爱人郭建梅就坐在我们后面几排。刘震云也是河南人，也喜欢豫剧，这两位作家老乡早就相熟，此次碰面，互相问候了近况，我也上前与刘震云打了个招呼。

另一次是 10 月 10 日下午，繁荣文艺创作经验交流会在中国职工之家召开，参会的作家代表有曹文轩、刘震云、张炜、周大新、张悦然等。在会场再次见到刘震云，我拿出小说《我不是潘金莲》，是长江文艺出版社 2012 年 8 月出版的版本，请他题字留念，他在前衬页上题签：“吕振先生雅正　刘震云　2016.10.10”。

这本名字带有争议的小说，自出版后就一直受到关注。该书描写了一位叫李雪莲的农村妇女，经历了一场荒唐的离婚案后，要证明之前的离婚是假的，证明自己不是前夫所说的“潘金莲”，于是走上了告状之路。她从镇里告到县里、市里，甚至告到了北京，没有达到自己想要的结果，却把法院庭长、院长乃至县长、市长一举拖下马，而这荒诞的告状路，以及省、市、县对她的围追堵截，竟然持续了二十年。

对这部小说，刘震云自己说：“我觉得李雪莲和潘金莲的结局都是一样的，都是失败的结局，都是要纠正一个别人的看法，一个大家的看法，一个社会的准则，但是在别人的看法、大家的看法形成准则面前，她们都碰得头破血流。不管是李雪莲，还是潘金莲，她是一个特别想活得明白的人，想把这个事搞明白。但是让李雪莲没有想到的是，她在想搞明白一件事的时候，这个事情没有搞明白，却已经演变成另外一件事了，接着演变成第三件事，接着演变成第八件事了……这部书写它，主要是背后的东西，就是要探讨一下，为什么一粒芝麻会变成西瓜，一只蚂蚁会变成大象。……我觉得背后的生活逻辑，包括思想逻辑、哲学逻辑，体现出来的其实就是两个字：荒诞。”

该书的结构最令人称奇，十八万字的篇幅，前面都是序言，只有最后三千字是正文，转而讲述史为民的故事。史为民是李雪莲告状初始时候那个县的县长，因为李雪莲的告状，史为民倒了台。如果没有李雪莲，他二十年后可能会是一个省长，但是由于他跟李雪莲事情的碰撞，他成为一个卖肉的，卖了二十年的肉。他春节的时候在北京，火车特别挤，没有票回家，他用李雪莲上访的办法达到了目的，被遣返回家。该书责编张维说：“他（刘震云）用李雪莲二十年的执意奔走告诉我们，不要再执‘潘金莲’所执，生活可以像史为民那样，用摒弃、荒诞对抗荒诞，这也许是一条生活的捷径。”

该书由冯小刚搬上银幕后，在社会上引来一阵热议。有人认为电影揭露了官场的腐败和不作为，有人认为主人公李雪莲告状理由并不成立，从头至尾都是无理取闹的偏执狂，有人认为电影画面由一贯的矩形拍成圆形，是冯小刚要技巧过了头，让人很不适应。各种声音不一而足。对此，冯小刚认为，他拍这部片子，主要想说明一个道理，就是官员不担当就是腐败。最大的腐败就是不负责任，而且是用负责任的面目出现的，它的本质是只对自己负责，对党和国家的事业是不负责的。就像剧中马市长的一段经典台词：“这些天我一直在思考，在李雪莲这个事情上，各级政府，政府的各级官员，没有一个有恶意的，都想把事情办好，想帮助李雪莲，可为什么事情越办越糟，一拖就是十多年呢？这件事情本身，李雪莲并不在理。当年她真离婚假离婚的事情，法院并没有判错。可为什么自上而下，都怕她告状呢？我们是真想帮助李雪莲，还是想保住自己的帽子？我看，还是后者为多吧。为了自己的帽子，必然不敢担当，只对上面负责不对下面负责。其实啊，不对老百姓负责，就是对上级的最不负责。这个道理不搞清楚，走了一个李雪莲，还会来一个王雪莲。”

刘震云是从河南延津农村走出来的作家，年少时生活很苦，吃馒头还经常要赊账。小时候他有三个理想：一个是想在镇上当厨子，守着炉火，特别温暖；第二个是到乡村戏班敲梆子，月光下清脆嘹亮；

第三个是当乡村教员，在孩子琅琅读书声中想自己的心事。十五岁那年，为了生计，他参了军，1978年考上了北京大学中文系，走上了他没有想到的第四条路，当了作家。但他时刻没有忘记故乡，童年的苦难和乡土的滋养，成了他创作的精神源泉。他刚走上文坛时的小说《故乡天下黄花》《故乡相处流传》《故乡面和花朵》，都有浓郁的乡土情怀，他笔下小人物的世界，有无尽的生活气。

据他的妻子、公益律师郭建梅说，他没事就爱去工地、厂房、菜市场这些地方转悠，每当遇到修鞋的大哥、碰上修车的老大爷、逮到卖菜的大妈大姐时就要聊一番，往那儿一坐，兴奋得不得了。有时赶上农民工在吃饭，手里拿着馒头，一旁摆着菜叶豆腐。刘震云问，你们喝啤酒吗？他们说，想喝呀，但太贵了，省了吧。刘震云就跑到冷饮摊，拎上一打冰镇啤酒，同他们一起喝，数落着家长里短，聊个痛快，毫无违和感。爱找小人物谈天说地、问东问西的习惯至今还保持着。这些积累了几十年的鲜活的琐碎事，让他笔下的故事尽是凡人生活，格外接地气。

在十三岁那年，刘震云和自己的舅舅有一次对话。“他说，你觉得你聪明吗？我说不太聪明。他又问我，你笨不笨？我说，我也不笨。他说，世界上就怕这种人，要不你聪明，要不你是个傻子，都会生活得非常幸福，像你这种既不聪明又不笨、不上不下的人，在这个世界上难混。我问他，那我的一生应该怎么规划？他说，你记住我的话，不聪明也不笨的人，一辈子就干一件事，千万不要再干第二件事。我记住了这句话，直到现在为止，我就干一件事，就是‘编瞎话’。”

作为作家的刘震云，决心一辈子就干写小说这一件事。其实，人的一生，在历史长河中只不过是短短一瞬，能从一而终干好一件事，也是极为难得的，这可能就是刘震云写作成功的秘诀吧。

人生的苦难与坚忍

——余华《活着》

2017年4月23日，我爱人到阿联酋参加第二十七届阿布扎比国际书展中国主宾国活动，随团作家有曹文轩、刘震云、余华、麦家、徐则臣等，都是我所喜爱的作家。我从书架上拿出一本余华的代表作《活着》（作家出版社2012年9月出版），让爱人带到阿联酋首都阿布扎比，请余华帮我签字留念。4月30日爱人回国，把书交给我，打开封面，余华在前衬页上写道：“人是为了活着本身而活着。吕震先生惠存　余华　2017.4.27”。这是余华在异国他乡为一个热爱他作品的中国青年写下的文字，我倍感珍视。

我在高中的时候就读过《活着》，虽然篇幅不长，却写出了人生巨大的苦难，以及面对苦难的坚忍。小说讲述了主人公福贵苦难的一生。他在年轻时因赌博输光了家产，父亲被他活活气死；母亲因病不治身亡；十多年后，儿子有庆在为县长夫人献血时，因抽血过多死亡；曾是家中支柱的女儿凤霞也因难产大出血死亡；患难与共的妻子家珍积劳成疾死去；女婿二喜在工地因为意外事故被楼板砸死；外孙苦根因为太饥饿吃多了煮熟的豆子腹胀而死。到头来只剩下一头老牛陪伴着他。一个个亲人都被死神用这样或那样的方式夺走了生命，福贵看惯了生离死别，任何抱怨都显得苍白无力，在人生苦难面前，他变得坚忍，学会了接受，并能从这苦难的一生中体会亲人之间那脉脉的温情。

《活着》自出版以来，广受读者欢迎，据统计，迄今已发行了五百多万册。1994 年，张艺谋拍了电影《活着》，由葛优、巩俐主演。2006 年，朱正导演的电视剧《福贵》（改编自《活着》）播出，由陈创、刘敏涛主演。2012 年，国家话剧院孟京辉执导的话剧《活着》上演，黄渤、袁泉主演。这部小说被以不同的形式改编上演，证明了它经久不衰的生命力。

对于这部小说，国内许多评论家有各种各样的解读，有人认为福贵的经历体现了一种面对苦难乐观豁达的人生哲学，也有人认为这种对苦难的忍受，是完全听从命运安排的“阿 Q 精神”。一部作品走向市场以后，自然可以任人评说，许多观点都是评论家基于自己的生命体验和理论素养进行的个性化解读，但是我觉得，余华本人的创作目的不容忽视，他在《活着》的序言中已经讲得很明白。我手头这本书中，收录了余华为《活着》所写的中文版、韩文版、日文版、英文版、麦田新版五篇自序，时间不一，跨度长达十四年，但他对《活着》的理解，并没有很大变化。

1993 年 7 月所写的中文版自序中说：

作家的使命不是发泄，不是控诉或者揭露，他应该向人们展示高尚。这里所说的高尚不是那种单纯的美好，而是对一切事物的理解之后的超然，对善和恶一视同仁，用同情的目光看待世界。正是在这样的心态下，我听到了一首美国民歌《老黑奴》，歌中那位老黑奴经历了一生的苦难，家人都先他而去，而他依然友好对待这个世界，没有一句抱怨的话。这首歌深深地打动了我，我决定写下一篇这样的小说，就是这篇《活着》，写人对苦难的承受能力，对世界乐观的态度。写作过程让我明白，人是为活着本身而活着的，而不是为了活着之外的任何事物所活着。我感到自己写下了高尚的作品。

1996年10月所写的韩文版自序中说：

"活着"在我们中国的语境里充满了力量，它的力量不是来自于喊叫，也不是来自于进攻，而是忍受，去忍受生命赋予我们的责任，去忍受现实给予我们的幸福和苦难、无聊和平庸。

2007年5月所写的麦田新版自序中说：

《活着》里的福贵经历了多于常人的苦难，如果从旁观者的角度，福贵的一生除了苦难还是苦难，其他什么都没有；可是当福贵从自己的角度出发，来讲述自己的一生时，他苦难的经历里立刻充满了幸福和欢乐，他相信自己的妻子是世上最好的妻子，他相信自己的子女也是世上最好的子女，还有他的女婿他的外孙，还有那头也叫福贵的老牛，还有曾经一起生活过的朋友们，还有生活的点点滴滴……《活着》里的福贵就让我相信：生活是属于每个人自己的感受，不属于任何别人的看法。

《活着》不但在国内很畅销，也是余华在国外被读者接受最为广泛的一部作品，在德国、法国、韩国、意大利、日本、越南、美国都有很好的销量。2003年11月9日，美国《时代》周刊曾专门发表《活着》的书评，其中提到："接踵而至的打击或许令读者无从同情，但余华至真至诚的笔墨，已将福贵塑造成了一个存在的英雄。当这部沉重的小说结束时，活着的意志，是福贵身上唯一不能被剥夺走的东西。"

此次阿布扎比国际书展，余华参加了《我没有自己的名字》阿拉伯语版的首发式，并举行了作品签售会，有喜欢他的读者坐车两个多小时赶到现场，只为见余华一面。其实，余华是较早走出国门的中国作家，他的作品在1994年就被译成法语出版。近年来，他的作品被翻译成英国、法国、德国、意大利、俄罗斯、西班牙、荷兰、葡萄牙、瑞典、挪威、希腊、捷克、斯洛伐克等多国文字，他也成为获得国外文学奖最多的作家。

有些学者曾专门做过研究，分析了余华作品深受西方读者欢迎的原因：一是西方人希望通过阅读、研究中国当代作家的作品，来了解中国历史、政治和社会生活的变迁，而余华在小说中塑造的典型中国环境中的福贵、许三观、李光头等典型中国人物，成为西方人了解中国的一个窗口；二是余华的小说本身很打动人，他的作品中有很多的人性关怀，更关注人物本身的生命价值，将中国社会的历史变迁融入普遍的人性描写当中，把文学的民族性和世界性有机地融合起来；三是余华在走向文学创作的道路上受到很多外国作家的影响，主动吸收外国文学的养分，让西方读者在他的作品中找到了一种文化认同感，读到了他们自身所熟悉的东西；四是余华作品文笔洗练，始终保持着简洁的文风，小说多用短句，结构简单，少用修饰语、复合句，这为西方人翻译、阅读他的作品提供了有利契机。好的翻译是余华作品在西方流传的重要因素。（参考山东师范大学姜智芹教授《西方人视野中的余华》）

钱锺书曾在《谈艺录》序言中说，“东海西海，心理攸同，南学北学，道术未裂”。确实如此，深刻探讨人性的作品，不论在中国还是西方，都会有一批执着的读者。近几年，一些优秀的中国作家屡获国际大奖，比如2012年莫言获诺贝尔文学奖，2015年刘慈欣获科幻文学最高奖雨果奖，2016年曹文轩获国际安徒生奖，这显示出中国文学走出去的步伐加快了。当然，西方世界对文学作品的评价标准不是最高标准，更不是唯一标准，我们的作家也没必要把获得西方文学奖项作为创作的追求，但是，我们又要承认，真正的经典作品不会因为时间的久远和地域的隔阂而阻断它的影响力。中国作家的小说，既有中国读者，也有外国读者，花开得好，墙内墙外都散发幽远的清香，何乐而不为呢？

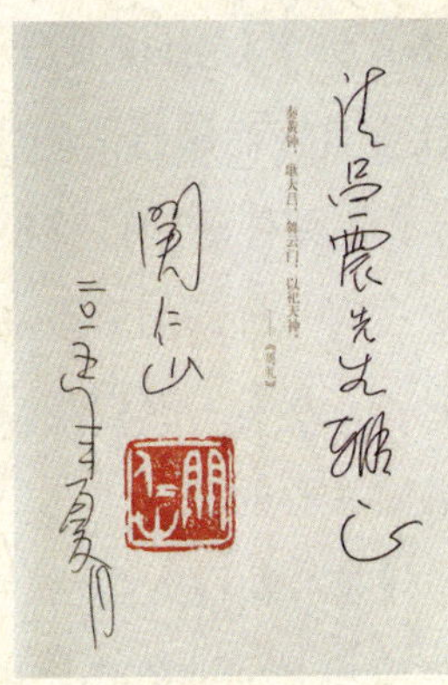

诗画双绝的性情作家

——关仁山《日头》

关仁山曾多次表示，农民可以不关心文学，但文学万万不能不关注农民。他的长篇小说《日头》，作为“农民命运三部曲”（前两部是《天高地厚》《麦河》）的收官之作，2014 年 8 月由人民文学出版社出版。他在扉页上题签：“请吕震先生雅正　关仁山　二〇一五年夏月”。

这部小说通过金、权、汪、杜四家几代人错综复杂的关系图谱，描写冀东平原日头村近半个世纪波诡云谲的巨变，塑造了金沐灶、权国金、权桑麻等别具一格的人物。作为日头村的象征和文化符号的魁星阁被烧，古钟被弃，老槐滴血，体现了乡村文明的崩溃。小说同时深刻反思了农民贫困和苦难的根源，剖析了农民的劣根性，对权力和资本致使人性扭曲、制度不公做了尖锐的批判，将当下中国人的精神状态、困境和探求做了深度刻画。

2015年4月，关仁山在接受《长江商报》采访时表示："农民问题一直是社会重视而敏感的问题，关注人类的文学理应表现它们。《日头》跳出了农民种地的传统模式，抛弃了原来用过的精神资源，带着忧患意识去写一种新的形态。我思考中国农民的命运，就像这黑暗中闪光的影子，尽管一路艰难，还是看见了闪闪微光，那是鼓舞人心的，更是温暖人心的。"

关仁山不仅是一位深入生活、善于思考的作家，他还是一位书画家。他的主要身份是河北省作协主席，但还有另一个身份不容忽视，就是中国作家书画院副院长。有一次朋友聚会，关仁山在座，我知道他近几年在小说创作之余，书画创作颇丰，他画的葡萄和白牡丹尤其是一绝，并在唐山、石家庄等地办过画展，于是很冒昧地开口，想向他求一幅白牡丹。我想，他答应当然最好，如果拒绝了，也可以理解，毕竟他一幅白牡丹的润格费已然不菲。过了几日，竟然收到了他寄来的快递，激动地打开一看，果然是一幅四尺白牡丹，气韵生动，跃然纸上，让人爱不释手。他在上面题字"大雅吉祥日，飞花开吕家"，以贺我女儿出生，令我感动不已。关仁山的白牡丹一直受到文坛推崇，作家尧山壁在《关仁山的性情书画》一文中说："关仁山的画法很特殊，别人画红牡丹和黄牡丹居多，他画的是白牡丹，这真的不多见。他的画给我们清雅之感。他画的《清心可鉴，文苑繁荣》，一幅画，可谓寓意深远。牡丹是落叶小灌木，生长缓慢，株形小，有丛有独，有直有斜，有聚有散，各有千秋。他的画法是清雅一色，这是挑战，他用笔先蘸淡草绿，笔尖蘸少量藤黄点出花蕾，其中花苞一笔两笔点出即可，结果就花朵绽放，有单瓣，有重瓣，千姿百态，显示出画家的真性情。"

关仁山步入文坛之初，同为河北唐山老乡的著名作家管桦喜欢关仁山的才气，送了他一幅书法："扎根乡土，热爱生活"。没想到，这句话打下了关仁山日后创作的基调。上世纪 90 年代，他曾在唐山涧河村挂职副村长，他就跟着渔民出海，去农民家里聊天，身上揣着小本，随时采访记录。几个月后，"雪莲湾风情"系列小说的开篇《苦雪》脱颖而出，刊发于《人民文学》并获年度小说奖。此后，他连续写了《蓝脉》《红旱船》《落魂天》等一系列小说。1997 年，关仁山被聘为广东文学院合同制作家，到佛山市罗村镇挂职副镇长。2001 年，关仁山想了解土地的规模经营和现代农业生活，主动要求到河北省唐海县挂职副县长，与那里的基层干部和农民打了三年交道，写出了长篇小说《天高地厚》。2016 年 9 月 2 日，关仁山在全国文艺界"深入生活、扎根人民"主题实践活动经验交流会上发言，他说人民不是喊在嘴上，而是要记在心中，父老乡亲就在我们的身边，他们的喜怒哀乐，他们的命运起伏，都会让我们牵挂和动情。谈到创作计划时，他说最近为了创作长篇小说《金谷银山》，又在北京昌平曹碾庄和燕山深处的长城脚下白羊峪体验生活。这部作品以京津冀协同发展的新城镇化为大背景，写河北农民的命运和精神诉求，试图塑造新的农民形象。

我热切地期待他的这部新长篇，相信会有新的突破，因为他心里装着农民，笔下就有乾坤。

中国科幻文学的新高度

——刘慈欣《三体》

2015 年 8 月 23 日，一个令人振奋的消息传到中国：在美国华盛顿州斯波坎市举行的第七十三届世界科幻小说大会宣布，中国作家刘慈欣凭借科幻小说《三体》获科幻文坛最高荣誉“雨果奖”最佳长篇故事奖。这是中国人也是亚洲人首次获得这一奖项，是中国科幻文学走出国门走向世界的重要一步。英语译者刘宇昆代表刘慈欣领奖。

雨果奖是个什么奖呢？是世界科幻协会所颁发的科幻文学奖项，始创于 1953 年，为了纪念“科幻之父”雨果·根斯巴克而被命名为雨果奖。据悉，2015 年的这一奖项由世界科幻协会的五千九百五十名成员投票评出，创下投票数最高纪录。

之前，我几乎没有看过科幻类文学作品，所以对刘慈欣并不了解，自获奖后，文坛内外的人都对他耳熟能详了。刘慈欣在出版的作品上，写的简介是：刘慈欣，生于60年代，祖籍河南，现居山西娘子关。中国科普作家协会会员，山西省作家协会会员，高级工程师。刘慈欣自1999年开始科幻创作以来，已发表短篇科幻小说三十余篇，出版长篇科幻小说五部，创下连续八年荣获中国科幻最高奖“银河奖”的纪录。长篇力作《三体》开创了《科幻世界》连载原创长篇的先例，一举成为2006年度最受关注与欢迎的科幻小说。刘慈欣的作品宏伟大气、想象绚丽，既注重极端空灵和厚重现实的结合，也讲求科学的内涵和美感，具有浓郁的中国特色和鲜明的个人风格，为中国科幻文学确立了一个新高度。

我手中这套“地球往事”三部曲《三体》，是由重庆出版社2008年1月出版，2014年3月印刷的，收入姚海军主编的“中国科幻基石丛书”。该丛书还包括何夕《人生不相见》、王晋康《与吾同在》、拉拉《绿野》、夏笳《关妖精的瓶子》、江波《银河之心·天垂日暮》、燕垒生《瘟疫》、墨熊《红蚀》、钱莉芳《天意》、刘慈欣《球状闪电》等多部。《科幻世界》副总编姚海军在其所作总序中说：“最近十年，是科幻创作飞速发展的十年。王晋康、刘慈欣、何宏伟、韩松等一大批科幻作家发表了大量深受读者喜爱、极具开拓与探索价值的科幻佳作。科幻文学的龙头期刊更是从一本传统的《科幻世界》，发展壮大成为涵盖各个读者层的系列刊物。与此同时，科幻文学的市场环境也有了改善，省会级城市的大型书店里终于有了属于科幻的领地……中国科幻需要长远眼光，需要一种务实精神，需要引入更市场化的手段，因而我们着眼于远景，而着手之处则在于一块块‘基石’。需要特别说明的是，对于基石，我们并没有什么限定。因为，要建一座大厦需要各种各样的石料。对于那样一座大厦，我们满怀期待。”

这套《三体》包含三卷，第一卷《三体》，第二卷《黑暗森林》，第三卷《死神永生》。作者在前衬页上题签“赠：吕振　刘慈欣　2015.8.29”，签于2015年北京国际图书博览会期间。刘慈欣在后记中给自己设定了一个写作标准：“这个设想中的系列叫《地球往事》，没有太多的意思，科幻与其他幻想文学的区别就在于它与真实还牵着一根细线，这就使它成为现代神话而不是童话（古代神话在当时的读者心中是真实的）。所以我一直认为，好看的科幻小说应该是把最空灵最疯狂的想象写得像新闻报道一般真实。往事的回忆总是真实的，自己希望把小说写得像是历史学家对过去的真实记叙，但能不能做到，就是另一回事了。”

刘慈欣获雨果奖，自然是值得高兴的一件事，可以推动中国科幻作品在海外的接受，对国内科幻文学创作也有一定的激励和促进作用。但正如刘慈欣本人所说：“效果一定是有限的，因为你不可能通过一个奖项来全面提升一个国家的科幻文学的水平。”我们应该理性、平和地去看待此事，培育更多的科幻文学作家和科幻文学读者。据了解，电影《三体》已经杀青，进入后期制作阶段。用影像来演绎经典科幻文学作品，将想象层面的东西形象化，是一种很好的推广手段，更易于大众接受。

在写这篇文字的时候，获悉2016年8月21日上午，第七十四届雨果奖颁奖典礼在美国堪萨斯城举行，继刘慈欣之后，中国作家郝景芳凭借中篇小说《北京折叠》再获雨果奖，值得祝贺！

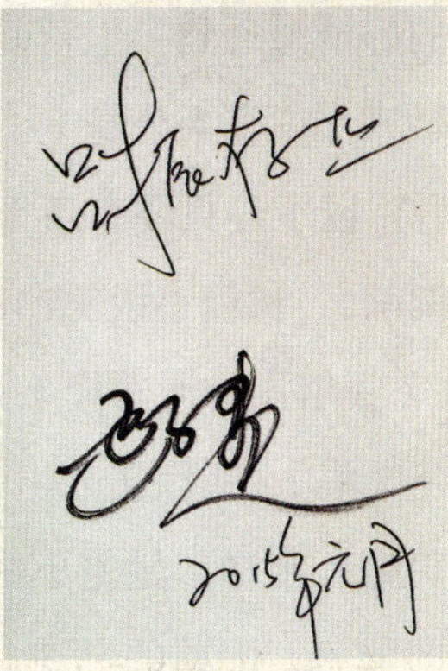

小人物身上也有巍峨

——迟子建《群山之巅》

迟子建是我最喜欢的当代女作家。在大学时，第一次读她的小说，是一部名字叫《世界上所有的夜晚》的中篇。小说以第一人称的视角，写了一位丈夫在车祸中去世的女主人公，想挣扎着走出去追寻丈夫的灵魂，不料却进入了一个盛产煤炭和寡妇的污浊小镇——乌塘。这里密布着死亡的阴云，回荡着人间的悲歌，寡妇蒋百嫂把因矿难逝去的丈夫冷冻在冰柜里，表面看似神经错乱的她，内心极其孤独。女主人公在目睹了人间的种种不幸之后，突然觉得自己的生活变故是那样的微不足道，在月光和清风的抚慰中，她终于走出了哀伤的牢笼。

读完这篇小说后，内心受到了强烈的震撼，继而感到无限的悲伤。就如一位哲人所说，不幸的家庭各有各的不幸。后来我了解到，迟子建写这篇小说的时候，就是在她的丈夫黄世君因车祸去世不久，她是把自己的感情渗透到字里行间，把伤痛完全打开，将个人内心的经历紧紧地融入小说主人公身上。

从那以后，迟子建只要有新作出版，我都买来阅读，包括后来的小说集《福翩翩》、长篇小说《白雪乌鸦》，也买了她以前出版的小说《伪满洲国》《额尔古纳河右岸》《树下》，以及江苏文艺出版社的四卷本《迟子建文集》，浙江文艺出版社的五卷本《迟子建散文》。她的文字单纯、美好、干净。她笔下大都是小人物，可这些小人物身上，也有着人性的善恶，不羁的灵魂。她所营造的世界，苍凉中有温暖。正如有的读者所说，她诗意地栖居在一片并不诗意的土地上，总能把北方的严寒融化成春雪。

2007 年 4 月，我第一次见到这位心仪的作家。

那时我还在青岛大学中文系读书，同城的中国海洋大学邀请部分著名作家来校做报告，我提前得到消息，于是和友人一起到海大听报告。当天的内容是大陆作家王蒙和台湾作家白先勇对谈小说创作技巧，香港翻译家金圣华担任主持。正在报告进行到高潮的时候，金圣华女士转向台下说道："请迟子建也上台讲几句吧，算作对两位文坛前辈的心灵回应！"这真是一个惊喜，想不到台下还坐着迟子建！话音刚落，一位身材姣好束着长辫的女士站起来走到台前，许多相机镜头便对准了这位年轻漂亮的东北女作家。迟子建温文尔雅地说，自己是来向两位前辈学习的，是为了更好地体验生活和创作，并且在很多方面能和老作家们取得共鸣。在中国最北端雪地里长大的迟子建，给人们带来了清新的喜悦和异样的激动。讲座结束后，我看到她独自一人走到了操场边绿草如茵的小坡上，欣赏着海大校园的美景。于是我走上前去向她问好，并希望她在青岛期间，如果时间允许，也能到青岛大学开一场讲座，因为同学们都很喜欢她的小说。迟子建说，这次来青岛停留时间较短，并且日程安排紧张，可能没有空去青岛大学了，希望下次能够去看一看。辞别之后，我回到学校，立即写了一篇文章，名为《王蒙、白先勇、迟子建谈小说创作》，记述了这次报告的内容，发表在《青岛大学报》上。

第二次见到迟子建，已经是七年后了。2014 年 10 月 15 日，中央召开文艺工作座谈会，迟子建也在受邀之列。开会前几天，中国作协的同志一直与她联系，但总是打不通手机，直到会前一两天才联系上。14 日晚，迟子建风尘仆仆地从哈尔滨赶来，入住京西宾馆时已经是晚上九点多了。我和友人一起去拜访迟子建。她比七年前略微胖了一些，但看起来还是很年轻，不像五十岁的人。聊起七年前在青岛的那次讲座，她还依稀记得。我们一起合影留念，因为时间较晚，就没有再多谈，便和友人一起向她告辞了。

2015 年 1 月，她最新的长篇小说《群山之巅》在人民文学出版社出版，她在前衬页上题签："吕振存正　迟子建　2015 年元月"。小说描写了中国松山地区青山县一个叫龙盏的小镇，屠夫辛七杂、能算生死的精灵安雪儿、击毙犯人的法警安平、殡仪馆理容师李素贞、绣娘、金素袖等，一个个身世性情迥异的小人物，在苍茫的群山之巅，在滚滚的红尘世界，经历着命运的沉浮，感受着人性的善恶，努力活出人的尊严。该书出版后，迟子建在接受《深圳晚报》记者专访时说："我塑造的这个小镇，在地理位置上处于群山之巅，所以书名很自然地就用了这个标题。高高的山，普普通通的人，这样的景观，也与我的文学理想契合，那就是小人物身上也有巍峨。"有论者认为，执着于发掘民间小人物的人性之光，展开较为严厉的现实批判，捕捉乡村传统文化最后一缕光芒，是该小说的主旨所在。

在《群山之巅》的后记中，迟子建提到她在五十岁的秋天里写完这部小说，对于她而言，“进入知天命之年，我可纳入笔下的生活，依然丰饶。虽然春色在我面貌上，正别我而去，给我留下越来越多的白发，和越来越深的皱纹，但文学的春色，一直与我水乳交融”。

感谢黑龙江这片丰饶的大地，养育了萧红，养育了迟子建，给中国文坛带来了别样的魅力。我坚信，迟子建是一个精神充盈的人，她放不下手中的笔，在她写作的黄金年华，肯定还会给读者带来更大的惊喜。

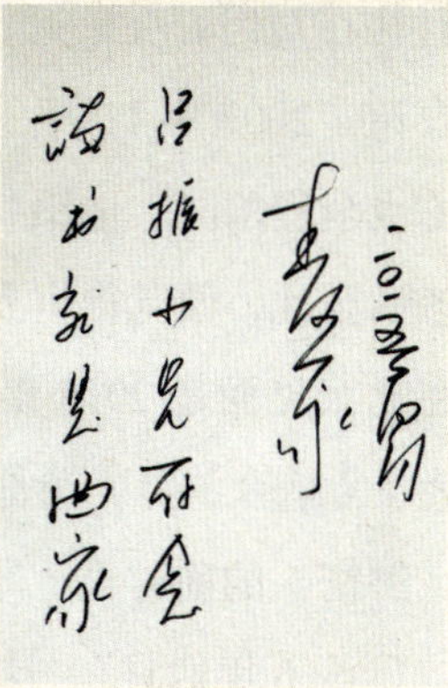

读书就是回家

——麦家《解密》

如今的文坛，“麦家”这个名字早已是如雷贯耳。出版过长篇小说《解密》《暗算》《风声》《风语》《刀尖》的他，被媒体冠以“中国谍战小说之父”的称号，并且大部分作品都已改编成影视剧搬上了荧屏，可他本人却说，“我极其反对这个称呼，我的小说拍成影视剧后，需要大量宣传由头，这是一个被商业绑架的称号”。

我和麦家有过两次接触。一次是在2014年秋，因工作上的事情，他到我的单位来见我一位同事，当时同事不在办公室，他看到我的办公室开着门，于是转道进来坐了一会儿，他自我介绍是作家麦家，我这才对上号。等他坐定，我们便闲谈起来，不知怎么就聊到了当年他在鲁迅文学院青年作家高研班学习的事儿，也就共同谈起了一个人，他的鲁院同学、我的好友刘玉栋。2002年他们一起参加第一期鲁院高研班，并且住在对门，在一起学习的那段时间里，经常喝酒聊天，结下了深厚友谊。2007 年 11 月，他携新出版的《风声》到济南宣传签售，刘玉栋也全程陪同。他跟我说刘玉栋是好兄弟，他的朋友就是我的朋友。谈话至此，便觉得世界真小，距离拉近了许多。

第二次在北京见面是 2015 年 4 月，我从书架上拿出几本他的小说，有《解密》《暗算》等，请他签字留念。他毫不犹豫，拿起笔便写，在这本《解密》的前衬页上写下了“读书就是回家　吕振小兄存念　麦家　二〇一五年四月”。这本《解密》，2002 年 10 月由中国青年出版社出版，应该是国内最早发行的单行本。

《解密》是他的第一部长篇小说，讲述身世多舛且患有自闭症的数学天才容金珍，本可成为国际数学大师，但因国家安全急需解密人才，被招募至秘密单位 701，围绕“紫密”和“黑密”两部密码，与恩师希伊斯殊死搏斗，为新中国的安全心甘情愿地“燃烧了自己”。从 1991 年开始写，到 2002 年出版，他写了十一年，中间被反复退稿十七次，从原稿一百二十万字删到了出版时的二十万字。正是这个艰难的过程，促使他反复修改打磨，如今这部小说被翻译成三十多种语言，畅销英国、德国、法国、意大利、西班牙、韩国以及阿拉伯语国家等四十多个国家，英文版收入英国“企鹅经典”文库，是继鲁迅《阿 Q 正传》、钱锺书《围城》、张爱玲《色戒》后入选该文库的第四位中国当代作家。

莫言曾评价说，《解密》为我们讲述了一个奇人的故事。这个人的天才与愚笨相映成趣。破译密码，是作家设置的考验奇人的奇境。在这个奇境中，我们看到了人的尊严与光荣，人的脆弱与不幸，当然也能看到我们自己的倒影。麦家自己谈到这部小说时也说：“为什么我特别喜欢《解密》这个小说？主人公跟我本人很像，包括童年被抛弃，完全孤独、自闭，包括他在事业上面的执着，包括他内心：一方面是极度地有才华，另一方面又极度脆弱。这些，我觉得都有自己的影子。”

再来说说“文学就是回家”。在2016年郁达夫小说奖的颁奖典礼上，麦家发表了《说母亲，也说文学》的致辞，其中有这样一段话：“生活不止是身体的生活，房子和票子能善待的只是你身体的生活，而我们还有身体之外或者之内的生活，即心灵的生活……文学说到底是关乎心灵的事，她给心灵注入养料，给心灵驱散黑暗，给心灵以润物细无声的滋补，让它变得更加饱满、更加有力，去感受更辽远的生活。”我觉得，这段话可以为“文学就是回家”做注解。

麦家不但这样说，也在这样做。他用文字给广大读者营造了一个精神的家，同时，他用自己的财富，也在现实中为文学爱好者建造了一个家，这就是“麦家理想谷”。这是一个开在杭州的书吧，是国内唯一只看书不卖书，还免费提供咖啡茶水的书吧。它还特别设立文学写作营，每年由麦家亲自甄选并邀请八到十二名“客居创作人”，免费进行两个月的客居自由创作。这家书吧不要政府支持，拒绝商家赞助，每年麦家自掏腰包五六十万元。有人问他是不是理想主义者，他毫不犹豫地说：“我当然是！”他说，“开理想谷的目的就是劝人读书。人家说你怎么那么傻，人家是否读书跟你有什么关系？我就是迷上了一个信，一个人读了书，他会自我完善，他的完善如果跟我有关，那我就是在积德，这是我做理想谷的初衷”。“我的所有一切，名和利都是文学给我的，文学给了我那么多，我想拿出来一点还给社会，还给文学”。如今，理想谷的日均客流量多的时候有上千人，人们排队进书吧，回到精神的家园，享受文学的滋养。

在这篇文字要结束的时候，我想起了麦家说的太阳和月亮的一个唯美比喻："大家肯定知道太阳是有用的，如果没有太阳，万物怎么生长？甚至我们没法出门。月光有没有用？如果从有用的角度来说一点用处都没有，如果没有月光，我想万物照样生长。它没有什么实用性，没有功利性。但你想象一下，如果没有月光，人类的感情会多么地寡淡。你在白天喧嚣繁忙，月亮出来了，很多情绪也被酿出来了。月光洒下来时，很可能是我们思念亲人的时候，是我们和亲爱的人手牵手林间散步的时候，也可能是我们静下来听听音乐的时候。所以文学有时候就像月光一样，它看起来没什么用处，但如果你的人生把月光、文学这种柔软的部分抽掉了，你这个人其实活着是很无趣的。"

月光那么皎洁，人生那么精彩，让我们一起读书，一起回家。

吕振师弟：

欢迎你加入

毛边党

安武林

2015.6.21

情系毛边，醉卧书林

——安武林《在厕所读书》

安武林这本《在厕所读书》，是一册毛边本，2015年1月由江西高校出版社出版，是“书魅文丛”的一种。这套丛书共五册，包括天津藏书家罗文华的《每天都与书相遇》，资深媒体人、作家简平的《漂流书漂流梦》，儿童文学作家孙卫卫的《喜欢书一编》，安武林的《在厕所读书》，书话作家易卫东的《夜读记》。这些作者有个共同的特点，如策划者邱建国在总序中所言，他们的喜怒哀乐都跟书密切相连，有点钱就用来买书，有点时间就用来看书，一息尚存就用来爱书。可见好书的魅力之大。

《在厕所读书》共分六辑：“童读囧事”回忆童年时的读书故事，“也谈阅读”写对读书的态度，“闲话几篇”是一些读书笔记，“乌云淘书”是作者的淘书趣事，“藏书散书”写藏书的好处与散书之痛，

“书人趣事”是与作家的交往。安武林在本书前衬页上题签：“吕振师弟：欢迎你加入毛边党　安武林　2015.6.21”。

先说说“师弟”的渊源。1988 年，安武林二十二岁，已经发表了不少文章，因文学特长被山东大学中文系破格录取，就如现在新概念作文大赛获奖者被高校录取一样。大学期间，他一有时间便泡在图书馆里，沉浸在书的海洋，这为他日后的写作打下了坚实基础。后来，他笔耕不辍，加入了中国作协，推出了小说《泥巴男生》《夏日的海滩》，散文集《母亲的故事是一盏灯》，童话集《老蜘蛛的一百张床》，诗集《月光下的蝈蝈》，书话集《爱读书》《醉书林》等几十本个人专著，荣获过全国优秀儿童文学奖、张天翼童话金奖、冰心儿童图书奖、陈伯吹儿童文学奖、文化部蒲公英儿童文学奖等，几乎拿遍了儿童文学界全部奖项，并兼任中国寓言文学研究会副会长。2010 年，我从青岛日报社辞职，到山东大学中文系读研究生，从此我也成了山大人。从这个角度来看，我和安武林成了师兄弟，我们的母校都是山大，虽然他大我二十二届，当年他的好几位同学都成了我们的老师。我到北京工作后，2014 年秋天，在西单附近和几位山东大学校友聚餐，组织者就是大师兄安武林。相识以后，他知道我也喜欢读书藏书，于是把我引为同道，山东大学校友聚会的时候，他叫我陪他一起参加，他出版了新著，每次都签名送我，还给我求来了好几本曹文轩、汤素兰、黄蓓佳等作家的签名本。我们每个季度也会约在一起喝酒谈天，何等畅快！有这样一位大师兄，给我初来北京时的寂寥岁月带来了不少欢乐。

再来说说“毛边党”。这本《在厕所读书》是毛边书，何谓毛边书呢？就是印刷好的书装订后，“三面任其本然，不施刀削”，要看书，得耐着性子，将书页一一裁开，摸起来，毛茸茸的，所以叫作毛边。20 世纪 30 年代，毛边书籍和杂志曾经是一种流行的时尚，颇受文人喜爱。当时鲁迅的《域外小说集》，在初版时就是毛边本。1935 年 4 月 10 日，鲁迅在致曹聚仁的信中写道："《集外集》付装订时，可否给我留十本不切边的。我是十年前的毛边党，至今脾气还没有改。"他辞世后由夫人许广平主持印行的三集《且介亭杂文》，也都出了毛边书。1946 年 12 月 11 日，唐弢发表《"毛边党"与"社会贤达"》一文，他说："我也是毛边党党员之一，购新文艺书籍，常要讲究不切边的，买来后亲自用刀一张一张地裁开，觉得别有佳趣。"在文坛中，积极提倡并痴迷毛边书的鲁迅，被称为毛边党"党魁"，唐弢、周煦良、钟叔河、黄俊东被称为毛边党"四大金刚"，钱伯城、林辰、姜德明、龚明德、董桥、陈子善、余章瑞、谢其章被称为毛边党"八大护法"。现在的毛边本，主要是作者在印刷过程中要求特制的，一般是作者留下来赠送好友或圈中书友的，这种书印量并不大，约在五十至一百册左右，正因稀少，所以可贵。大师兄送我毛边本，欢迎我加入毛边党，说明他本人也是喜欢毛边本的，但不切边的毛边本，对读者的耐心，绝对是个考验。

与师兄安武林相识后，我发现他有"三多"：一是书多。他在北五环的家中有一间巨大的半地下室书房，藏书达两三万册，现在他每到一个城市，仍然会到旧书市场淘书，并经常能带回一麻袋书。他曾专门写过一本书话，取名就叫《醉书林》。除了藏书多之外，他写的书也多，现在已经出版的单行本已经有一百六十本左右，属于高产作家。二是朋友多。在他的微信里，能看到他经常到全国各大城市做讲座、搞签售，每到一个城市，总有许多朋友，总要喝上几场大酒，这也锻炼了他的酒量。当然，这些朋友中，大多是志同道合的作家、书友。三是故事多。我们每次喝酒聊天，总能从他口中听到很多趣味深长的故事，包括他自己成长的故事，还有文坛掌故。这些故事，既能成为同席者的精神滋养，更能成为最有意思的“下酒菜”，我们每次喝酒都很痛快，就因为有了这些好故事。

如今的安武林，依然在写他的诗，写他的童话。除了在纸上营造精神家园外，他还在楼下开发了一片花园，种了很多花花草草，每当这些花草发芽开花的时候，总能给他带来写作的灵感。跟大自然无限亲近，大自然也会给予意想不到的馈赠。另外，安武林的女儿安朵蓝，也喜欢读书写作，并且还和她爸爸一起，在《文艺报》发表过儿童文学的书评。古语说“打虎亲兄弟，上阵父子兵”，希望大师兄安武林和他的女儿，能够继续给文学界奉献更多的精神食粮。

时代大潮里的守望者

——刘玉栋《年日如草》

刘玉栋是全国有影响力的青年作家，1971 年生于山东省庆云县，1989 年高中毕业到济南工作并尝试文学创作，曾任《当代小说》杂志编辑、济南市文联创作室主任，在《人民文学》《十月》等刊物发表了三百万字的文学作品，并多次被《小说月报》《小说选刊》等杂志转载，现为中国作协会员、山东省作协副主席，出版了短篇小说集《锋刃与刀疤》《我们分到了土地》《公鸡的寓言》《火色马》《浮萍时代》，中篇小说《泥孩子》，长篇小说《年日如草》《白雾》《我的名字叫丫头》等。

2011 年我在山东大学中文系读书时，贺仲明教授为让我们这一届研究生能够触摸文学现场，感受时代嬗变，专门为我们十几个人量身定制了一门课程：山东 70 后作家研究。记得当时我们分成了五个小组，每个小组研究一个山东70后作家，其中有刘玉栋、东紫、王秀梅、瓦当、常芳。贺教授还将作家们请到课堂上，和我们进行互动。我和同学认领了“刘玉栋创作研究”选题，经过半年的时间，写出了《刘玉栋论》《刘玉栋访谈》，集中发表在《时代文学》上。这种对作家的述评研究，锻炼了我们的治学能力，也和刘玉栋老师建立了良好的友谊。

从那之后，刘玉栋加入了我和贺仲明教授每周两次的乒乓球运动，我们固定的活动地点是山东大学洪楼校区大学生活动中心。这种规律性的运动，既可以锻炼身体，又能让我们相互增加了解，有时候打得高兴，结束之后还会找个酒馆小酌几杯。这本2010年7月由作家出版社出版的《年日如草》，就是此时刘玉栋赠我的，他在前衬页上题写“吕振先生存正　刘玉栋　2011.4”。

在聊天的间隙，我知道了刘玉栋走上文学创作之路的艰辛。20世纪90年代初，他随父亲从老家到济南，住在东郊一个地质队的野外基地里，等待命运的重新安排。他在那里住了两个多月，常常感到孤独，于是开始读书写作。在这个过程中，结识了几个文友，他们有一个业余组织——绿野文学社，不定期编印一本油印的小册子《山水情》。刘玉栋先是接触诗歌散文，后又开始尝试写小说。他说当时他一下子就爱上了写小说，因为可以编个故事来安慰自己。十几年来，他一直坚守着文学理想，断断续续地写，后来因为创作成果突出，从工厂调到了文学杂志编辑部，又调到了山东省作协，成了签约作家，出版了多部小说集。

刘玉栋的作品，题材上可以分为城市和农村两类，不过他好像对农村生活更为偏爱。他来到济南已经二十多年，但对城市的态度是否定和怀疑，在他的作品里，城市是被异化和扭曲了的欲望的集合，人们常常在城市中迷失方向。在他的作品中，乡土情结依旧，对于记忆中的故乡总是带着童年时的迷恋，是安放心灵的精神原乡。然而在回首的过程中他也痛心地发现，中国古老的生存环境和传统文化正遭遇着前所未有的挑战，他看到经济大潮势不可当地冲击了乡土社会的精神腹地，很多美好品质也开始慢慢变质，他不由得在作品中流露出对乡村淳朴、优良传统消失的遗憾和叹息。

这本《年日如草》，是刘玉栋对城市题材的一次大胆尝试。主人公曹大屯出生在农村，随着国家政策的变化，全家人都随父亲变成了“城里人”。小说记录了曹大屯的成长史，更是记录了以他为代表的一大批70后“农转非”人员从乡村融入城市的精神变迁史。小说通过书中各色人物的经历，在时代嬗变的背景中挖掘人物内心深处价值观念的变化。刘玉栋融合自己的亲身体验，创作出了以曹大屯为代表的一类都市“陌生人”的形象，他们饱受着物质与精神双重的压力，饱受着农村与城市两种不同生活方式和文化观念的撞击，在这个过程中显示出了曹大屯们的生存之苦与融入之难，这种精神困境在小说的细节中被淋漓尽致地表现出来。

同时，刘玉栋也抛给我们一个更深层的命题，即普通人的精神世界如何面对时代的变迁。小说选取的人物很有代表性，曹大屯的身影在我们身边随处可见，甚或在我们自己身上也能找到曹大屯的某一面。他们体会着生活的艰辛，也享受着平民的幸福。正如书名“年日如草”所暗示，过着“草”一般生活的人，他们无力主宰社会的“风”往哪个方向吹，几乎只能随“风”而倒。这就极具普遍意义。在社会大潮的变迁中，在城市化进程加快的背景下，一个普通市民的内心世界经历了怎样的挣扎与变化？大时代背景下被忽略的小人物的命运又是如何？这是《年日如草》要回答的问题。

刘玉栋用温情脉脉的笔调经营着自己的文学世界，同时，在生活中，他也温良敦厚，热情真诚，像邻家大哥一样关心着我的学习与生活。2013 年 7 月，我研究生毕业后到北京工作，玉栋兄在济南摆酒为我践行。2014 年国庆节期间，我和相恋多年的女友在山东莱芜举办婚礼，他不顾路途遥远，和贺仲明老师一起从济南赶了二百多里路来参加我们的婚礼，让我非常感动。2015 年 3 月，由著名儿童文学作家曹文轩发起，人民文学出版社、天天出版社、曹文轩儿童文学艺术中心主办的首届青铜葵花儿童小说奖举行颁奖典礼，刘玉栋的中篇小说《泥孩子》获得“银葵花奖”，他来京领奖那天，我正在郊区学习，得知情况后，便赶赴保利酒店为玉栋兄贺喜。赶到的时候已经晚上九点多了，他买了啤酒、花生、火腿，在宾馆里等我，我们聊文学、谈人生，直到凌晨才与他话别。2016 年 11 月，中国作协第九次代表大会在人民大会堂召开，他作为山东代表来京参会，当晚我去首都大酒店看他，先一起拜访了山东省作协主席张炜，之后又和玉栋兄侃大山，聊着聊着又到凌晨了。

这几年，刘玉栋一直在默默地写作，在《人民文学》《小说月报》等刊物上经常会看到他的新作。长篇小说《我的名字叫丫头》，2016 年 11 月入选中国图书评论学会评选的“中国好书”，并获冰心儿童图书奖。他告诉我，近期想静下心来，写一部关于工厂题材的长篇小说，他有这方面的经验和积累。他曾在一篇《创作自述》中讲到：“不管是什么题材，对人的内在困境和幽暗世界的真实开掘，才应该是文学的本质所在。”我相信，他已经领悟了文学的真谛，并在自己的创作中始终秉承这一理念，这是一种良好的创作原动力。我热切地期盼着他能够进一步走出自我，构建出更宏伟、更具历史意义的大作品。

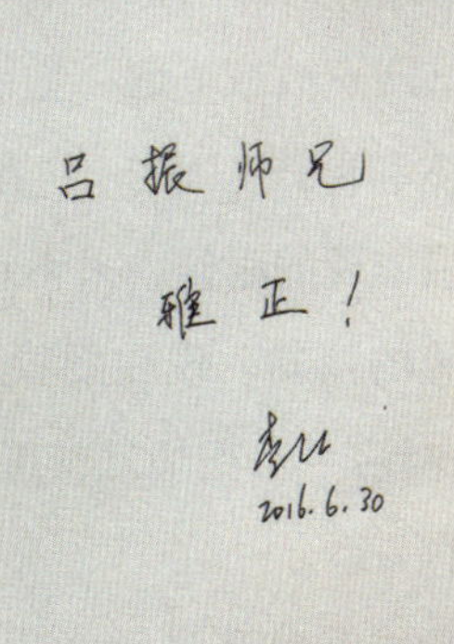

惊奇和冲动是诗的本质

——李壮《午夜站台》

这是本书中收入的唯一一位年龄比我小的作者的书，一位1989年出生的诗人、评论家的诗集。

李壮所著《午夜站台》，作为“截句诗丛”的一种，2016年6月由黄山书社出版。该诗丛由小说家、诗人蒋一谈主编，还收录了于坚、西川、朵渔、邱华栋、沈浩波、欧阳江河、臧棣、霍俊明等十八位诗人的截句集。什么是截句呢？起初我不太明白，因为这套诗丛并没有一个总序做出说明，就像诗集里的诗歌都没有题目一样，会让初次阅读的人有些迷茫。后来在蒋一谈的演讲稿中看到了这样一段话：“我把截句理解为来不及起名字的短诗，截句是短诗的一种。短诗有名字而截句没有名字。另外一点，中国古代有一句诗和两句诗，‘风萧萧兮易水寒，壮士一去兮不复还’就是中国最经典的两句诗。一句诗两句诗，根据日本俳句翻译过来的三句诗，还有中国古典绝句的四句诗，我把这四点放在一起，觉得截句写作应该遵循‘一行两行三四行’这个文体和形式去写作。”看完这些解释，基本就能明白，截句就是诗人灵感乍现的时候，来不及想题目，随手用四句以内的话，记下自己的思想的诗句。现在翻看这本《午夜站台》，即是如此。作者在前衬页上题签：“吕振师兄雅正！　李壮　2016.6.30”。先来聊一聊我们师兄弟的关系。

2004年秋，我到青岛大学中文系读书，在校期间，曾负责过两年校刊《青大园》的编辑工作。2008年毕业后，我入职青岛日报社，2009年夏天，《青大园》编辑部给我打电话，说校刊又一批老编辑老记者就要毕业了，大家想聚餐欢送一下，也请我回母校一起参加，我欣然前往。在这次聚会上，认识了当时还在读大二的小伙子李壮。那时他给我的印象是，瘦瘦高高的，有些文弱，戴着近视镜，但从他的眼神中能够看到同龄人难以具备的深邃思想。听他讲，他平常写一些小说和诗歌，愿意和我交流一下。但是那天人比较多，我们只是喝了几杯酒，没有时间深谈，我邀请他有空到寒舍再叙。

不久后的一个周末，他和当时担任《青大园》主编的初晓芳就一起登门了。那天我采购了一些海鲜和蔬菜，下厨做了七八个菜，和女友一起招待他们。因为没有别人，于是就能敞开心扉交谈，他们二位对文学的热爱，对校园刊物的坚守，让我感动。记得当时我说，今天这个时代，文学创作这条路异常艰辛，但如果有兴趣，坚持下来也是好的，搞专业可以，作为业余兴趣也可以。第二年，我因为读研离开青岛，便与他们失去了联系。2015年，我已经到北京工作，一个偶然的机会，在微信朋友圈看到友人发了一篇关于诗歌的文章，其中有“李壮”这个名字，我立即感到惊奇，后来一想，重名的人很多，也可能不是他，但是却无法打消心中的念头，于是便向友人求证。朋友说，这个李壮本科是青岛大学的，后来在北京师范大学跟随张柠教授读研究生，现在即将毕业，要到中国作协创研部工作。我想到他的年龄，这样一对照，坚信就是他了。于是跟友人要到他的联系方式，一打电话，果然是。他也惊诧于世界这么小，我们都在北京，都在从事着与文艺相关的工作。之后便有了在京城的举杯小酌，也有了这本签赠的诗作。

手头拿着这本书，为李壮高兴，高兴于他的文学坚守换来了成果。在我的阅读视野中，小说和散文读得多一些，诗歌涉猎较少，所以对这本书也不能做出准确的评价，只能谈一点个人的感受。书中有的诗，写出了城市化中人与物的异化，比如："午夜的站台空空荡荡 / 消失了 / 地铁 / 这饥饿的蜈蚣"。还有一首："祖坟上要建化工厂 / 有人目击了先人逃亡 / 他们背起自己的墓碑离去 / 对着月亮哀唱"。有的诗，反映出诗人对这个世界的悲观理解："海棠瓣 / 海棠瓣 / 春天的纸钱 / 撒下来"。有的诗，充满奇思妙想，写出人生局限："我挖出左眼 / 供到右眼面前 / 它们终于看清了彼此"。有的诗，写出青春期私心的焦虑："隔壁女人的哭声太动人 / 这让我自责 / 我曾偷偷盼她丈夫 / 在深夜打她"。有的诗，探讨人性善恶的本源："小孩子在踩蚂蚁 / 我们谁是纯洁的"。有的诗，充满人类的自嘲："多想让屁股长到脸上 / 那么厚的肉 / 说假话时不发红"。有的诗，是灵光乍现的哲思，悲凉中有温暖："他用亡妻的骨头做了根笛子 / 他俩每晚就能继续交谈"。当然，也有个别的诗，比较随意和苍白，或者说隐藏了一点小聪明，比如："我喜欢买处理货 / 我觉得它们很可怜"；比如："春天荡漾 / 身心臌胀"；比如："我喜欢光明正大 / 我喜欢牛奶和鸡肉肠"；比如："辣椒在明朝传入中国之前 / 四川人最爱吃什么？"总的来说，对诗歌的理解，每个人都有不同的看法，没有绝对的优劣，没有唯一的标准。

在这本诗集的后记中，李壮谈了自己对诗歌创作的看法："无论如何，它收录了一种面对世界时的惊奇，以及展开言说的强烈冲动；这种惊奇和冲动是诗的本质，它意味着'诗心'。诗成不成，常关涉技术问题；诗心有没有，却是本质问题。以往是徒有诗心写不出来，如今诗算是能够写出一些，更重要的反而是要通过写诗保持诗心——语言的反复打磨，可以防止感官和心灵钝化，帮助我们始终保有一份对生活的敏锐感知。我想，这是写诗的益处，也是读诗的益处。"

如今的李壮，已经在《诗刊》《星星》《中国现代文学研究丛刊》《南方文坛》等刊物发表了许多诗歌和评论。他深深挚爱着文学，他有中国作协这个工作平台，最重要的是他还年轻，有了这三点，我对他的未来充满期待。

我想用李壮收在本诗集中的最后一首诗，来作为这篇文字的结尾：

浑身上下，只有我的名字最壮，
我选择写作这行，是为把这份自信，
永远留在纸上。

学者卷

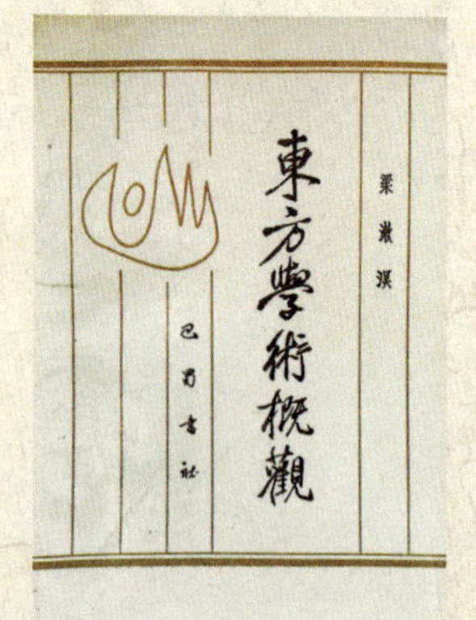

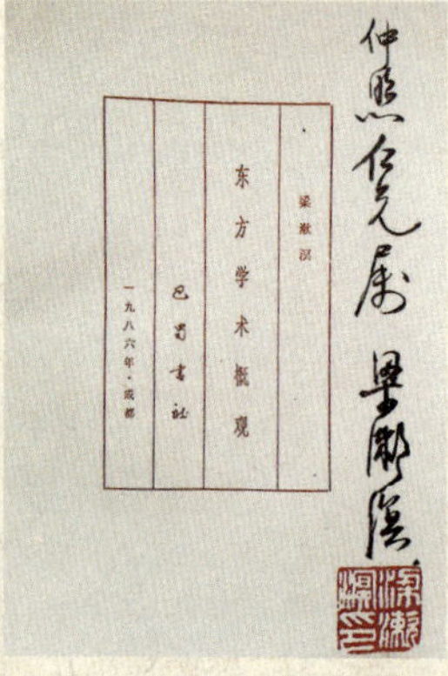

这个世界会好吗？

——梁漱溟《东方学术概观》

先来说一说百年前的一桩旧事。1918年11月7日，梁漱溟的父亲梁济正准备出门，遇到漱溟，二人谈起关于欧战的一则新闻，梁济问：“世界会好吗？”梁漱溟答：“我相信世界是一天一天往好里去的。”“能好就好啊！”梁济说罢就离开了家。三天后，梁济投净业湖自尽。后来梁漱溟想起这些往事时曾说：“先父以感伤国家的多故，痛心社会的坠落，早怀自杀之念。废历十月初十日，系其生辰，在他六十岁生辰前三日，从容留下许多信件，即行自尽”，“父子最末一次说话，还说的是社会问题。自从先父见背之日起，因他给我的印象太深，事实上不容许我放松社会问题，非替社会问题拼命到底不可”。梁漱溟用自己一辈子的学术实践，探究社会问题，思考改良方法，成为一代思想巨擘。

《东方学术概观》，1986 年由巴蜀书社出版，此时的梁漱溟已九十三岁高龄。作者在扉页上题签："仲照仁兄属　梁漱溟"，并钤印。搜索相关信息，并未查到"仲照仁兄"的资料，但在一个权威拍卖网站，曾看到梁漱溟同样赠送给这位"仲照仁兄"的书法镜心，可见他们应有交往。

梁漱溟很看重这部书，在 1985 年为回忆录《我的努力与反省》所写的自序中说："三十多年来，我主要从事著述，撰成了自早年即酝酿的《人心与人生》一书，还写了《东方学术概观》等文稿，其他值得一提的事就没有什么了。"该书收录了新中国成立后梁漱溟撰写的三篇学术文章，包括写于 1966 年 9 月的《儒佛异同论》，写于 1974 年 6 月的《今天我们应当如何评价孔子》，写于 1975 年 7 月的《东方学术概观》。在《儒佛异同论》中，他从多个方面论述了佛儒之间的异同，认为"作人只求有以卓然超于俱生我执，而不必破除俱生我执，此即儒家根本不同于佛家之所在"，"在社会生活方面，佛家是走宗教的路，而儒家则走道德的路。宗教本是一种方法，而道德则否。道德在乎人的自觉自律；宗教则多转一个弯，俾人假借他力，而究其实此他力者不过自力之一种变幻"。在《今天我们应当如何评价孔子》中，梁漱溟客观辩证地论述了孔子在中国历史上的地位，证明了"自孔子以前数千年之文化赖孔子而传，自孔子以后数千年之文化赖孔子而开"，认为"一贯好讲情理，富有理性色彩的中国社会文化生活，端由孔子奠其基础"。同时他也认为，"中国民族几千年实受孔孟理性主义之赐；不过后来把生动的理性，活泼的情理僵化了，使得忠孝贞节泥于形式，寖失原意，变成统治权威的工具，那就成了毒品而害人。三纲五常所以被诅咒为吃人礼教，要即在此"，"中国文化最大之偏失就在个人永不被发现这一点上。一个人简直没有站在自己立场说话机会，多少感情要求被压抑，被抹杀”。这篇文章写于当年“批林批孔”的时代，但他敢于说真话，既有肯定也有否定，观点不随流俗，实为不易。

在《东方学术概观》中，作者重点梳理了儒、道、佛三家的主要观点、学术内涵，认为“东方三家之学，皆在向内体认乎生命，恰与近代科学家向外以求认识事物者殊途”，东方学术的精髓在于，“一般生物乃至人类的生命皆有很大盲目性和机械性。人类的智慧虽高，但此智慧却恒在生命所役使之下向外活动。只有东方古人却把它收回来还用诸其身，使生命成为智慧的，而非智慧为役于生命。这一句话可以适用于儒家、道家以至佛家而悉无不合”。

父亲的离世，对梁漱溟心灵的震撼很大，父亲那一句“世界会好吗”的遗言，让他的一生不容许放松社会问题，非替社会问题拼命到底不可。对于下一代的教育，他也丝毫没有放松，就像当年父亲启迪他一样，他也鼓励孩子们从事社会问题研究。1948 年，梁漱溟在重庆北碚时给儿子梁培宽、梁培恕写的两封信中谈到：“你确能关心到大众到社会，萌芽了为大众服务之愿力，而从不作个人出路之打算。这就是第一让我放心处。许多青年为个人出路发愁，一身私欲得不到满足，整天怨天尤人、骂世，这种人最无出路，最无办法。你本非度量豁达之人，而且心里常放不开，然而你却能把自己一个人出路问题放开了，仿佛不值得忧虑，而时时流露出为大众服务心愿。只这一步放开，你的生命力便具一种开展气象而活了，前途一切自然都有办法了。我还有什么不放心的呢？”对于如何发愿，如何研究社会问题，他说：“你们若有一种心愿发出来，则一切什么问题都解决了。心愿要出于感触亲切，在自己感触亲切之问题上为大众而发愿，奋不顾身，不顾一己力气单薄，只将大众问题一力承担起来、放在自己肩膀上，心中念念只此一事，则凡百问题都成小问题，都不成问题，都不费力而解决。此时只见问题，不见其他，专心致志，坐卧不离。精神有所归，生活有重心，一根脊梁竖立起来，两脚踏在地上，眼光放远，而起脚不妨自近处起脚，胸怀胆量放大，而做事亦不忽略碎细、心里绝不焦急。但心思亦不旁骛，于是在学习上自然滴滴归根，一切见闻知识都归到这里，不知不觉系统化、深邃化。此时学问亦绝不再是书本上学问，而自然是自家的心得了。”后来，他的长子梁培宽在中国科学院生物物理研究所任编辑部主任，次子梁培恕在中国社会科学院苏联研究所和美国研究所工作，虽然学术影响不及其父，但毕竟也是秉承父志，踏踏实实做了些社会研究工作。

谈梁漱溟，除了折服于他深邃的学术思想以外，更令学界佩服的是不唯上、无顾虑，坚持说真话、坚持求真知的性格。80年代梁漱溟在接受记者采访时说：“我一生的是非曲直，当由后人评说。自己为人处世，平生力行的，就是：独立思考，表里如一。”著名学者、散文家张中行这样评价他：“有悲天悯人之怀，一也。忠于理想，碰钉子不退，二也。直，有一句说一句，心口如一，三也。受大而众之力压，不低头，为士林保存一点点元气，四也。不作歌颂八股，阿谀奉承，以换取絜驾的享受，五也。五项归一，我觉得，今日，无论是讲尊崇个性还是讲继承北大精神，我们都不应该忘记梁先生，因为他是这方面的拔尖儿人物。”

采撷“世界之花”的美学家

——宗白华《宗白华美学文学译文选》

宗白华是和朱光潜同样知名的美学家。犹忆大学时，捧读宗先生的《美学散步》，被那深奥的学识、优美的语言、散淡的意境所吸引，了解了诗歌、绘画、音乐、雕塑之美，学会了用心灵去发现美的对象。李泽厚在为《美学散步》所作序言中，将宗白华和朱光潜两位美学家作过比较，说：“朱先生的文章和思维方式是推理的，宗先生却是抒情的；朱先生偏于文学，宗先生偏于艺术；朱先生更是近代的、西方的、科学的，宗先生更是古典的、中国的、艺术的；朱先生是学者，宗先生是诗人……”这些评价颇具学术眼光。

《宗白华美学文学译文选》，1982 年 12 月由北京大学出版社出版，是“文艺美学丛书”的一种，该丛书的第一批著作还包括《蔡元培美学文选》、《马克思与美学问题》（董学文著）、《艺苑趣谈录》（龙协涛著)、《文艺心理学论稿》(金开诚著)、《中国小说美学》(叶朗著)、《中国画论研究》(伍蠡甫著)、《论戏剧性》(谭霈生著)等，共八种，丛书顾问为朱光潜、杨晦、宗白华，编委有阴法鲁、朱立人、胡经之、叶朗、江溶，出版后在学术界曾引起很大反响。宗白华在该书前衬页上题签“张明哲同学　宗白华　八三年八月十八日”，是年宗先生已八十六岁。受赠人资料不详，估计是当时北大或者其他高校的学生。

早在上世纪20年代，宗白华就是与冰心齐名的诗人。在该书前面，录了宗白华先生《流云小诗》中的一首诗，题目是《世界的花》，写于他在德国留学时期：“世界的花，我怎能采撷你？世界的花，我又忍不住要采得你！想想我怎能舍得你，我不如一片灵魂化作你！”先生热爱世界文化宝库中那些文学艺术之花，但怕因为自己翻译不到位影响了学术品质，即使如此，为了将西方优秀的学术思想引入国内，为这个闭塞的民族吹进一点新风，他又大胆地投入到采撷“世界之花”的工作中，经过自己的劳作酿成甜蜜，来滋养抚育过他的中华大地。这本书，就是他的翻译成果。

该书主要内容包括：温克尔曼美学论文选译、拉奥孔选译、席勒和歌德三封通信、席勒与民族、歌德论、黑格尔的美学和普遍人性、海涅的生活和创作、罗丹在谈话和信札中、欧洲现代画派画论选。该书译笔生动流畅，多篇译文之后都附有点评或叙述的译后记，给读者以更多的指导和启发。从内容上看，德国的作家和哲学家占很大比重，这与宗白华年轻时赴德留学有很大关系。

1920年5月，宗白华从上海乘船赴德留学，在柏林大学攻读哲学和美学，1925年回国。在德国的学习，使他开阔了视野，体验了不一样的人生和艺术。在他的一封致友人的信中这样描述留学生活：

“我这两年在德的生活，差不多是实际生活与学术并重，或者可以说把二者熔于一炉了的。我听音乐，看歌剧，游图画院，浏览山水的时间占了三分之一，在街道里巷中散步，看社会上各种风俗人事及与德人交际，又占了三分之一，还余的三分之一的时间看书。叔本华言哲学者应当在宇宙的大书中研究。我无此才能，愿意且在这欧土文化的大书中浏览一下，以为快意。”

早在1934年，宗白华先生就认为，将来世界美学自当不拘于一时一地的艺术表现，而综合全世界古今的艺术理想，融会贯通，求美学上最普遍的原理而不轻忽各个性的特殊风格（《介绍两本关于中国画学的书并论中国的绘画》）。该书编者认为，“每个放有《美学散步》的案头，都应有一本《宗白华美学文学译文选》”，这也算是实现先生中西融合愿望的一种方式吧。以中国传统思想为根本，以西方美学为参照，融合成自己的生命美学，这正是宗白华为晚生后学提供的学术范式。

在该书编后记里，还有一段典故值得记录在这里，讲宗先生是文坛的伯乐。1919年，他在上海编辑《时事新报》的《学灯》副刊时，发现和培植了不少文坛新秀。郭沫若轰动文坛的一大批新诗，就是经过他的手在《学灯》发表的。郭沫若后来曾说过：“使我的创作欲爆发了的，我应该感谢一位朋友，编辑《学灯》的宗白华先生。”宗先生又介绍郭沫若和田汉通信，从此三人结为文坛好友，由他们间的书信结集而成的《三叶集》，曾被誉为“五四潮流中继胡适的《尝试集》之后，有文学意义的第二个集子”。

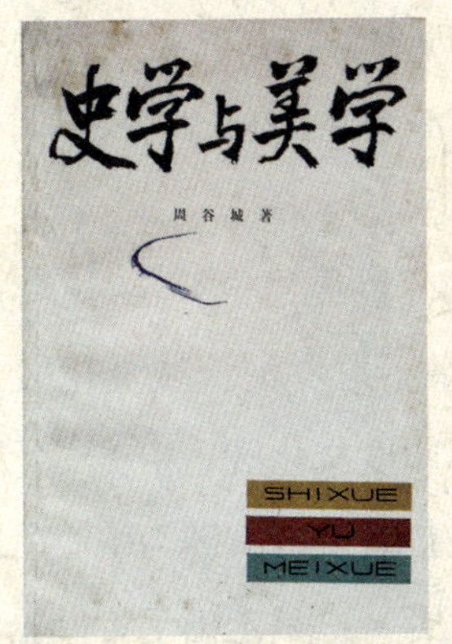

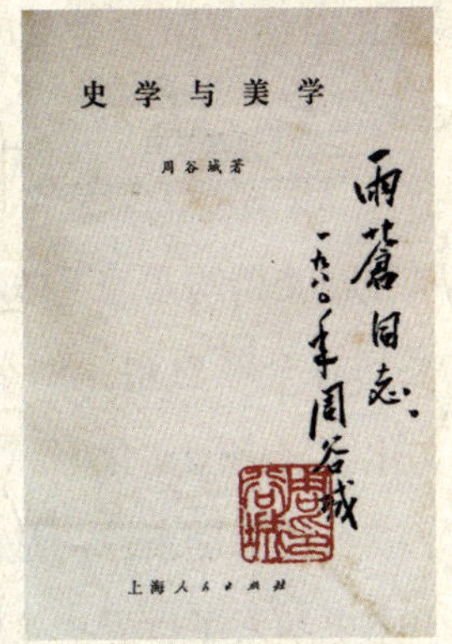

学术论辩与创新

——周谷城《史学与美学》

湖南益阳自古名人辈出，20世纪以“益阳三周”最为著名：一是写《暴风骤雨》的作家周立波，二是宣传文化战线领导、文艺理论家周扬，三是历史学家周谷城。周谷城1898年生于湖南益阳，1996年辞世，是我国著名的史学家、教育家、社会活动家。他一生著述数百万字，出版专著十余部，发表论文二百余篇，其中以一人之力著成《中国通史》与《世界通史》，奠定了他在史学界的地位。

上世纪30年代，周谷城受聘暨南大学，讲授中国史和西洋史，他坚持历史唯物主义，将中国史放在世界史总体格局中去审视，写成上下两册七十余万字的《中国通史》，1939年由开明书店出版，受到读者欢迎。据统计，该书先后印刷二十余次，总发行量超过一百万册，在港澳台也很风行。他在该书中提出了自己的史学理论体系，即

“历史完形论”：要注重历史本身的全局性和完整性，要将历史本身之存在作为统一整体，不能割裂，在分解历史各种要素时，要寻找其中的因果关系。

之后，周谷城又撰写了三卷本《世界通史》，1949 年由商务印书馆出版。该书具有全球史观，列举了尼罗河流域文化区、西亚文化区、爱琴海文化区、中国文化区、印度文化区、中美文化区等六大文化区，实现了三个学术创新：一是打破了以欧洲为中心的旧世界史框架，二是将中国史纳入了世界史视野，三是走出了将世界史等同于国别史之和的旧编纂模式。

在以往的史著中，中国史研究人员对世界史并不了解，忽略了中国和世界各国在历史上的相互影响，同样，一些世界史著作也不包括中国史，而成为他国史。周谷城凭一己之力撰成的这两部大书，避免了以上的史著缺陷，自成一家，多有创新。著名学者金冲及评价说：“一个人能写出一部中国通史，又写出一部世界通史，而且都是有分量的学术专著，在中国学者中恐怕没有第二人，直到现在依然如此。”

这本《史学与美学》是周谷城的论文集，1980 年 11 月由上海人民出版社出版，收录历史学和美学文章十六篇。作者在扉页上题签：“雨苍同志　一九八〇年　周谷城”，并钤印。受书者所谓何人？我在一家权威拍卖网站看到一幅周谷城先生的书法作品，也是书赠这位“雨苍同志”，内容是一首七绝：“闻说城乡似剪差，亲来乡下作深查。从知形势天天好，足食丰衣百万家”，落款：“右旧作访湖北农村，书赠雨苍同志，一九八二年　周谷城”。有人认为“雨苍”是苏州山水画家吴霖，字雨苍，但并没有找到足够的证据证明他们二人之间的交谊，所以不能妄下论断。

该书所收十六篇论文，前七篇是研究历史问题的，属于史学范畴，包括《发扬祖国史家研究外国的精神》《评柴尔德的古史研究》《〈罗马帝国衰亡史〉翻译答问》《评斯坦因的〈古代中亚之遗迹〉》《古代西亚的国际地位》《评格鲁塞的〈中国文化史〉》《中国史学史提纲》。后九篇是对史学与美学等问题的探讨，属于美学范畴，包括《史学与美学》《艺术创作的历史地位》《美的存在与进化》《礼乐新解》《评王子野先生的艺术论评》《评朱光潜先生的艺术论评》《统一整体与分别反映》《评〈文艺报〉特约评论员的评论》《相互客气，明辨是非》。我想重点说说第二部分，其中好几篇都是辩论文章。

1962年，《新建设》12月号发表了周谷城的《艺术创作的历史地位》，引来学术界一场大讨论。王子野在《文艺报》发表《评周谷城〈艺术创作的历史地位〉》，认为周谷城的文艺理论与马克思主义艺术理论相距很远，没有采用阶级观点和阶级分析的方法来对待艺术创作问题。周谷城写了《评王子野先生的艺术论评》来逐条反驳，有理有据。《评朱光潜先生的艺术论评》一篇，也是为了与朱光潜在《文艺报》发表的《表现主义与反映论两种艺术观的基本分歧——评周谷城先生的"使情成体"说》进行论辩，其中对马克思主义理论和《矛盾论》的理解作了深入探讨，坚持反对艺术无冲突的表现主义。《统一整体与分别反映》一篇，是为了反驳姚文元在《光明日报》发表的《略论时代精神问题——与周谷城先生商榷》，认为姚文元的文章从头到尾都出自抽象概括，而不是出自事实分析。《相互客气，明辨是非》一篇，是与周忠厚在《新文学论丛》发表的《一个需要深入探讨的问题——就时代精神问题与周谷城先生商榷》进行论辩。这一系列的论辩文章，逻辑清晰，论据充分，直指问题，探讨学理，虽然不免打上时代烙印，观点有一定的局限性，但依然能够体现出周谷城对自己的学术观点有足够的从容和自信，表现了知识分子的骨气和正气。

1961年，毛泽东到上海，曾与老朋友周谷城见面叙谈。《解放日报》邀请周谷城写一首词欢迎毛主席，他写道：“是此身多幸，早沐春风，蠲旧染，若新生。又这回倾听。指点重重，为学术，凡有理，要争鸣。”他坚信，只有学术争鸣，道理才能越辩越明，即使为此身遭厄运，也在所不惜。这就是史学家周谷城的风骨。

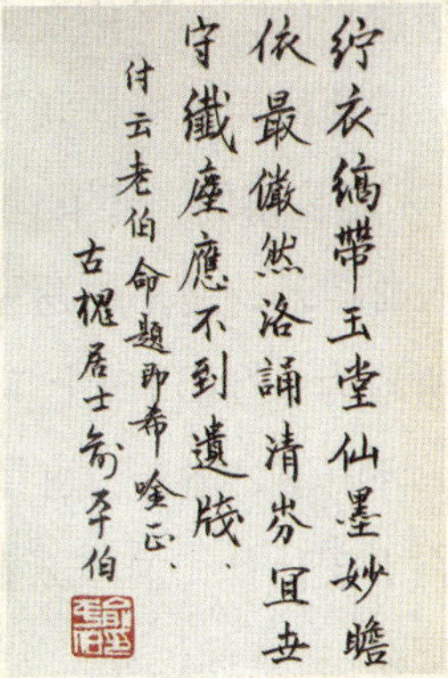

三代文章，半生风雨

——俞平伯《红楼梦辨》

俞平伯所著《红楼梦辨》，1973年8月由人民文学出版社再版，版权页有如下字样："本书系据1923年亚东图书馆版《红楼梦辨》排印，供研究工作者参考、批判之用"，明显带着那个年代的烙印。从内文来看，该书保持了当年初版本原貌。俞平伯在前衬页上题签："纻衣缟带玉堂仙，墨妙瞻依最俨然。洛诵清芬宜世守，纤尘应不到遗笺。付云老伯命题即希吟正　古槐居士俞平伯"，并钤印。从这首题诗来看，是赠给一位名为"付云"的长辈，"古槐居士"是俞平伯的号，他曾把自己居住的北京东城老君堂七十九号院命名为古槐书屋，至于题诗的内容，则与俞平伯的家世有关。

我在俞平伯好友王伯祥先生之子王湜华所著《俞平伯的后半生》中找到了这首题诗的出处。该书"翰墨前缘"一节记述，1977年2

月，王湜华访俞平伯，俞平伯拿出一副他的曾祖俞樾用隶书写赠夏闰枝的七言联，请他代为装裱，联文是“高阁看云参画理，小楼听月写诗心”。附带一起装裱的，还有两个小横幅，是夏闰枝后人夏慧远请俞家两代后人俞陛云、俞平伯题写的，体现了俞夏两家的交谊。俞樾之孙俞陛云所题为：“此乃四十年前先王父为闰庵前辈所书。慧远世台属为题记，怀旧雨之遗音，喜德门之继起，敬识数语于后，以结累世翰墨之缘。丁亥秋日，俞陛云识，时年八十。”另一横幅是俞陛云之子俞平伯所题：“慧远仁兄世大人出示先曾祖昔年为闰庵老伯所书楹帖，云将重付装池，命为题记，敬赋短章，以志胜缘，即希吟正。纻衣缟带玉堂仙，墨妙瞻依最俨然。洛诵清芬宜世守，纤尘应不到遗笺。岁在丁亥仲秋之月，平伯弟俞铭衡敬识。”

俞平伯，原名铭衡，1900 年 1 月生于浙江德清一个诗书世家，其曾祖父是晚清朴学大师俞樾（号曲园居士），道光二十四年与李鸿章同年中举，道光三十年庚戌科进士，深得主考曾国藩的赏识，曾任翰林院编修、河南学政等职，曾国藩曾为他的书斋题名“春在堂”。有《春在堂全书》存世，包括《群经评议》《诸子评议》等共五百余卷，《清史稿》有其传记，国学大师章太炎是其弟子。前衬页上的这首题诗，应是俞平伯怀念先祖俞曲园老人的，回忆他穿着气度仙风道骨，遗墨也很庄重，反复诵读先人诗句，觉得清芬在口，应世代守护这没有凡俗之气的先人遗墨。

俞平伯的父亲俞陛云，号乐静居士，曾考取秀才第一名，举人第二名，光绪二十四年中进士，赐探花及第，曾任四川省副主考，民国年间任浙江省图书馆馆长，参与编修清史，著有《小竹里馆吟草》《乐青词》《诗境浅说》《唐五代两宋词选释》等。

俞平伯的《红楼梦辨》，是“新红学”史上的第一部专著，分为三部分，约十六万字。上卷集中讨论后四十回的高鹗续书，中卷主要剖析前八十回的文本，下卷侧重考证其他续书和杂论。书前有顾颉刚的序言和俞平伯的引论，其中谈到成书过程。俞平伯从欧洲游学归来后，1921 年到北京，此时胡适已发表了《红楼梦考证》，俞平伯的好友顾颉刚也致力于《红楼梦》研究，这感染了俞平伯，引起了他研究《红楼梦》的兴趣。从当年 4 月起，他和顾颉刚开始用书信探讨《红楼梦》，来往信札不断，认为谈《红楼梦》是消夏神方，兴致极高，一直延续到 7 月，即使其间俞平伯生病，一旦接到顾颉刚关于《红楼梦》的信件，也会“推衾而起，索笔作答，病殆已霍然矣”。后来，俞平伯在这批信件基础上整理成书，即为《红楼梦辨》。1980 年顾颉刚去世后，1981 年 10 月，《红楼梦学刊》曾将这批信件原文刊出，名为《俞平伯和顾颉刚讨论〈红楼梦〉的通信》。

当时来看，《红楼梦辨》提出了许多有意义的观点，比如论证后四十回的作者是高鹗，客观评价了后四十回的得失，对脂评本和其他佚稿进行了最早的研究，对文本进行了文学而非史学的考辨，这些都具有开创性意义，其中有些观点，被鲁迅先生吸收到了《中国小说史略》中。

对于高鹗所续后四十回，他的态度是这样的：

> 高鹗以审慎的心思，正当的态度来续《红楼梦》，他宁失之于拘泥，不敢失之于杜撰。其所以失败：一则因《红楼梦》本非可以续补的书，二则因高鹗与曹雪芹个性相差太远，便不自觉的相违远了。处处去追寻作者，而始终赶他不上，以致迷途，这是他失败时的光景。至于混四十回于八十回中，就事论事，是一种过失；就效用影响而论，是一种功德；混

合而论是功多而罪少。

1952 年 9 月，俞平伯对旧作《红楼梦辨》进行修订，尤其是修改了之前提出的“《红楼梦》为作者自叙传”的观点，将书更名为《红楼梦研究》，交由上海棠棣出版社出版。之后又发表了《红楼梦简论》等文章。想不到，一场暴风雨突然袭来。1954 年 9 月，李希凡、蓝翎在山东大学校刊《文史哲》著文《关于〈红楼梦简论〉及其他》，用历史唯物主义的观点批评俞平伯的《红楼梦》研究，认为“怨而不怒”的风格点评，离开了现实主义传统和阶级观点，“钗黛合一”的观念抹煞了曹雪芹的反封建思想倾向，“自叙传”与“色空”观念否定了《红楼梦》的现实价值和社会内涵，是反现实主义的唯心论。不久，毛泽东写出了给中央政治局和其他有关同志的《关于〈红楼梦〉研究问题的信》，认为李、蓝两个“小人物”的文章，是三十多年以来向所谓《红楼梦》研究权威作家的错误观点的第一次认真的开火，由此掀起了一场批判以胡适、俞平伯为代表的“资产阶级唯心论”的轰轰烈烈的运动，目的是为社会主义文化建设扫清障碍，清除胡适思想对中国知识分子的影响。

经此世变，俞平伯压力陡增，在日常生活中就很少谈论《红楼梦》了，但由于他对《红楼梦》的热爱和对学术研究的执着，并没有终止《红楼梦》的研究，后来事态渐趋缓和，他又陆续出版了《脂砚斋红楼梦辑评》《〈红楼梦〉八十回校本》《读〈红楼梦〉随笔》《俞平伯论红楼梦》等著作，并发表了《〈红楼梦〉中关于十二钗的描写》等学术论文。

1986 年 1 月，中国社科院文学研究所召开了俞平伯先生从事学术活动六十五周年庆祝会，这算是官方为俞平伯平反。中国社科院院长胡绳在会上说："1954年下半年因《红楼梦》研究而对他进行政治性的围攻，是不正确的。这种做法不符合党对学术艺术所应采取的双百方针。《红楼梦》有多大程度的传记性成分，怎样估价高鹗续写的后四十回，怎样对《红楼梦》作艺术评价，这些都是学术领域内的问题。这些问题只能由学术界自由讨论。1954年的那种做法既在精神上伤害了俞平伯先生，也不利于学术和艺术的发展。"这番评价，让俞平伯和家人感到欣慰。

晚年的俞平伯深居简出，很少参加社会活动，但仍与老友王伯祥、叶圣陶等保持来往，因行动不便，他们更多的是写信交流。在他给叶圣陶的诸多信件中，也有许多内容谈到《红楼梦》，但更多的是对《红楼梦》浮躁的研究现状感到不满。他在信中说："《红楼》已成显学，作伪者多，自以缄默为佳耳"，"今之谈红学者，其病正在过繁，遂堕入魔境，恐矫枉亦不免过正耳"。

另外，俞平伯的外孙韦柰在《俞平伯的晚年生活》中还记述了一件事：

> 前不久，俞平伯用颤抖的手，写了些勉强能辨认的字，一纸写："胡适、俞平伯是腰斩《红楼梦》的，有罪。程伟元、高鹗是保全《红楼梦》的，有功。大是大非！"另一纸写："千秋功罪，难于辞达。"事情至此总算有了一点眉目，他不满意他和胡适对后四十回所作的考证，不赞成全盘否定后四十回的作法。这一想法，早在他病前便曾提及，他认为能续成后四十回是一件了不起的工作，他至少使《红楼梦》变得完整，高鹗、程伟元做了一件曹雪芹未曾做到的事。当然，像"胡适、俞平伯有罪"这样的话，并不可完全认真对

待，因为那毕竟是病中的呓语，是走火入魔的极端。

这是否能看作俞平伯对自己早年《红楼梦》研究成果的否定呢？也不尽然，但最起码可以知道，俞平伯至死不忘《红楼梦》研究，不忘反思修正自己的学术观点，即使从事红学研究让他半生坎坷，命途多舛。这就是那一代学人的执着和坚守。

一本流转了半个多世纪的书

——黄药眠《沉思集》

今天说起黄药眠先生，可能很多人对这个名字已不熟悉。他是一位著名诗人、文艺理论家、教育家，1903 年 1 月生于广东梅州，原名访荪、黄访，笔名达史、黄吉等。

1919 年五四运动爆发后，黄药眠受新文化运动的影响，醉心于新文学的阅读和写作。1921 年考入广东高等师范学校（中山大学前身）英文系，后赴日本留学，毕业回国后，在金山中学等校任教。1927 年“四一二”事变后不久，黄药眠到上海，经成仿吾等介绍参加了创造社，在《创造周刊》等报刊上发表作品，并出版了第一本诗集《黄花岗上》，发表了《梦的创造》《非个人主义文学》等论文。1928 年加入中国共产党，曾与夏衍等多次商讨筹办“左联”事宜。1929 年秋被派往苏联青年共产国际东方部。1933 年冬，黄药眠放弃了莫斯科平静的生活回到上海。1934 年 10 月被国民党当局逮捕，判十年徒刑，1937 年经保释出狱。而后先在延安新华通讯社工作，后到桂林与胡愈之、范长江等组织国际新闻社，任总编辑。1940 年皖南事变后，黄药眠逃亡到香港，在廖承志领导下从事国际宣传。太平洋战争爆发后香港沦陷，黄药眠回到家乡梅州，潜心著述，写有散文集《美丽的黑海》、文艺论集《诗论》。1944 年日军南侵，他撤往成都，为《华西日报》和《华西晚报》文艺副刊撰稿，并加入中国民主同盟。1946 年后，主编《民主与文化》，主编农工民主党主办的《人民报》和民盟中央机关主办的《光明报》，出版长诗《桂林的撤退》，小说集《暗影》《再见》，论文集《论走私主义者的哲学》等，并兼任中华文协香港分会主席。1949 年 5 月，黄药眠从香港到北京，7 月，出席第一次全国文代会，9 月参加全国政协第一届全体会议。

新中国成立后，黄药眠任北京师范大学中文系教授，从事教学和研究工作。在 50 年代，他是一位开风气之先的文艺理论家。1953 年他在北师大率先倡导成立第一个文艺理论教研室，担任主任，并受教育部委托牵头编写高校第一个文学概论教学大纲，1956 年第一次招收了新中国第一个文艺学研究生班；在《文艺报》发表评价朱光潜美学的文章《论食利者的美学》，引起了广泛的美学大讨论；1957 年在北师大牵头举办了新中国第一个美学论坛，并邀请蔡仪、朱光潜、李泽厚等美学家开办讲座，公平陈述各自观点，论坛结束时，他做了“看佛篇”和“塑佛篇”两场报告，对他们的美学观点进行点评，阐释了自己对于“审美评价”的思想。陆续出版了《沉思集》《批判集》《初学集》等专著。1957 年他被错划为右派，遭受不公正待遇长达二十余年，新时期恢复名誉后，他又全身心投入到研究和教学中，带了一大批博士和硕士研究生。1987 年 9 月 3 日，黄药眠病逝于北京，享年八十四岁。

这本学术论文集《沉思集》，1953 年 12 月由棠棣出版社出版，文明印刷所印刷，长风书店发行，是繁体竖排版。作者在封面题签："杨奎章同志指正　黄药眠　元月廿三日"。该书受赠者杨奎章，是黄药眠的客家老乡，1921 年 9 月生于广东梅州，1946 年毕业于广州中山大学农学系。历任梅州中学教员、教务主任，《光明报》编辑，《大众报》总编辑，广州《联合报》总编辑。改革开放后，曾任广州市文化局局长、广东省文联副主席、广东省政协副主席，民盟中央常委。出版了《不惑集》《纵横集》《片叶集》等著作，同时，他书法造诣颇深，是一位有影响力的书法家。2009 年 7 月在广州逝世，享年八十八岁。

该书在 1954 年或 1955 年元月由黄药眠签赠给杨奎章后，又辗转在 1955 年 11 月由当时的复旦大学学生王明堂购得，所以在该书扉页上有"明堂　五五、十一　于复旦大学"字样，封面上也有王明堂钤印。据资料显示，王明堂是徐州师范大学（现江苏师范大学）教授、藏书家，20 世纪 50 年代先后毕业于华东师范大学和复旦大学，曾长期在华东师范大学任教，后调入徐州师范大学从事中国现代文学研究。后来，该书又被徐州一家旧书店收购。我则于 2016 年购得此书。

该书收录七篇文艺评论。《论屈原作品之思想性和艺术性》，说明了当时屈原所站的立场和他作品的人民性，阐述了屈原作品的艺术特点。《重读果戈理的〈巡按〉》，指出了作者如何通过深刻刻画人物来表现当时的社会矛盾，并概述了构造这一喜剧的因素。《"矛盾论"与文艺学》，作者主要是想把毛主席所指出的矛盾的规律应用到文艺学上去。《关于文学教学上的一些问题》，指出文学教学的第一步工作是使学生领会作品，先从感性去接触作品中的形象，然后再进一步从感性提高到理性认识，经过对作品的分析从而把握它的主题和思想内容。《论小说中人物的登场》，是从各种古典名著中找出一些具体例子来说明人物登场的各种方式。《〈蒋光慈选集〉序》指出蒋氏在新文学理论建设中所占的地位和他的作品在当时所起的作用，以及他的艺术成就和文学史上的贡献。《评〈时间开始了〉》这篇文章，是评胡风的长诗《时间开始了》，文中指出这首诗虽然有些片段写得不错，但整体来看，这首诗是写失败了的，原因在于作者没有群众观点，不了解革命，缺乏实际斗争经验。

由这本书的流转命运，我想起了黄药眠先生的命运。他坐过四年国民党的牢房，被扣上过“大右派”“反动学术权威”的帽子，扫过厕所，蹲过“牛棚”，可任是这些苦难，也没有把他压垮，他仍然在一边生活，一边思考，这就是知识分子的韧性。据他的学生、北师大教授童庆炳回忆，他问老师黄药眠先生，为什么能这样顽强地生活，黄说：“北方的风沙，能将整个城市和乡村都埋没，但有些植物却始终站得住，没有给狂风吹走，没有给黄沙埋没。即或埋没了，它又从沙里冒出头来。如胡杨、红柳、白刺等，都是同风沙作战的英雄，是战胜沙漠的开路先锋。”

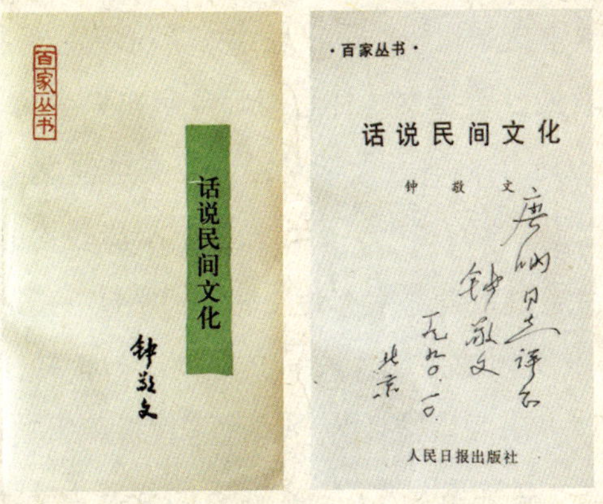

中国民间文化的守望者

——钟敬文《话说民间文化》

《话说民间文化》是中国民俗学、民间文学研究泰斗钟敬文先生的学术随笔集，作为“百家丛书”的一种，1990年2月由人民日报出版社出版。该书收录钟敬文所写论文、序言、书信、讲稿等共二十篇，还附有三篇访问记，这些文字大都与民间文化、民俗有关。他在自序中说：“两三年来，我陆续写下了十来篇这方面的小论、随笔（有一部分是发言稿）。因为是在各种情况下，就各种具体问题着笔的，有的意见和说法，自然不免有些差异。但既然都是我一个人的笔墨，都是我一个人的想法，彼此总有一个中心点；而那些枝枝叶叶的差异，归根结底，其间也总要有些亲缘的关系吧。”作者在本书扉页上题签：“唐呐同志评正　钟敬文　一九九〇、一〇　北京”。

唐呐是钟敬文的学生，女，1932年生于陕西汉中，1957年毕业于北京师范大学中文系，毕业后在辽宁大学执教直至退休，任文学研究所副所长、教授。曾撰文《怀念恩师钟敬文先生》，叙说和钟先生交往的点滴。1953 年唐吶上大学时，钟敬文是他们民间文学课的老师，“红楼里侃侃而谈的欢声笑语，操场上漫步轻松的答疑解惑，河塘桥边亲切的合影，伴着那素衣布履、一根手杖、清瘦的身躯……”。70 年代末，钟敬文领衔主编《民间文学概论》教材，曾邀请唐吶一起参与撰写，该书出版后被评为全国优秀教材。唐吶还写道：“在后来的日子里，我和钟老有过多次的会面。每当我去外地参加一些学术会议回来，路经北京我都会去看望他老人家，每次都有谈不完的话题。他关心民间文学各项事业的进展，每次也都要问及我熟悉的同志们的工作和生活近况。还常常从他的书架上拿出一本他的新著，签上他的名字送给我。每次和钟老相聚都是一次知识的充电，精神的升华，获益良多。”这本旧书应该就是钟敬文签名送给唐吶的其中一本，被我从沈阳旧书市场购得。

钟敬文，原名谭宗，又名静闻、金粟。1903 年 3 月生于广东海丰，1922 年毕业于海丰县陆安师范，毕业后在家乡教小学，受到新文化思潮和北大歌谣运动的影响，对民间文学发生兴趣，开始搜集、整理民间歌谣故事，并在北大《歌谣》周刊陆续发表了《读〈粤东笔记〉》《南洋的歌谣》《海丰人表现于歌谣中之婚姻观》等十五篇文章，奠定了民间文学研究的基础。1926 年夏，他来到当时的国民革命中心广州，在岭南大学工作、学习之余，利用图书馆开始了民间文化的研究工作，整理了《粤风》等民俗文献。这一年他整理的第一本故事集《民间趣事》在北新书局出版。1927 年春，鲁迅来到广州，钟敬文兴奋地邀约一批青年朋友拜见了鲁迅，并广泛搜集有关鲁迅的行踪，编成《鲁迅在广东》一书，由北新书局出版，这是研究鲁迅的较早文献。同年秋，钟敬文经顾颉刚介绍转入中山大学，担任中文系助教。他协助顾颉刚成立了我国第一个民俗学研究组织——民俗学会，创办民俗学讲习班，编印《民间文艺》《民俗周刊》及民俗学丛书。1928年夏，应朋友刘大白之邀到杭州，热心于散文、小品写作，出版了《西湖漫拾》《湖上散记》等散文集。郁达夫评价钟敬文此时的散文创作“清朗绝俗，可以继周作人、冰心之后武”，阿英在《现代十六家小品》中认为钟敬文的散文不少篇章是“新文艺的小品中的优秀之作”。在杭州，他团结了一批朋友，成立了“中国民俗学会”，编印了《民间》月刊、《民俗学集镌》及民俗学丛书，写下了多篇民间文学研究文章，如《〈山海经〉神话研究的讨论及其他》《中国民间故事型式》《中国植物起源神话》《中国的天鹅处女型故事》等。1928年至1933年，钟敬文先后任教于杭州高级商业学校、浙江大学文理学院、民众教育实验学校。1934年春，钟敬文辞去浙江大学教职，与夫人陈秋帆一道东渡日本深造，在东京早稻田大学研究民俗学和文化人类学。1936年夏，从日本回到杭州，继续从事他所热爱的民俗学、民间文学事业。1937年以后，他辗转于广州四战区政治部、中山大学、香港达德学院工作。

1949年新中国成立前夕，钟敬文受邀到北京参加第一次文代会，并任北京师范大学中文系教授。1951年，中国民间文艺研究会成立，大会选举郭沫若为理事长，老舍、钟敬文为副理事长，钟敬文主持日常工作，先后创办了《民间文艺集刊》《民间文学》等刊物，为民间文艺研究提供了园地。1957年，钟敬文被错划为右派，学术生命被无情地中断了二十年之久。改革开放后，他获得了二度学术青春，1979年，他亲自邀约顾颉刚、容肇祖、杨堃、杨成志、白寿彝、罗致平等著名学者，联名倡议恢复民俗学的学术地位，建立中国民俗学学术机构。1983年，中国民俗学会成立，钟敬文当选理事长。为了推进中国民间文学、民俗学的学科建设，他先后两次组织全国高校教师编写《民间文学概论》《民俗学概论》，并在北京先后六次举办民间文学、民俗学讲习班及高级研讨班，为全国培养了数百名民俗学学科急需的人才。1984年，文化部编辑《中国民间文学集成》（故事卷、歌谣卷、谚语卷），周扬任总主编，钟敬文任副总编和故事卷主编，他为此倾注了大量心血，该书出版后被誉为“文化长城”。他本人先后出版了《民俗文化学——梗概与兴起》《钟敬文民间文学论集》《新的驿程》《民间文学及其历史》《钟敬文学述》《建立中国民俗学派》等学术专著。

在《话说民间文化》这本书中，他强调了自己的“三层文化说”：“我向来认为中国传统文化有三个干流。首先是上层社会文化，从阶级上说，即封建地主阶级所创造和享有的文化；其次，是中层社会文化，城市人民的文化，主要是商业市民所有的文化；最后，是底层社会的文化，即广大农民所创造和传承的文化。这三种文化，各有自己的性质、特点、范围、结构形态和社会机能。彼此有互相排斥的一面。但是，因为都是在一个社会共同体里存在和发展的，这些不同性质的文化就不免互相关联，互相错综。”他一生感情所系、研究所钟的不是上层文化和中层文化，而是下层文化，“即广大农民所创造和传承的文化”。晚年他在《建立中国民俗学派》中回忆道：“我是一个天资平凡和所处的物质环境、文化环境都不怎么优越的学人。但自从青年时代成了这门学问的虔诚信徒，我就下了一种决心，要在我的祖国的这既贫瘠（主要指理论等）又丰饶或比较丰饶（指现实资料及历史遗产）的学术土地上，培植这门科学的花林。因此，长期以来，我尽力凭借一切能够利用的条件，单枪匹马或结合同志，奋战在这块土地上，披荆斩棘，播种施肥，以促成它的生长和繁荣。我把它看成是历史给予我的庄严任务，我个人则不过是一个勤谨的执行者罢了。”

他在带领学生编写《民间文学概论》《民俗学概论》的时候，曾有人劝他好好写一本关于女娲研究的个人专著，因为他在这方面已经有了多年的资料积累，不写很可惜。可他却说，写一本书，即使再好，也只是有关一个课题的一本书。而带领大家编写教材，心思花在学生身上，就可以规范学科，带起一批人，学生们将会出息成一批很不错的研究者，将来写出的将不是一本，而是几十本几百本，孰轻孰重，心里清楚。正是秉承着这样的教书育人理念，他在生命的最后十年里，还培养了二十一名硕士、二十名博士、三十一名博士后。如今，他的弟子们像种子一样，在全国各地高校和科研院所落地生根，把民俗学和民间文艺学研究推向新阶段。

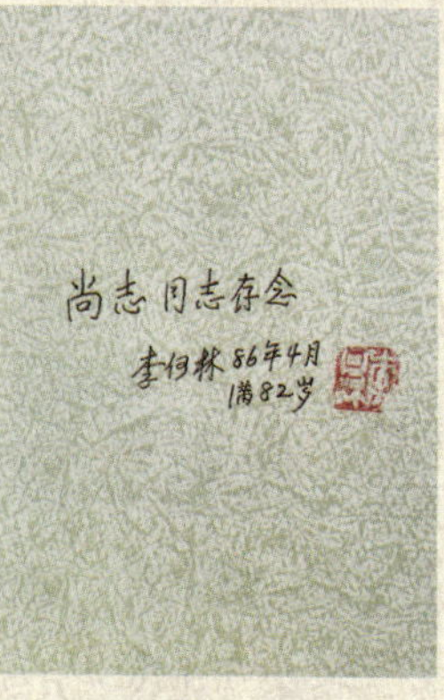

知识分子的人格力量

——李何林《李何林选集》

《李何林选集》是现代皖籍名作家丛书的一种，1985年10月由安徽文艺出版社出版，这套丛书还包括张恨水、苏雪林、王冶秋、韦丛芜、韦素园、周而复等安徽籍现代文学作家的选集。该书包括回忆文章、中国现代文学、鲁迅的生平和思想、鲁迅著作谈、鲁迅著作的研究学习普及和提高，以及序跋文章等共六部分。作者在前衬页上题签："尚志同志存念　李何林　86年4月　满82岁"，并钤印。

李何林先生是中国现代文学研究和鲁迅研究的奠基者之一，1904年1月生于安徽霍邱，1927年曾参加北伐战争和南昌起义，之后在鲁迅扶持的未名社投身革命文艺运动。30年代曾出版《中国文艺论战》《鲁迅论》《近二十年中国文艺思潮论》等著作。40年代在云南、台湾等地从事教育工作。新中国成立后，曾任北京师范大学、南开大学中文系主任，北京鲁迅博物馆馆长，鲁迅研究室主任等职，著有《关于中国现代文学》《鲁迅的生平和杂文》《鲁迅〈野草〉注解》等。1988 年 11 月病逝于北京。

该书受赠者系李何林先生的弟子、南开大学中文系教授焦尚志。他 1937 年 7 月生于河北阜城，1964 年毕业于南开大学中文系，之后留校任教，主要研究方向为现代戏剧。著有《金线和衣裳——曹禺与外国戏剧》《中国现代戏剧美学思想发展史》《中国话剧史研究概述》等，于 2016 年 3 月在天津逝世，他的藏书部分已流落到旧书市。

关于李何林先生，我在大学读书期间，就多次听我的老师冯光廉先生谈起，他说自己最佩服的两位现代文学学者，一位是李何林先生，另一位是薛绥之先生。冯师说的佩服，除了李先生的学术成就之外，更多的是人格感召力。

上世纪 60 年代李何林在南开执教时，曾遭到错误批判，据说每次开批判会，他都自己端着茶杯，提着暖壶，坐在一个显眼的地方，端端正正地戴上老花镜，一边听人批判，一边做笔记。他理解批判他的人写的是“遵命文学”，所以也不怪罪，这种不卑不亢的态度和宽容大度的胸怀令人景仰。后来他被打成“资产阶级反动权威”，安排清扫厕所。即使是这样的工作，他也像对待学术研究一样一丝不苟。据和先生一起劳动的他的学生回忆，六十多岁的名教授李何林跪在尿池和便池旁边，用小刀一点一点刮掉很厚的尿碱，甚至用手抠去污垢，将厕所打扫得焕然一新。

李何林先生的伟大人格，还表现在对待友情上。新中国成立前，他和冯雪峰、胡风没有直接交往，后来因为对鲁迅的深厚感情，他们成为朋友。在那个特殊的政治气候下，冯雪峰、胡风蒙冤，李何林不顾个人安危，每次进京办事总去探望冯雪峰，给他带去心灵的慰藉。

1979年，胡风虽已出狱，但问题还没有解决，许多人避之唯恐不及，李何林却主动给他寄去热情洋溢的约稿信；得知胡风来京，他派车接站并邀请胡风到自家居住。在那个年代，李何林先生冒着极大的勇气，与打入另册的朋友们保持着往来，诠释了什么叫真正的友谊，这种人生态度的背后闪耀着人性的光辉。

1975年，鲁迅之子周海婴上书毛主席，建议成立鲁迅研究室，调集对鲁迅研究有基础的人员，负责《鲁迅全集》的注释和鲁迅传记、年谱的编写。从事鲁迅研究多年的李何林先生担起重任，于1976年奉命从南开大学调任北京鲁迅研究室主任。在他的努力下，国内该领域的许多重要学者都被延揽到了鲁研室，包括王瑶、唐弢、林志浩、荣太之、陈鸣树、王得后、陈漱渝、李允经、姚锡佩等，鲁研室成为学术重镇。在李何林的领导下，研究人员编写了《鲁迅年谱》，编辑出版《鲁迅研究资料》和《鲁迅研究动态》（现改为《鲁迅研究月刊》），做出了一系列重大成果。

1982年，根据国务院学位委员会的规定，李何林先生成为第一位中国现代文学专业的博士生导师，他的第一位博士生，也是新中国第一位文科博士，便是日后担任中国现代文学研究会会长的王富仁先生。在李先生的指导下，王富仁的博士论文《中国反封建思想革命的一面镜子——〈呐喊〉〈彷徨〉综论》甫一出版，便受到学界广泛好评，成为鲁迅研究新的里程碑式的著作。

李何林先生对学生的关心是出了名的。他的研究生陈鸣树入学时家境贫寒，营养不良，李先生专门为他订了一份牛奶。陈鸣树在学习期间患了严重的神经衰弱，夜晚失眠，李先生多次到学校总务处，为他寻得一个安静的单间宿舍。除了陈鸣树，他的其他学生田本相、金宏达、陈福康、艾晓明、尹鸿等，都曾撰文回忆与恩师的深厚情谊。

1988 年 8 月，先生自知病重不治，很从容地为自己口述了悼词：“六十多年来，为党为祖国培养了一大批中国现代文学和鲁迅研究人才，坚持‘五四’以后新文学的战斗传统，发扬鲁迅精神，驳斥了鲁迅生前和死后一些人对鲁迅的歪曲和污蔑，保卫了鲁迅思想。”在他生命的最后一刻，想到的还是培养学生，还是鲁迅研究。他的同事，著名学者王得后说，他“以鲁迅的是非为是非，以鲁迅的爱憎为爱憎，融学问与信仰于一身，夙兴夜寐，力行不衰”，“一个人能把自己的生命投入有益于人民的工作，一个知识分子坚信自己的学问，化为信仰，用以待人接物，随手做点有益于社会的改革，不做‘做戏的虚无党’，那么他无论大小，我以为都是伟大的”。

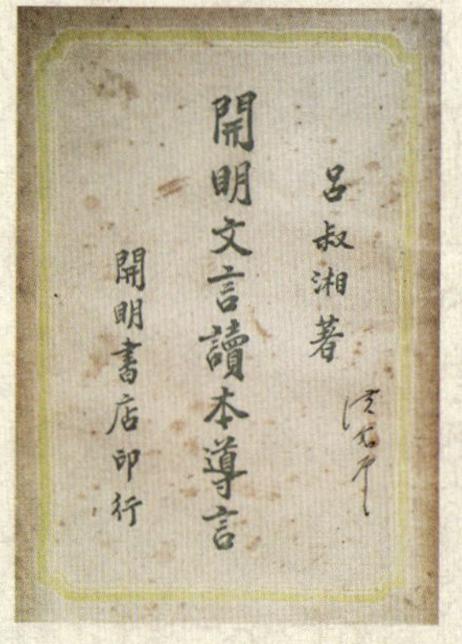

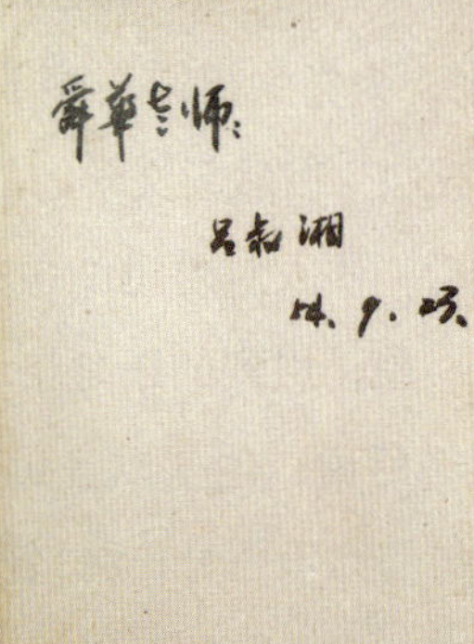

现代汉语的一代宗师

——吕叔湘《开明文言读本导言》

说到吕叔湘，大家都不陌生，只要读过书的人，应该都用过他和丁声树主编的《现代汉语词典》，这本经典的词典，迄今已发行近五千万册，成为大中学生和外国友人学习汉语必不可少的工具书。

吕叔湘，1904 年生于江苏丹阳，1926 年毕业于国立东南大学外语系。1936 年赴英留学，先后在牛津大学、伦敦大学学习。1938 年回国后，先后担任云南大学文史系副教授、华西协和大学中国文化研究所研究员、金陵大学中国文化研究所研究员、中央大学中文系教授、开明书店编辑等职。新中国成立后，任中国社科院学部委员、语言研究所所长。为了鼓励青年学者，1983 年吕叔湘拿出多年积蓄的六万元稿费，设立了中国社科院青年语言学家奖金。1998 年吕叔湘病逝于北京，享年九十四岁。如今的江苏丹阳，将丹阳市高级中学更名为吕叔湘中学，以纪念这位从家乡走出去的著名语言学家。

这本《开明文言读本导言》，1950 年 3 月由上海开明书店印行，作者在前衬页上题签：“舜华老师：　吕叔湘　54.9.23”。被吕叔湘称之为“舜华老师”的是谁，查阅资料无从得知。

该书分为导言、语音、词汇、文法、虚字五部分。作者在卷首语中讲明了本书出版的原因：

> 我们编辑这套文言读本，根据我们的基本认识，文言和现代口语之间已经有很大的距离，应该作为一个独立的课程来学习。可是一般学校里的国文课还没有实施这种合理的改革，还是沿用文言和语体混合教学的办法，因此这套读本还没有广泛地被采用。但是这种办法所必然引起的困难——学生对于文言的性质的无知以及由此而生的种种误解——当然是存在的，而且为多数教师所认识。在这种情势之下，有许多相识的和不相识的教师常常提议，把这篇导言印成一个小册子，供给学习的人参考。我们现在应这个要求，这样办了。可是我们还是希望教师们能采用我们的读本，至少是在教授混合编制的读本以前，先采用我们的第一册，给初学者建立一个基础。

上文所说的“这套文言读本”，即是上世纪 40 年代末，由朱自清、叶圣陶和吕叔湘合编的《开明文言读本》，是当年开明书店编印的系列国文教材的一种，原计划出六册，实际只出了三册。1978 年，叶圣陶、吕叔湘删去《开明文言读本》中的若干篇课文，将原来的三册合并成一册出版，即为《文言读本》，仍沿用《开明文言读本》的体例，开篇是长达三万字的吕叔湘撰写的《导言》，概述了文言的性质和古汉语的基础知识，对近二百个文言文中常见的虚词，包括代词、介词、连词、语助词、副词等，按它们的意义分别举例说明，可供学生翻检。虽然该书论述的语言问题较为专业，但是考虑到是学生阅读，所以写得并不枯燥，比如他说文言和语体的分别，简单的标准是："能用耳朵听得懂的是语体，非用眼睛看不能懂的是文言。"另外，为了便于学生自学，编者详尽地把选文中涉及的"词汇的今古异同""语法知识"和"虚字及用法"用分条的方式列举出来，选文中所涉及的知识点，也一一对应地标上索引序号，这种做法值得如今的教材编者们借鉴。

几十年来，吕叔湘一直孜孜不倦地从事语言教学和研究，出版了《中国文法要略》《语法修辞讲话》《汉语语法分析问题》等多部著作，并主编了《现代汉语词典》《现代汉语八百词》等常用工具书。这些著作引例宏富，分析精当，在汉语语法体系建设以及理论方法上都具有开创意义。

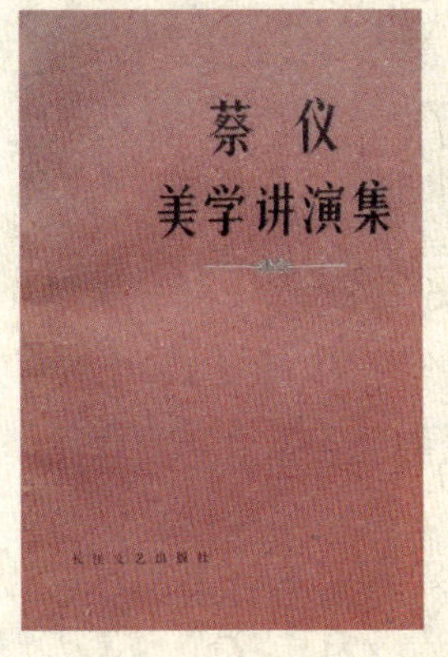

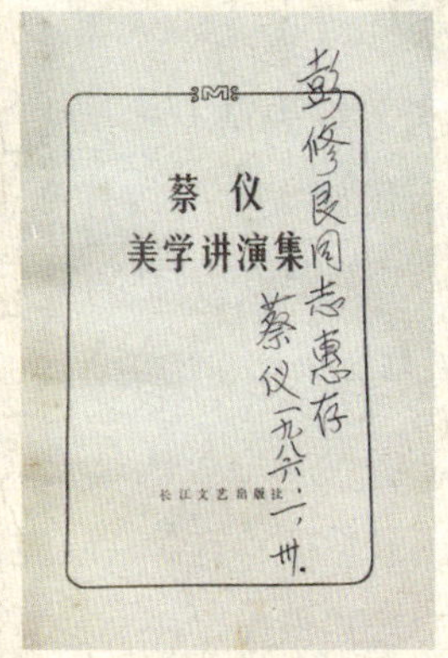

为唯物主义美学鼓与呼

——蔡仪《蔡仪美学讲演集》

蔡仪先生是我国著名的马克思主义美学家、文艺理论家，1906年6月生于湖南攸县，曾任中国社科院研究员，著有《新艺术论》《新美学》《中国新文学史讲话》《唯心主义美学批判》《论现实主义问题》等专著，还主编高校教材《文学概论》《美学原理》和刊物《美学论丛》《美学评林》等。

这本《蔡仪美学讲演集》，1985年5月由长江文艺出版社出版，作者在扉页上题签："彭修良同志惠存　蔡仪　一九八六、一、卅。"该书受赠者彭修良，即美学家彭修银，他1952年6月生于湖北广水，1978年考入北京师范大学文艺学美学研究生班，1981年进入中国社会科学院文学所美学高级研究班，师从著名美学家、文艺理论家黄药眠先生和蔡仪先生。1985年，蔡仪先生在北京大钟寺主持美学讲习班，彭修银担任班长。1988 年考入山东大学，师从著名美学家周来祥先生攻读文艺学美学专业博士研究生，可谓转益多师。后来在南开大学、中南民族大学等校任教，兼任天津市美学学会会长。著有《美学范畴论》《中国文人画的美学传统》《中西戏剧美学思想比较研究》《中国绘画艺术论》《东方美学》等。在上世纪 80 年代，他发表的《黑格尔论审美理想与社会理想的关系》《建国后我国美学研究的基本方向问题概述》《美学是研究审美活动的科学》等学术论文，署名都是“彭修艮”，90 年代开始署名“彭修银”，我猜测是不是很多人不知道“艮”这个字怎么读，为了方便改成了“银”。

说蔡仪，大家首先想到的就是上世纪五六十年代那场美学大讨论。当时有四个影响较大的派别：以吕荧为代表的主观派，认为美的本质在于审美主体的情感愉悦；以蔡仪为代表的客观派，认为对象的客观属性是审美的前提；以朱光潜为代表的主客观统一派，认为审美主体与客体发生审美关系而形成美的形象；以李泽厚为代表的客观社会派，则认为美感与人类的实践活动有关。这本《蔡仪美学讲演集》，就是蔡仪在北京大学、清华大学、北京师范大学等院校的讲演稿，有许多篇幅是对其他美学门派的批评，如收录的《当前两个主要美学问题述评》，就从美是什么和怎样研究美学两个层面系统反驳了朱光潜和李泽厚的美学观点。

蔡仪招收的第一个美学研究生杜书瀛，在几十年后回忆自己的恩师时，曾对蔡仪的文艺美学思想作出这样的概括：“以唯物主义认识论为基石，阐述文艺是现实生活的反映或认识，而其特性，则是形象的反映或认识；文艺的最高成就，则在于真实地反映现实，要达到现象的真实和本质的真实，个别性的真实和普遍性的真实，要用个别性反映普遍性，也即创造艺术典型。这个思想几十年一以贯之，从未动摇过也未改变过。如果有些许变化，那也万变不离其宗。”

当然，学术探讨历来是百家争鸣，也有人认为蔡仪的观点是机械唯物主义美学。他的其他学生也曾撰文指出蔡仪美学观点的缺陷，蔡仪不但没有生气，反而将文章发表在自己主编的《美学论丛》上，公开进行探讨。这本签名书的受赠者彭修银，也曾在2007年第二期的《学术月刊》上发表《蔡仪美学的当代意义》，指出蔡仪美学把审美作为一种认识，在宏观理论上有严重缺陷。但是，人类现实审美活动与认识活动毕竟又难以彻底分开，因此蔡仪的美感论中也包含着某些合理性，蔡仪用“美的观念”精彩地解释了美感、审美个性差异、艺术中的雅与俗、艺术创作、艺术欣赏及艺术创新等问题，这些论述很有创见。

除了参与美学大讨论以外，蔡仪主编的两本高校教材也影响颇大。60年代，他主编了全国大专院校文科统编教材《文学概论》，这是马克思主义文艺理论中国化的重要收获，出版后被许多高校采用，发行一百多万册。80年代，他又主编了《美学原理》，这部论著学理清晰、逻辑严密，兼具学术著作和教科书双重性质，系统建构了唯物主义美学体系，在高校的美学课堂上广泛使用。当今文艺美学领域的许多优秀学人，80年代读大学时都是学的蔡仪主编的这两本教材。

蔡仪先生去世后，许多朋友弟子撰文回忆他的为人。他千方百计为公家节俭，每次筹备学术会议，年轻的同志老想跑得远一点，他却主张就近开会，尽可能少花路费。他写文章很少用公家的稿纸，经常自己掏钱去街上买。他在七十多岁的时候依然坚持挤公交车去书店买书，不要公家派车，有一次被人挤倒在地造成腿部骨折，养好伤以后还是挤公交车去书店。社科院同事谁有困难，他马上叫老伴去银行取出几百元钱帮助别人。在他去世后，家人还用他的稿费成立了蔡仪基金，奖掖青年学人。

如今，参加美学大讨论的那一代学者大都去世了，只有李泽厚先生还在大洋彼岸丰富和发展着自己的理论体系，令人感佩和欣慰。蔡仪和朱光潜那一代学人，作为新中国成立后第一代美学研究者，虽然他们的学术思想都有时代和个人的局限性，但他们作为学术史上的重要一环，为美学的发展开辟了多维空间，今天新的学术成果，都是站在他们的肩上取得的。

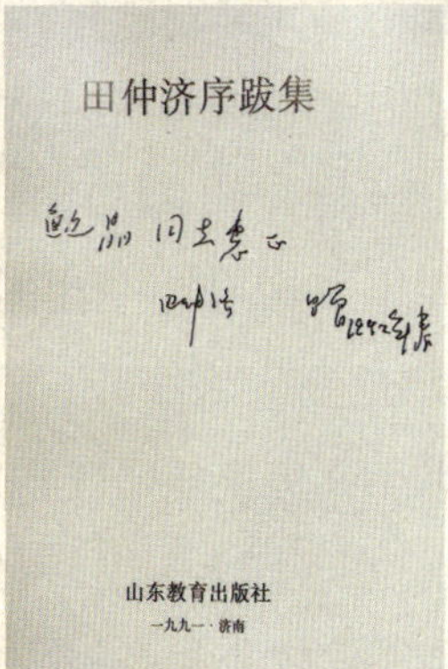

真诚的作家与求实的史家

——田仲济《田仲济序跋集》

田仲济先生在上世纪40年代就是著名杂文家，新中国成立后，以现代文学研究名世，担任首届中国现代文学研究会副会长，会长是北大的王瑶先生。田先生是我师爷辈的学者，我本科毕业论文的指导老师姜振昌教授，就是田仲济先生80年代在山东师范大学带的研究生。

这本《田仲济序跋集》，1991年10月由山东教育出版社出版，收录田先生所写序跋文章三十六篇，既包括为自己的杂文集和学术著作所写的序言和后记，也包括为其他作家学者所写的序跋，如《王统照文集》、沉樱《同情的罪》、俞元桂《中国现代散文史》、丁尔纲《茅盾作品浅论》、杨洪承《王统照评传》、马瑞芳《学海见闻录》等。作者在该书扉页上题签："鲍晶同志惠正　田仲济　赠　1992年春"。鲍晶是天津市社科院研究员，也从事现代文学研究，对田先生执弟子礼。他主编有《刘半农研究资料》《鲁迅国民性思想讨论集》等。1993年4月，田仲济杂文研讨会在济南召开，会后所编论文集《百家论杂文》，就收录了鲍晶所写的田仲济杂文评论《燃烧的火焰》。

田仲济先生1907年生于山东潍坊，曾在济南、上海等地读书，1929年在青岛创办文学月刊《野光》和《处女地》，1938年至1941年在冯玉祥政治研究室任研究员，1944年在重庆与姚雪垠合办文学月刊《微波》。在三四十年代，他的杂文创作进入高峰期，先后出版了《情虚集》《发微集》《夜间相》等杂文集，并撰写了理论著作《杂文的艺术与修养》。他的杂文，从各个角度反映了抗战时期国统区社会和民众的实际状况，在当时产生了较大影响，不少研究者都认为，当时的杂文写作，上海有唐弢，延安有徐懋庸，桂林有聂绀弩，重庆的代表人物就是田仲济。1992年，五十万字的《田仲济杂文集》结集出版。在田仲济杂文研讨会上，大家认为，“对人的尊重”是田仲济杂文的基本主题，他的杂文既关注社会历史文化的发展，也深切关怀着人类的生存状态和人性的现实处境，对世态人情、人性弱点有设身处地的理解，体现出博大的胸怀和真诚执着的精神。

田仲济不仅是一位杂文家，还是著名的现代文学史家，是新中国现代文学研究的奠基人之一。关于现代文学史的研究，他在1947年就以蓝海的笔名出版了《中国抗战文艺史》，这是我国第一部新文学史断代史。因为田先生本身就参与了抗战文艺，他用自己的亲身体验，由当代人写当代史，使该书保留了大量的抗战时期文艺运动真实史料，对时代氛围也有真切描述，著名学者温儒敏先生认为这本书是“带露摘花”，非常鲜活，非常及时，是研究抗战文学史绕不过去的著作。该书出版后，日本学者波多野太郎将其译成日文在日本出版，非常畅销。1979年，田仲济与山东大学孙昌熙教授一起主编了

《中国现代文学史》，这是党的十一届三中全会后我国出版的最早的现代文学教科书之一，不仅体例有所创新，还本着实事求是的治史态度，尽可能消除了“左”的影响，对许多被忽略的作家进行了挖掘和评价，努力恢复文学史的真面目。1984 年，他又与孙昌熙教授主编了国内第一部现代小说史研究专著《中国现代小说史》，以人物形象为纲来构架全书，博得学界好评。另外，他还主编了《中国新文艺大系・1937—1949 散文・杂文集》《王统照文集》等。

作为一名学者，田仲济严谨认真的治学精神也为人称道。著名学者钱理群在田仲济先生百年诞辰纪念会上讲述了这样一件事：“先生在 1962 年编选《特写报告选集》查阅原始报刊时，发现自己写于 1946 年的《中国抗战文艺史》，由于没有机会接触到原始报刊，发生了一个判断的错误和一处史料的讹误，后来的研究者也就以讹传讹，把错误延续下来。田先生当即写了文章予以更正。十八年后的 1980 年，田先生仍为自己的失误‘贻害甚大’而‘耿耿于怀’，特地在所写的序言里再次公开检讨，更正。这在田先生的学术生涯中，或许只是一个细节，但细节里自有大传统，细节中最见风范。”

田仲济先生不仅是一位著名学者，还是一位教育家。新中国成立后，他曾担任齐鲁大学中文系主任，山东师范大学教务长、副校长。他从 50 年代就开始招收现代文学研究生，先后在山东师范大学牵头创办了鲁迅研究室和现代文学研究中心，培养了大批人才。70 年代，田先生获悉已故著名藏书家瞿光熙的家属拟出售私人藏书，他怕这批珍贵书籍散落市场，不顾个人还在受“审查”的艰难处境，冲破各种阻力，将这批藏书购入山东师大图书馆，校方见书单中有胡适、周作人等人的著作，大为恼火，要将这部分在当时不被接受的书退回去，田先生又暗中让聊城师范学院买了下来。如今山东师范大学成为新文学史料的馆藏中心，全国各地许多学者来查阅资料，这与田先生对史料的重视和收集有莫大的关系。作为高校管理者，他不但重视资料收集，更重视延揽人才。80年代，山东师大中文系教师紧缺，田先生克服各种困难，不拘一格选人才，把泰安一中的宋遂良、兖州教师进修学校的袁忠岳、山东师大附中的吕家乡、大众日报社的孔孚等调入山东师范大学，后来他们都在各自领域做出了不少学术成果。另外，他还培养了一大批学生，如魏建、李掖平、李春林、曹安娜等，他们都追随着恩师的道路，在现代文学研究领域默默耕耘。

2002年1月，九十五岁高龄的田仲济先生在济南病逝，按照先生遗愿，骨灰撒入青岛的大海。但人们没有忘记他，2007年8月，四卷本的《田仲济文集》出版，中国现代文学研究会专门举办了田仲济百年诞辰纪念会，先生的手稿和藏书也捐赠给了中国现代文学馆，先生留下来的宝贵精神财富，会让后来者铭记。

源于鲜活人生的艺术家美学

——王朝闻《审美谈》

王朝闻是我国著名雕塑家、美学家、文艺理论家，1909 年 4 月生于四川合江，原名王昭文，后取《论语》中“朝闻道，夕死可矣”句，改为“朝闻”，表达了对真理的不懈追求。新中国成立后他曾担任《美术》主编、中国美术家协会副主席、中华全国美学学会会长。《毛泽东选集》封面的毛泽东浮雕即出自王朝闻之手。他主编的《美学概论》一书，是中国学者所写的第一本系统论述马克思主义美学的著作，奠定了我国高校美学理论教科书的基本框架。

对于他的名字，还有一则逸事。一般人经常把他名字中的“朝（zhao）”读作“朝（chao）”，他就经常在一些场合为自己“正名”，曾经豁达风趣地讲，漫画家华君武针对这种不明就里的错误编了一则歇后语：包公打屁——王朝（chao）闻。大家无不捧腹大笑，继而记住了王朝（zhao）闻。

在上世纪五六十年代的中国，美学界围绕着“美的本质”掀起了一场学术大讨论，朱光潜、蔡仪、高尔泰、李泽厚等著名美学家悉数登场。虽然王朝闻没有参与这次讨论，但他一直在观察、思考，吸收有益成果，也发现各种观点的局限，并将自己的思考不断写成文字，构建了源于鲜活人生的艺术家美学，在学术界形成了一道独特的风景。据中国艺术研究院博士生导师翟墨讲，1983年秋，他到北大访问八十七岁的朱光潜先生，朱先生说，他最佩服的中国美学家有两个，一个是汝信，一个是王朝闻。汝信熟悉外语，对西方美学史论和西方艺术有深入独到的研究，王朝闻真懂艺术，对各种艺术门类的美学剖析几乎无人能比。

这本《审美谈》是作者对自己美学思想的系统总结，1984年11月由人民出版社出版。全书围绕着以艺术为主的审美客体和审美主体的关系，深入系统地分析了创作和欣赏这两个体现审美活动的范畴。对“直觉与思维”“情感与共鸣”“再现与表现”“模仿与创造”“含蓄与明澈”等二十余组相对应的概念进行论述，体现了相互依赖、相互作用的对立统一，具有强烈的辩证思维。

作者在该书前衬页上题签：“林呐同志指正　王朝闻　一九八四年”。受赠人林呐，原名和法仁，1920年生于河南博爱，1990年在天津病逝，曾任百花文艺出版社社长、天津市文联副主席、作协副主席。1958年负责创建了百花文艺出版社，曾策划出版了大批好书，其中的“百花散文书系”大受欢迎。王朝闻的著名红学研究专著《论凤姐》就是1980年在天津百花文艺出版社出版的。

在我的阅读印象中，一般的美学著作，经常从概念出发，从美的本质等理论性定义出发，读来让人感觉空洞抽象，要不就直接读不下去，要不就是读完了也看不懂。王朝闻在该书序言中说："记得二十多年前，一位领导学术工作的同志问我：为什么美学的文章往往不美？我说：这不只是文采问题，更根本的是对于所要探讨的问题缺乏感性知识因而缺乏充沛的情感。现在我更觉得，古人那'言为心声'的文论，不只适用于诗创作，也应当适用于理论工作。"

他在写作中一直坚持"言为心声"，带着感情研究艺术，在他眼中，山川有性，草木含情。他的美学是活生生的生活美学，有时把艺术当作生活来认识，有时又把生活当作艺术来观赏，许多感受都是直接来自生活，从民间生动的话语中引发思考，体会生活本身的美感，从中挖掘美学意义，获得理论升华。他的文风朴实无华，平易近人，语言口语化，很生动，消除了读者的理论畏惧，缩小了作者与读者间的心理距离，实现了有效的学术传播。

有时候他喜欢用诗文成语说明道理。在"情感与共鸣"一节中，谈到创作与欣赏的矛盾时，他引用孟浩然《夏日南亭怀辛大》中的诗句"欲取鸣琴弹，恨无知音赏"，既表现诗人对知音友人的怀念，也表示知音的难得。在"再现与表现"一节中，讲到人们的审美认识有一个过程，这个过程，常常表现为事物发生和发展在时间上的距离。应该承认时间上的距离在从感性到理性认识过程中的深化作用。他用"痛定思痛"来举例，这一成语表明痛时与痛后在时间过程中的差别，因为痛后有所思考或回忆，认识的结果与当时的具体感受之间不免形成一定的距离。

有时候他喜欢用生活细节说明道理。在"艺术中的美和丑"一节中，谈到艺术形象虽然有丰富的客观依据，但实际生活总比一些艺术反映要复杂得多。譬如说，因为夫妻之间的不和而要自杀者，服毒之前的片刻却要给他那正在梦乡里的妻子掖掖被角；抢劫行人仅有的两块钞票，临了给对方留下买一顿饭吃的钱。简单化的艺术缺乏说服力，没有认识到生活的复杂性，取消了客观事物固有的矛盾性。在“矛盾与魅力”一节中，他用捕鱼的例子来阐释，吃鱼不如打鱼香，能不能把鱼抓住这个悬念，是最让人兴奋的，吃鱼时早已解决了能不能把鱼抓住的矛盾，反而没有兴味了，矛盾的魅力也就丧失了，“兴会最佳者，乃在将到未到时”。

有时候他喜欢用自身感受和人生经验说明道理。在“确定与不确定”一节中，讲到审美主体对审美对象的不确定性，审美主体的感情起关键作用。他讲到自己在吉林出差时，在茂密的树林中坐下来，看着树叶和荒草别有一番趣味。联想到在战乱中流浪的诗人杜甫，写下了“国破山河在，城春草木深”的诗句，同样是看到草木，但二人感受迥然不同。在“再谈艺术与欣赏”一节中，他讲了这样一个故事，以证明在一定条件下，美与善在群众感受中的地位是善重于美。抗日战争初期在做宣传工作的时候，王朝闻在诸暨画了一幅壁画，下午路过时一看，画里的侵略者的眼睛全部被挖掉了。他第一感觉不满意，怪别人不尊重他的辛勤劳动，破坏了作品的完整性。但一想，这是壁画产生了动人的效果，是群众仇视侵略者的情感表现，就不再那么不高兴了。这个事件表明，在日本军国主义侵略中国、关系到每个人生死存亡的历史条件下，群众对艺术所持的态度的特点在于：内容重于形式，善比美更重要。

1980 年，朱光潜在给北京师范大学美学进修班上的发言提纲中写道：“不通一艺莫谈艺，实践实感是真凭。”从以上几个例子可以看出，王朝闻的美学理论正是建立在自己的实践实感基础上。能不能获得比较深入的审美感受和比较正确的审美判断，一是要拥有相应的生活经验和社会知识，二是要具备能够欣赏美的眼睛、耳朵和心灵。美学并不是什么神秘的东西，无非是从理论上解释生活现象和艺术现象，辨别它的美丑。如果离开了艺术形象的具体分析，只说美的定义是什么，美的本质是什么，作为一种研究活动，是很不够的。

由此，我也想到了学术语言问题。近几年人文社科类的学术期刊，有些文章装腔作势，故弄玄虚，大量运用西方理论词语，一味讲求逻辑思辨，觉得别人看不懂才显得文章高深，这种话语方式值得反思。我承认，理论文章具体采用哪种话语方式，这和学者个人学术背景及艺术趣味有关，也和所论文章主题有关，但最起码应该让具有一定文化素养的读者看得懂，愿意看。从这一点来说，王朝闻的这种从细微现象中发现问题的研究方式和循循善诱的老友谈心式的文风，特别值得提倡。

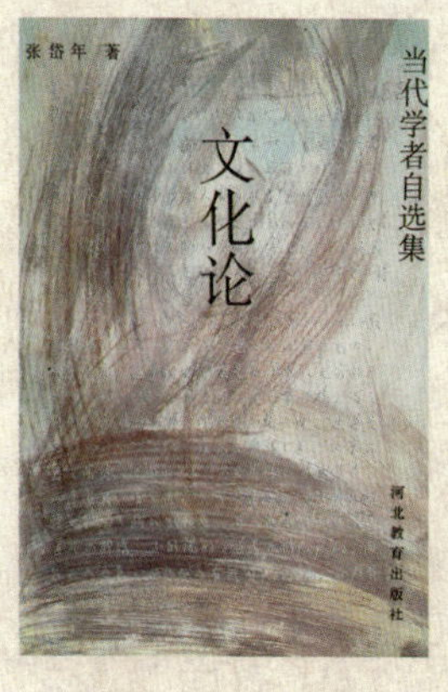

文化的综合与创新

——张岱年《文化论》

这本《文化论》，是著名学者、哲学史家张岱年的学术论文集，1996年5月由河北教育出版社出版。此时张先生已八十七岁高龄。他在该书前衬页上题签：“克木同志指正　张岱年　96年12月”，是签赠给比自己小三岁的著名学者、翻译家金克木先生的，他们都是北大教授，一位执教哲学系，一位执教东方语言系。

该书收录张岱年七十多篇文章，分为三编：第一编论述文化问题，按时间先后排列；第二编论述哲学问题，包括儒、墨、道、法等；第三编是文史随笔和学术杂感。在这里，我不想面面俱到地介绍这本书，只是想谈谈感受较深的两个方面，一是张岱年的综合创新文化观，二是他的学术文章的几个显著特色。

该书第一篇文章《中国文化发展的道路——论文化的综合与创

新》，总领全书，是张岱年综合创新文化观的集中体现。此文认为中国传统文化有四大长处：摆脱神学独断的生活信念，重视相反相成的思维方法，肯定道德自觉的人格观念，爱国爱族的牺牲精神。同时他也认为有四大弊端：尚通忽别的致思心习，不重实际探求的学术方向，忽视个性自由的人际观念，尊尊亲亲的传统陋习。他认为，要想促进中国文化发展，必须坚持百家争鸣、吐故纳新，综合中西文化长处创造新文化。如何综合中西文化之长？他也提出了具体的思路：天人观方面，将“天人合一”和“战胜自然”的观点结合起来；价值观方面，将儒家的道德义务和社会责任心，与西方强调的个人奋斗精神、个人独立意识和公平竞争原则结合起来，摒弃儒家的封建礼教和西方的拜金、享乐主义；思维方式方面，将中国传统的辩证思维与西方近代科学的分析思维结合起来，最终形成一个健全的文化体系，既要有中心思想，同时要兼容并包，促进学术文化全面发展。

在阅读该书的过程中，能够充分感受到张岱年学术文章的显著特色。一是每篇文章都讲求体系。张岱年在年轻时就力图构建中国哲学体系，他在二十七岁时即写成五十万字的《中国哲学大纲》，该著系统条理，以哲学问题为纲，叙述中国哲学的发展过程，对中国古典哲学的概念、范畴作了比较明确的分析阐释，具有较高的学术价值。这本《文化论》所选文章，大文章有大体系，小文章有小体系，论证严密，层次清楚，起承转合都有依据，把每一个学术问题都用明白透彻的语言讲得清清楚楚。努力建构完整体系，是张岱年学术研究的一大特色。二是善于运用简明扼要的语言，从丰厚的传统文化中总结提炼思想精髓。比如对中国传统文化的基本精神内涵，他用四句话作了概括：天人合一、以人为本、刚健有为、以和为贵。对玄远的道家思想，他也总结了四句话：道先天地、逍遥悬解、玄同齐物、全生贵己。对于《管子》的思想，他用一句话概括：兼重德礼与法治，把法治与德礼统一起来。三是充满辩证唯物主义思想。在这本书中，他讲得最多的是继承与创新的关系，他认为，创新要在批判继承上有所前进，要超越传统必须先了解传统，同时要处理好开放与独立的关系，借鉴外国文化的同时，要保持民族的主体性、独立性。对于传统文化中提出的“一阴一阳之谓道”“刚柔相推而生变化”等揭示对立统一规律的思想，他也非常推崇。

在该书第三编有一篇名为《哲苑絮语》的文章，记述了张岱年与哲学界友人熊十力、梁漱溟、冯友兰、金岳霖等的交往，其中有一段写道：“大约 1955 年，有一天我访问熊十力先生，熊先生正在那里叹气，我感到很奇怪，就问：熊先生为什么叹气呀？他说：我担心今后人们都不会思想了。当时我对他说：不至于如此。熊先生主张创造性的思维，他是担心创造性的思维削弱了。”

哲人必有远见，熊先生的担心不是多余的。看看今天的学术界和文化界，人云亦云的多，原创的思想少，许多人不愿意读书，不愿意深入思考问题，只愿意接受直观化娱乐化浅俗化的东西，这确实是个大问题。长此以往，可能人们真的都没了创造性的思维了。

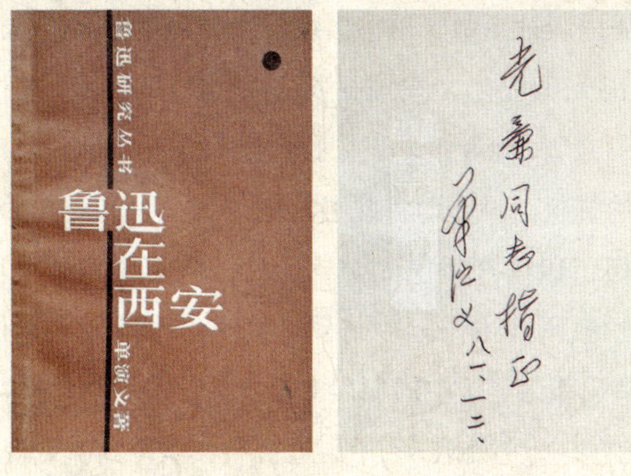

陕西鲁迅研究的奠基者

——单演义《鲁迅在西安》

单演义（1909—1989），字慧轩，又名晏一，安徽萧县人。1939年就读于国立西北联合大学，后考入东北大学文科研究所，师从国学大师高亨、蒋天枢诸先生。自1944年起执教于西北大学。早年从事庄子研究，成果丰硕。新中国成立后，改治中国现代文学，特别是将鲁迅研究作为主攻方向，创建了国内第一家鲁迅研究室，出版了填补学术空白的《鲁迅在西安》，创办了享有盛誉的《鲁迅研究年刊》，在国内率先推进中国现代文学与鲁迅研究的国际学术交流，系统开设了关于鲁迅研究的多门课程，并在全国率先招收鲁迅研究专业硕士生，培养了一大批年轻的鲁迅研究著名学者，其中，以《中国反封建思想革命的一面镜子》著称的王富仁教授，便是他的研究生。

这本《鲁迅在西安》，作为“鲁迅研究丛书”的一种，1981年7

月由陕西人民出版社出版。该书出版后，单先生签赠给我的老师、鲁迅研究专家冯光廉先生，在前衬页上题写："光廉同志指正　单演义　八一、一二"。2008年夏天，我在撰写本科毕业论文时，需要查阅关于鲁迅的资料，冯师即将此书转赠予我。冯光廉，1934年10月生于河南平舆，1957年河南大学毕业后分配至山东师大从教，先后担任现代文学教研室主任、中文系副主任。1986年底调任青岛大学中文系主任。出版编著《中国现代文学史教程》《中国新文学发展史》《中国现代文学史研究概论》《中国近百年文学体式流变史》《鲁迅小说研究》《鲁迅作品教学新探》《多维视野中的鲁迅》等。

视野回到九十多年前。1924年，陕西军阀刘镇华、西北大学校长傅铜在西安办"暑期学校"，邀请学者到西安讲学。北大教授鲁迅应邀赴西安，讲授《中国小说的历史的变迁》，在西安停留二十余天。据单演义推断，鲁迅答应赴西安讲学的原因有二：一是考察唐朝故都的遗物，为撰写关于杨贵妃的历史小说做准备；二是在西安传播新思想、新文化，改变西安学界复古思想弥漫的状况。《鲁迅在西安》一书，对鲁迅西安讲学之旅进行了细致的考证，其中包括"陕西社会面貌鸟瞰""国立西北大学简介""关于西大的暑期学校""鲁迅应邀来西安""在西安讲演的特色""鲁迅后来对《史略》及讲稿中某些观点的修正""游览名胜古迹和购买文物""鲁迅与易俗社""鲁迅冷对军阀和名士""鲁迅回北京""鲁迅和康有为来西安讲学的比较观""鲁迅在西安讲学的影响"等十二个专题，凡涉及当时的人、事、物，单演义都做了详细的史料描述，为此耗费了大量精力，给学界留下了一部鲁迅西安讲学的信史。

关于这本书的写作，有人认为是"学术零碎"，搜集整理这些小钉小铆、小瓶小罐的材料，意义不大。也有人认为，鲁迅来西安时间短，只能写一篇小文，不必浪费过多精力。可是，对于这个课题，单演义一头扎进去就是三十多年。他的学生王富仁在《怀念单演义先生》一文中说："大概谁也不会认为这是一项多么了不起的大工程，但当一阵风把那些冠冕堂皇的大批判文章吹了个烟消云散之后，在这片白茫茫的大地上却仍然留下了单先生的劳绩。这里的大和小、重和轻、伟大和平凡应当怎样比较呢？……你永远也不能不说单先生的工作是平凡的，在当时谁也不会为此而感到震惊，但他却给后人留下了一点坚不可摧的东西，他让后来的鲁迅研究者在鲁迅这段生活经历面前感到放心和踏实，而不必再自己从头做起。他让你能在一个新的起点往前走，能够比他走得更远些、更快些。"我觉得这段评价切中肯綮，指出了这本书在鲁迅研究史上的特殊地位。

其实，单演义除了重点考证鲁迅在西安这一课题外，还为现代文学界奉献了许多成果。比如考证出"杜荃"是郭沫若的笔名。在1928年的革命文学论争中，"杜荃"发表了《文艺战线上的封建余孽》，攻击鲁迅是"封建余孽""二重反革命""法西斯蒂"。郭沫若晚年，冯乃超等人曾问他是否用过"杜荃"作为笔名发表文章，郭回答说"记不起来了"。单演义带领学生搜集了十一条证据，证明"杜荃"就是郭沫若，"虽然仅仅是一个笔名的考证，却是一个永久性的改写了中国现代文学史的举动"（王富仁语）。另外，单演义还出版了《鲁迅与瞿秋白》《郭沫若心目中的鲁迅》等著作，还有《鲁迅行年录要》《鲁迅研究书目提要》《鲁迅与庄子》等多部未出版的著作。

今天的鲁迅研究界，并没有忘记单演义先生，今天的西北大学，也没有忘记这位学校现代文学学科创始人。2009年8月，单演义百年诞辰学术研讨会在西北大学举行，追忆生前事迹，缅怀治学精神。

参会人员认为，单演义在学术视野、治学方法以及师德风范等方面留下了可资借鉴的宝贵财富。首先，他的学术研究横跨古典与现代、庄子与鲁迅两大领域，均有重要建树，可谓学贯古今，著述丰富，显示出老一辈学者开阔的学术视野。其次，他的研究著作，始终注重第一手资料的钩沉爬梳，体现出严谨扎实的学术态度。另外，他在命运坎坷、荆棘丛生的人生逆境中，仍然坚守着对学术的敬畏与钟情，满怀热情地鼓励和帮助青年学人从事学术研究，体现出一种真正的学者情怀与知识分子精神。单演义的家属将他的著作《庄子索引》《庄子天下篇荟释》《鲁迅在西安》重新出版，并捐赠给西北大学图书馆和文学院。单先生的儿子单元庄非常深情地说："也许，我的父亲没有惊天动地的业绩，但他的身上有着中华学人的情操、品格、风范和情怀。在如今金钱和权势充斥的社会中，越来越多的人迷惘和消沉，我们才更觉得那种情操的可贵。我真的很骄傲，我的父亲不负于中华学人的情操和情怀。"

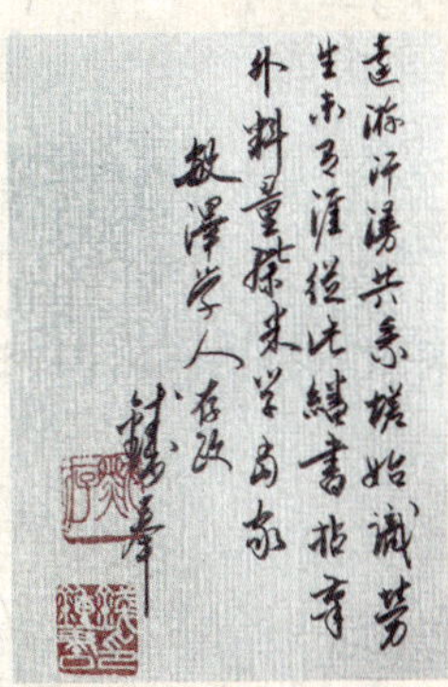

荒江老屋素心人之事

——钱锺书《谈艺录》

钱锺书是著名作家、古典文学研究专家，长篇小说《围城》和学术著作《谈艺录》《管锥编》等奠定了他在文坛的地位。《谈艺录》是钱锺书最早的一部文学批评专著。1939 年他在上海小住期间，经友人冒效鲁劝说，决定写一部诗话，至 1942 年完成初稿，后经王伯祥、叶圣陶二先生推荐，该书 1948 年 6 月在上海开明书店出版，1949 年 7 月再版。之后几十年，钱锺书“壮悔滋深，藏拙为幸”，没有将此书再版。1984 年，中华书局与钱锺书商量，《管锥编》问世后，许多读者想购买《谈艺录》而不得，建议再版，于是他对原书进行修改润色，删除细目，把全书分为九十一则，并重新加上标题，编为上编，又在原书后面增加了补遗部分编为下编，于 1984 年 9 月由中华书局出版。

该书初版时，责任编辑为开明书店的周振甫，三十多年后再版，编辑依然是古典文学研究专家周振甫，此时他已调入中华书局。钱锺书在补订本引言中说："审定全稿者，为周君振甫。当时原书付印，君实理董之，余始得与定交。三十五年间，人物浪淘，著述薪积，何意陈编，未遭弃置，切磋拂拭，犹仰故人。诵'印须我友'之句，欣慨交心矣。"钱锺书和周振甫因书定交，成就了作者与编辑之间的一段佳话。

这本签名本，钱锺书在前衬页上用毛笔题签："远游汗漫共乘槎，始识劳生未有涯，从此翻书拈笔外，料量柴米学当家。敏泽学人存政　锺书奉"，并钤两方印章，一为默存，一为钱锺书印。我想先来说说这首诗，再说说受赠者敏泽，最后说说这本书。

这首题诗选自钱锺书旧体诗集《槐聚诗存》，总题目为《偶见二十六年前为绛所书诗册电谢波流似尘如梦复书十章》，共有十首，此为其中第四首，大意是：我们共同乘船远走海外，才认识到人生辛劳无边无涯，从此在看书著述之外，计算着柴米油盐学习着当家。这首诗的本意，是回忆1935年他和杨绛乘船负笈英法时的情景，将这首诗抄录给学者敏泽，估计也是有共勉的意思，在著书立说之外，也应该提高应付日常生活的能力。

该书受赠者敏泽，是钱锺书在中国社科院文学研究所的同事，他1927年生于河南渑池，曾任《文学评论》主编，是我国文学理论批评和美学研究领域一位重要的开拓者。他所著《中国文学理论批评史》《中国美学思想史》，对文学批评和美学学科建设起到了积极作用，在学术界产生了较大影响。敏泽先生于2004年逝世，党圣元所著《主导多元、综融创新——敏泽先生的学术成就和治学方法》一文，详细介绍了他的学术成就。

敏泽对前辈学人钱锺书非常尊敬，执弟子礼，自己也是"钱学"的倡导者。他在回忆钱锺书时说："'文革'之后，作为浅学薄识的后学，我有幸结识先生，一再聆听到先生的教言，道德文章，一并受到教益和沾溉，没齿难忘。以为学而言，我不仅从先生仿佛无尽宝藏的著作和言谈中受到了数不清的学术上的启迪，极大地开拓了视野，增长了知识；更重要的是，在为学的方法论上受到了难忘的教益，这既是从先生的著作中得到的，也是从先生的指点中得到的。”

另外，他在《论钱学的基本精神和历史贡献——纪念钱锺书先生》一文中还记述了一件事。“文革”之后周扬同志复出，担任中宣部及社会科学院领导职务，曾找敏泽谈话，向敏泽提出了这样的问题：“我们能不能从学术上将钱锺书的班接下来？”敏泽当时回答说：“钱锺书现象的出现，是多种罕有因素加在一起综合造成的，不仅我们这一代人远远做不到，在未来的几代人中要实现这一愿望也是极难的。”他这里所说的多种因素，既包括幼年时的家教、青年时高等学府的系统深造、中西文化交融，也包括钱锺书自身的天才和学力，以及一生惜时如金、嗜书如命的性格等。

许多论者都认为钱氏之学博大精深，《谈艺录》就体现得非常明显。该书纵论中国古典诗文，重点放在唐宋至明清时期，论及的诗人有陶渊明、韩愈、李贺、王安石、梅尧臣、苏东坡、黄庭坚、陆游、杨万里、钱谦益、袁枚、龚自珍、王士祯、黄遵宪、王国维等数十位。该书有以下几个特点：一是引文广博。有人统计，《谈艺录》所引典籍约一千八百种，哲学、美学、宗教、艺术，文化学、心理学、语言学信手拈来，并充分运用西方文艺理论，包括亚里士多德、康德、黑格尔、尼采、海德格尔等人的论著，来诠释点评中国古典诗文，实现了古今中外融会贯通。二是札记形式。钱锺书的学问不是以宏观性、体系性的论著出现，而是以传统的诗话札记形式出现的，他行文不拘一格，神思飞扬，力避空言陈语，启人心智，包含着深邃的诗心文心。

这种随笔札记的形式我国古已有之，钟嵘的《诗品》、严羽的《沧浪诗话》、袁枚的《随园诗话》、王国维的《人间词话》，都是这类学术著作中的精品，钱锺书承继了这路文脉。三是观点新颖。该书中有许多精彩观点，令人耳目一新，比如他认为诗分唐宋，“唐诗宋诗，亦非仅朝代之别，乃体格性分之殊。天下有两种人，斯有两种诗。唐诗多以丰神情韵擅长，宋诗多以筋骨思理见胜”，这个观点成为唐宋诗歌之分的不易之论。比如对于陆游的诗，他既看到优点，也指出存在的问题：“有二痴事：好誉儿，好说梦。儿实庸才，梦太得意，已令人生倦矣。复有二官腔：好谈匡救之略，心性之学；一则矜诞无当，一则酸腐可厌”。点评寥寥数笔，却恰如其分，生动传神。

钱锺书一辈子喜欢清静，不愿被人打扰，对名利也淡然处之，只愿用毕生精力做做学问。他那关于“母鸡和鸡蛋”的典故，很多人耳熟能详，说的是英国一位读过钱锺书著作的女记者，来中国时想拜会钱锺书，钱在电话中委婉地拒绝说，假如你吃了一个鸡蛋觉得不错，又何必要认识那下蛋的母鸡呢？上世纪 80 年代，随着钱锺书影响越来越大，在中国的港台，以及欧美、日本等地形成了专门研究钱锺书的“钱学”队伍，在国内，厦门大学教授郑朝宗首倡“钱学”，招收《管锥编》方向的研究生，并出版了《〈管锥编〉研究论文集》。钱锺书对此非常反对，他在 1988 年致郑朝宗的信中说：“大抵学问是荒江老屋中二三素心人商量培养之事，朝市之显学必成俗学”，指出了做学问要抛却功利心，远离世俗事，安安静静地小范围研究，才能做出成果。1998 年 12 月 19 日，钱锺书在京逝世，享年八十八岁。他在遗嘱中写道，遗体只要两三个亲友送送，不举行任何仪式，恳辞花篮花圈，不留骨灰。他人走得干干净净悄无声息，但学术思想的大厦，却巍然屹立在中华大地上。

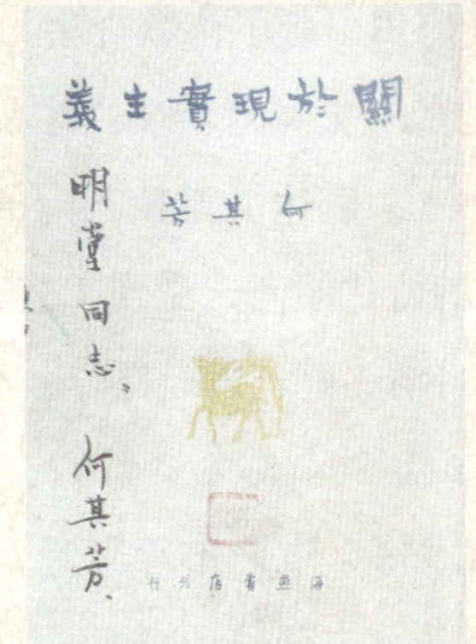

知识分子思想转变的典型个案

——何其芳《关于现实主义》

何其芳是以散文家和诗人的身份登上文坛的，1942年延安文艺座谈会之后，他逐渐转向马克思主义文艺理论研究，新中国成立后担任中国社科院文学研究所所长。考虑到《关于现实主义》是何其芳的论文集，所以本书把他归入学者行列来写。

该书1950年3月由海燕书店刊行。作者在封面上题签：“明堂同志：　何其芳”，并有“明堂”藏书章。我从徐州一位旧书商手中购得一批盖有“明堂”印章的藏书，其中有很多签名本。据资料显示，王明堂是徐州师范大学（现江苏师范大学）教授、藏书家，50年代先后毕业于华东师范大学和复旦大学，曾长期在华东师范大学任教，后调入徐州师范大学，研究中国现当代文学。

何其芳1912年生于重庆万州，1935年毕业于北京大学哲学系，

1936年他与卞之琳、李广田出版了诗歌合集《汉园集》，被称为“汉园三诗人”。同年出版的散文集《画梦录》，构思新奇，意象精美，通过比喻、象征等艺术手法，表达了孤独苦闷的细腻情感，带有唯美主义的神秘色彩和强烈的诗化倾向，受到文艺青年的热烈追捧。1937年5月，该书获得由朱自清、叶圣陶、巴金、沈从文等著名作家担任评委的《大公报》文艺奖金。

1938年，何其芳与沙汀、卞之琳等奔赴延安，在延安鲁迅艺术学院任教，1939年任文学系主任。1942年，他聆听了毛泽东在延安文艺座谈会上的讲话，这对何其芳影响巨大。从此，他的思想和工作发生了变化，由个人色彩浓郁的诗人和散文家转向革命文艺批评家和主流话语代言人，把主要精力放在了文学评论方面，并于1945年至1947年间，两次赴重庆向国统区宣传《讲话》和党的文艺政策。新中国成立后，他担任文学研究所领导，继续从事文艺理论批评，鲜有文学作品问世。这就是学术界争论不休的“何其芳现象”，通俗的说法就是把何其芳分为“前期何其芳”和“后期何其芳”，也就是“文学何其芳”和“政治何其芳”，再直白一点，就是“思想进步、创作退步”的何其芳。

1956年9月，何其芳在为《何其芳散文选集》写序的时候，也意识到了自己的变化，并这样反思道：“当我的生活和思想发生了大的变化，而且是一种向前迈进的变化的时候，我写的所谓散文和杂文却好像在艺术上并没有什么进步，而且有时候甚至还有些退步的样子。”其实，这样的宿命不只发生在何其芳一个人身上，像郭沫若、茅盾、曹禺这些现代文学大家，在后半生都没有再写出超越以前水准的作品，因此，在政治标准第一的年代里，“何其芳现象”是一种较为普遍的现象，也是20世纪文学史研究无法回避的话题。

《关于现实主义》这本书，是何其芳在延安文艺座谈会以后所写的文艺理论批评文字的结集，收录 1942 年至 1947 年所写的文学论文二十一篇。这里面有对于他自己过去文艺思想的检讨，有对延安文艺界如何执行毛泽东文艺思想的介绍，有对国统区某些文艺作品和文艺理论倾向的批评，也有为初学写作者而写的谈写作的文章。

书名来自第二辑中的一篇论文《关于现实主义》，这也是何其芳在这一时期的代表性评论文章。1945 年底至 1946 年初，《新华日报》副刊围绕茅盾的《清明前后》和夏衍的《芳草天涯》的“唯政治倾向”与“非政治倾向”展开了讨论。在讨论中，王戎等人认为，《清明前后》某些地方有公式主义成分存在，大后方文学创作公式化的根源是“唯政治倾向”。现实主义的批评既反对“无政治倾向”的作品，也反对“唯政治倾向”的作品，应追求“政治与艺术的统一，内容与形式的统一”。何其芳在《关于现实主义》一文中对王戎的观点提出了批评，认为当时只强调现实主义是不够的，现实主义的中心内容并不在于“主观精神与客观事物的结合”，“而是必须强调艺术应该与人民群众结合，首先是在内容上更广阔、更深入地反映人民的要求，并尽可能合乎人民的观点，科学的观点，其次是在形式上更中国化，更丰富”，“如何为群众，如何为法，也就要提到文艺界的面前来，成为今天议事日程上的最中心的问题，也同时是讨论问题的最高原则”。这是何其芳充分运用毛泽东《讲话》思想在国统区开展文艺批评的一次具体实践。

在这里，抛开这本书，还想再谈谈作为中国社科院文学研究所所长的何其芳。社科院文学所成立于 1953 年 2 月，最初附属于北京大学，原名北大文学研究所，郑振铎任所长，何其芳任副所长。1958 年郑振铎因飞机失事遇难，何其芳继任所长。作为一个国家最高文学研究机构的领导者，他首先要对党负责，在文艺界历次政治运动中，他虽然有时有不同看法，但最终会执行上级政策，积极投入到运动中去，批胡适、俞平伯、胡风、冯雪峰、田汉、夏衍，都能听到他的声音。但难能可贵的是，他尽量从学术层面上处理政治性的理论问题，光明磊落，真诚无私。俞平伯因《红楼梦》研究受到批判时，何其芳给予他力所能及的保护。在评定职称时，又坚持将俞平伯定为一级研究员，认为他是有真才实学的专家，不能因为受到批判而影响晋升职称。

说到社科院文学所评职称，还有一段佳话。老诗人吕剑的儿子吕微在《何其芳的传说》中回忆，“文革”前文学所唯一一次职称评定，何其芳一个人说了算。他对钱锺书说，你是一级研究员，钱锺书点点头。他又对某某人说，你是二级研究员，某某人说，知道了。文学所没有人对何其芳拟定的评职称决议案持有异议，因为没有人怀疑何其芳的学术判断力，也没有人怀疑何其芳不公正。他给所有的研究人员定了职称，唯独没有给自己定职称，他认为自己是所长，做的是行政工作，不应该再享受职称的待遇。在文学所的传说中，那是文学所历史上最没有争议也没有留下遗憾的一次职称评定，从那以后到今天，何其芳一直是文学所的人心目中公正与权威的化身。

也曾担任过社科院文学所所长的著名学者杨义，在《何其芳论》中说，何其芳创建和发展文学研究所，为学术骨干人才的汇集和后续人才的成长呕心沥血，并在政治运动频繁之秋，尊重学者，尊重学术，为学者发挥才能提供尽可能宽松和谐的环境。同时规划外国文学名著和理论丛书，以及中国古典文学读本丛书，为文学研究拓展思想空间提供资源。尤其是创办《文学评论》《文学遗产》等刊物，为学者潜心研究和学术质量的提高，提供了由文学研究所牵头的、泽及全国文学研究界的园地，影响极其深远。在文学研究所纪念他诞辰九十五周年、逝世三十周年的座谈会上，许多新老学人以无比的崇敬表达对他永远的怀念，缅怀他对文学研究所的创立和发展作出的无可替代的奠基性业绩，回顾他对现代文学创作和文学研究事业作出的杰出贡献，感情真挚而深切，令人为之动容。

1977 年 7 月，何其芳因病在京逝世，享年六十五岁。作为对现代知识分子道路问题思考的一个典型，他人生道路的转变，他的痛苦和彷徨，20 世纪许多知识分子身上都不同程度地存在。年轻时的何其芳，曾在《汉园集》中说："艺术是无情的，它要求的挑选的不仅是忠贞。在这中间一定有许多悲剧，一定有许多人像具有征服世界的野心的英雄终于失败了，终于孤独地死在圣赫拿岛上。"这本是他勉励自己继续从事文学创作的誓言，却成了自己命运的谶语。

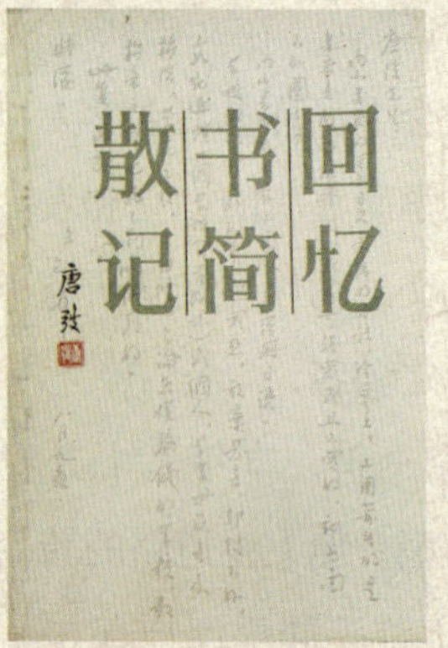

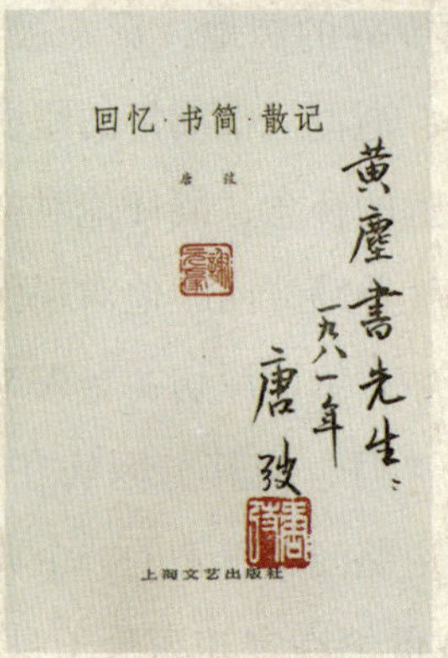

鲁迅研究的拓荒者

——唐弢《回忆·书简·散记》

我脑海中的唐弢有三重身份，三四十年代是杂文家，新中国成立后以鲁迅研究专家和现代文学藏书家名世。我从旧书店淘来的这本《回忆·书简·散记》，1979年10月由上海文艺出版社出版，收录了二十一篇文章，分为四辑，第一辑是作者与鲁迅交往的回忆文章，第二辑是作者与日本鲁迅研究专家的通信和商榷文章，第三辑是鲁迅研究文章，第四辑是悼念友人的文章，包括郭沫若、许广平、郑振铎、靳以、石灵、陆蠡、周木斋等。唐弢先生在该书扉页上用毛笔题签：“黄尘书先生：　一九八一年　唐弢”，并钤印。受书人黄尘书资料不详。

记得初中语文课本收过唐弢一篇文章，是回忆与鲁迅交往的散文，题目叫《一面》，那时候，我们还不知道“弢”字怎么念。本书中收录的《第一次会见鲁迅先生》《记鲁迅先生》两篇文章，作者详细回忆了第一次见鲁迅的过程。1934 年 1 月 6 日，《自由谈》编辑黎烈文在上海的古益轩请客，一来约经常写稿的人欢聚，二则为郁达夫夫妇饯行。在座的除了鲁迅、唐弢，还有阿英、曹聚仁、徐懋庸、陈子展、郁达夫夫妇、林语堂夫妇。“席间，说话最多的是林语堂、陈子展、郁达夫三位，而每次谈到一个问题，鲁迅先生终有他精辟的意见。我不明白他头脑里怎么装得了那么多逗人发笑、引人深思的资料和见解！”“那次宴会，虽然有几个是初次见面，但也有他的老朋友在座，所以他谈得很多。到了现在，这一桌里的人，有的提倡过幽默，到西洋去著书了；有的做过官，上东洋去讲学了；有的在翻译；有的在弄古书；有的并无争执，却默默地疏远起来；有的虽经论争，却仍在同一目标下努力。最可哀痛的是：我们竟失去了鲁迅先生，回想起来，又岂仅一点感慨而已。”鲁迅先生应该不会想到，就是那次酒席上的这位崇拜他的青年，日后成了鲁迅研究的拓荒者和鲁迅思想的传播者。

上世纪 30 年代初，唐弢在上海邮局做工，为排解苦闷情绪，追求思想自由，他开始读书写文章，并积极给《文汇报》《宇宙风》《循环日报》等投稿，发表了大量杂文，曾被人误以为“唐弢”是鲁迅的另一个笔名，可见他文笔的老辣深刻。后来几年间，他陆续出版了《文章修养》《投影集》《短长书》《劳薪集》《识小录》《落帆集》等文艺评论和杂文著作，成为名噪一时的杂文家。同时，协助许广平做《鲁迅全集》的校对整理工作，并十多年如一日地从事鲁迅佚文补遗工作，出版了《鲁迅全集补遗》。

新中国成立后，他先在上海工作，担任华东局文物处副处长、《文艺阵地》副主编、复旦大学教授，而后又任上海市作协书记处书记、《文艺月报》副主编。其间，他撰写出版了《鲁迅全集补遗续编》

《向鲁迅学习》《鲁迅杂文的艺术特征》《鲁迅在文学战线上》等一批鲁迅研究专著。1959 年，唐弢调任中国科学院文学研究所研究员，后兼任《文学评论》副主编、中国鲁迅研究会顾问、中国现代文学研究会顾问。60 年代后，唐弢主要以研究中国现代文学史、鲁迅和有关现代文学的书籍版本为主。1979 年至 1980 年，唐弢与北大中文系教授严家炎共同主编了三卷本《中国现代文学史》。这套书在文学界和教育界影响很大，我读大学的时候，虽然已有钱理群、温儒敏等撰写的《中国现代文学三十年》、冯光廉等主编的《中国新文学发展史》、朱栋霖等主编的《中国现代文学史》、孔范今主编的《二十世纪中国文学史》等许多新著，但很多高校依然在用唐弢本，该书被认为是改革开放以后的学科奠基之作。

1981 年，国务院学位委员会发布了首批博士生导师名单，共计一千一百九十六人，文科不到二百人，具体到中国现代文学方向，仅有北大王瑶、北师大李何林和社科院唐弢等几位。1985 年，唐弢招了一位博士生叫汪晖，他在自己博士论文的基础上撰写出版了专著《反抗绝望：鲁迅及其文学世界》，在鲁迅研究界引起了很大反响，被认为是继唐弢、李何林、王富仁之后，最有代表性的新一代鲁迅研究专家，对于唐弢先生而言，鲁迅研究后继有人。

除了学术研究之外，谈唐弢，就不得不提他的另一个身份：藏书家。据统计，唐弢的藏书共有平装图书两万三千余册，线装书两千余册，外文图书（含日、法、英、俄文）六百余种，期刊近两千种。其中毛边本一千三百余册，签名本六百余册，初版本一千五百余册（1937 年以前），珍本六百余册。这数万册藏书的背后，有着唐弢五十年的心血。唐弢逝世后，夫人沈絜云按照他的遗愿，把所藏珍贵书刊悉数捐赠给中国现代文学馆。巴金先生说："文学馆有了唐弢的藏书，文学馆就有了一半。”唐弢在《晦庵书话·买书》一文中说：“正是这些书籍，它们始终伴随着我，和我一起度过了数不清的饥寒交迫的日子，度过了数不清的惊涛骇浪的时刻。这些书籍，有不少正是我的贫贱之交，正是我的患难之交哩。”

汪晖在《回忆我的老师唐弢》中这样描述自己的老师：“唐先生是个典型的中国20世纪知识分子。待人接物有传统文人的风格，不仅是温和，而且有一些内部的狂狷。狂的那部分他表现得不多，狷的部分很多——狂者进取，狷者有所不为也。他有所不为，不去追名逐利，不与伪政权合作，爱惜羽毛，和政治的关系也谨慎。大变天中，始终是要有所不为，若事事都要为，那怎么行？”有所为有所不为，确实是知识分子人格坚守的一种重要表现。

有一分热，发一分光

——荒煤《探索与创新》

荒煤，即著名作家、文艺理论家陈荒煤。他原名陈光美，1913 年生于上海，取此笔名，据说一是为了与本名谐音，二是为了寓意能像荒野中未被开掘的煤炭般闪闪发亮。20 世纪 30 年代，他曾出版《忧郁的歌》《长江上》等小说集，新中国成立后曾任主管电影工作的文化部副部长、中国作协副主席。

这部评论集《探索与创新》，1989 年 11 月由作家出版社出版，收录作者 1982 年至 1988 年所写的文学和电影评论文章。书名取自其中一篇名为《努力探索与创新》的文章，是为《理论与创作》杂志创刊所写。作者在该书扉页上题签："泽浩先生教正　荒煤　一九九〇年八月"，并钤印。该书购自济南旧书市，我猜测，有可能是荒煤签赠给济南著名画家吴泽浩的，但并没有找到他们之间有交往的文字材料，所以无法证明这种推论。

本书开篇是《从梦幻中走向文学之路》，简述了荒煤从青少年时代如何爱好文学，走上文学之路，直到经过十年动乱，重返文学阵地的经历和感受，是他对自己半个多世纪从事文学工作的回顾总结，放在书前作为代序。

有人认为，荒煤是老干部中对历史反思最深、对青年提携最力的一位。从本书的内容来看，给青年作家写的书评和序言占很大比重。荒煤作为 30 年代就登上文坛的老作家，在新时期不遗余力地扶持文坛新秀，这在文学圈是出了名的，不知有多少刚出道的作家，都曾受到他的提携奖掖。《黄河东流去》的作者李凖曾说：“我觉得他最大的贡献是他对青年作家的培养，对中国几代作家的培养上，这方面的工作燃烧着他巨大的热情。荒煤一生看过多少电影剧本，看过多少长篇和中篇小说的草稿？恐怕很难统计。我看他看过的作品草稿，真够拉一汽车的。”

在本书中，有给当时的中青年作家撰写的书评，如李存葆的《高山下的花环》、从维熙的《断桥》、程树臻的《春天的呼唤》、霍达的《红尘》、严歌苓的《绿血》等。有读完作品后与青年作家的通信交流，如给张抗抗写信探讨《隐形伴侣》，给梁晓声写信探讨《一个红卫兵的自白》，给霍达写信探讨《穆斯林的葬礼》。还有为青年学者的学术著作撰写的序言，如为杜书瀛《论艺术典型》《顾骧文学评论集》《张炯文学评论选》等作序。济南青年作家刘玉民出版长篇小说《骚动之秋》时，他热情作序，并把小说推荐给茅盾文学奖评委。《乔厂长上任记》发表后，天津作家蒋子龙一时成为饱受争议的人物，承受巨大压力，陈荒煤独具慧眼，旗帜鲜明地肯定该作的价值地位。

像这样大力扶持青年人的事情还有很多。陈荒煤在担任中国社科院文学研究所副所长期间，以独特的眼光和魄力，不拘一格地从各地延揽人才，将廊坊农村教师张梦阳、四川省社科院青年学者仲呈祥调到中国社科院。如今，张梦阳已是我国鲁迅研究权威专家，仲呈祥已是中国文艺评论家协会主席，他们都撰写了回忆老师荒煤的感人文章。

作家王蒙回忆起陈荒煤不遗余力给青年作家写序时说："他的助人为乐有时候为他自己找了啰唆，但他还是写了，差不多是有求必应。他脸皮薄，不好意思拒绝人，包括绝对应该拒绝的人。"这话里自然也有另一层意思，是说荒煤也有看错人的时候。但在青年人面前，他就像煤一样无私地燃烧自己，不知疲倦，努力地发出光和热，将这温暖奉献给青年，奉献给文学，照亮着人间，直到燃尽生命的那一刻。

从该书中，除了看出荒煤对青年作家的扶持以外，在评论文章中还有许多真知灼见，今天看来亦不过时，还有很强的针对性和现实意义。

对于作家深入生活，荒煤在三十年前就有清醒的认识："不可否认，过去确实有些不正确的做法，错误的做法，在强调深入生活时，往往不分作家的具体生活情况、生活的基础和积累，往往笼统地，简单地强调下去生活。或者所谓带着任务，带着政策下去生活，或者从主题出发到生活中选取一些原料，来结构出一部作品。在收集材料时，更偏重于听故事，着重于如何体现政策，很少把被了解的人放在首要位置上。"他的这些观点，对于今天深入生活的作家们，有很强的启发性。

对于文化管理者，他尖锐地指出："不求艺术有功，但求政治无过，这种观点是一种懒汉思想。不进行探索和追求，不刻苦劳动，不敢创新，以为只要内容好就决定艺术上必然成功的思想，也是一种懒汉思想。”荒煤的女儿陈好梅曾在《我的父亲陈荒煤》一文中回忆道：“这些年来，我们越来越多地通过各种渠道得知，父亲在文化界（包括电影界）多年，威望很高，口碑非常好。尤其是主创人员都很喜欢他，认为他是一个懂创作的领导。我想这就是所谓‘内行领导内行’吧。父亲去世后，来家里吊唁的人纷纷叹息：‘好人啊！’我原来并不认为这有什么，现在想来，这应该是对一个文化界的干部的最高评价了！”

比如对影片过度娱乐化的担忧。在该书收录的 1988 年 10 月为《银屏幕后》一书所写的序言《永葆艺术的青春》一文中，他说：“近年来，我的确有一些忧虑，担心在过分强调文艺创作是商品，强调影片的娱乐性，把娱乐片与艺术片加以对立和简单的分割。”作为一位在电影领域耕耘了几十年的老文艺工作者，他较早地预见了电影行业存在的过度商业化、娱乐化的问题，今天可能比当时要严重得多，电影产业如何健康有序发展，这不能不引起我们深思。

1989 年 11 月，那年的荒煤已七十六岁高龄，他在给老友袁鹰的信中说：“即将迎来 90 年代，如何使文学创作繁荣起来，真需要好好思考。但我辈已老，或被认为是倡导自由化，或被称为僵化，似乎又难以有所作为。各尽所能，该写点什么就写点什么吧，有一分热，发一分光吧！”他做到了，在他生命的最后几年，在医院的病榻上，他依然在为青年作家们改稿作序，依然关心着文学事业的发展，这块荒野的“煤”，燃烧着自己的灵魂，为中国文学献出了一生的光和热。

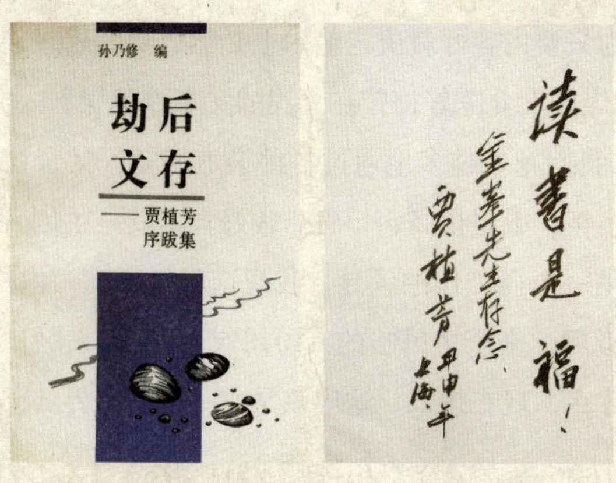

福祸相随只为书

——贾植芳《劫后文存——贾植芳序跋集》

贾植芳是我国著名学者、作家、翻译家，1916年9月生于山西襄汾，曾赴日本东京大学学习，早年主要从事文艺创作和翻译。曾任《时事新报》、文艺周刊《青光》主编。新中国成立后，历任震旦大学中文系主任，复旦大学教授、图书馆馆长，中国比较文学学会副会长等职。著有《近代中国经济社会》《贾植芳小说选》《外来思潮和理论对中国现代文学影响》等，译有《俄国文学研究》《契诃夫手记》等。

这本《贾植芳序跋集》，1991年12月由学林出版社出版，收录序跋文章四十七篇，分两部分：第一部分是贾植芳为自己的著作、译作和所编之书撰写的序跋，如《热力》《近代中国经济社会》《巴金研究资料专集》《中国现代文学社团流派》《中国现代文学研究译丛》等；第二部分是贾植芳为友人、学生的著作、译作和所编之书撰写的序，如《比较文学导论》《巴金论稿》《巴金年谱》《郁达夫年谱》《比较文学的理论与实践》《中国现代文学辞典》《中国现代通俗文学文库》《中西比较文学研究》等。文章均按写作年代排列，由贾植芳的学生孙乃修选编。孙乃修，中国社会科学院文学研究所研究员，1948 年生，1984 年毕业于复旦大学，获文学硕士学位。著有《屠格涅夫与中国——二十世纪中外文学关系研究》《苦难的超度——贾植芳传》等。译著有《莎士比亚传》《论怪诞》《巴尔特》《符号帝国》等十余种。他认为，贾植芳的序文有独立品格，有较强的学术性，史家眼光和专家见识融为一体，同时，笔端常带深挚感情。这些序跋不仅能反映出先生的学术和思想发展，也能看出这位老作家的人生苦难历程，是人品、学识、性情的出色体现。

贾植芳在该书前衬页上题签："读书是福！金峰先生存念　贾植芳　甲申年　上海"，可知是他于 2004 年签赠给一位叫金峰的同志。经查阅资料，了解了一些关于金峰的信息。金峰，祖籍江西宜春，1972 年生于上海。字景伊，室名随想草堂。供职于上海市奉贤区排水运行管理中心。自幼喜爱文学、书法、绘画、旅游，与巴金、杜宣、王元化、贾植芳、草婴、贺绿汀、章克标、黄裳、丁景唐等交游，收藏了大批名家签赠本。2004 年 9 月被洪丕谟先生收为弟子学习中国书画鉴赏与收藏，同年 11 月在上海师范大学奉贤校区图书馆举办"随想草堂藏签名书展"。2007 年出版《草堂书影——名家签名本集粹》，2009 年出版《草堂书影续集》，2012 年出版《草堂书影三集》，都是关于签名本的。

在作家沈扬撰写的《贾植芳晚年笔墨中的精神慧光》一文中，曾记录了金峰与贾先生交往的一个片段，兹录如下：

上海奉贤一家排污工程工厂的青年职工金峰，酷爱读书藏书，并积十年之努力，收集了一大批名家签名本，在上海人民出版社出版了一本名为《草堂书影》的书。金峰先生曾十分欣喜地告诉我，出书之前曾得到贾植芳教授的热情帮助，不但写了序言，还帮他选定了书名。在序文里，贾老亲切地称金峰为“青年书友，也是我的学友”。一天，小金特地从奉贤赶到上海东北角的复旦大学宿舍楼看望贾植芳老人，谈话间，他流露出想请王元化先生题写书名的意愿，谁料贾老听完后当即拿起电话，直接与元化老友联系，得到了对方的允应。于是在上海西南角的一座楼宇里出现了这样一幕：另一位文化老人笑迎小书友，然后展纸提笔，边写边说，年轻人多读书是好事，我愿意为你写书名。凡人金峰的经历，令他感动，我听了也感动。

贾植芳虽为金峰题写“读书是福”，但从他一生经历来看，读书也多次招致祸端。他在回忆录《狱里狱外》封面勒口上写道：“我生于袁世凯称帝的那年，年轻时曾自号‘洪宪生人’，以后又经过了军阀混战、国民党专制、抗日战争等时期，一直到高唱‘东方红，太阳升’。有缘的是我每经过一个朝代就坐一回监牢，罪名是千篇一律的政治犯。作为一个知识分子，我是认真地付出过生命的代价的。我在这个世界的追求、爱憎、信念以及种种个人遭遇，都可以作为历史的见证，为青年及后代提供一些比正史、官书更加丰富和实在的东西。”

贾植芳一生四次入狱，加上改造时间，前后达二十年之久。第一次进监狱是因为在北平参加了 1935 年那场著名的“一二·九”学生运动，被当地公安机关逮捕，以“共产党嫌疑犯”罪名关押了近三个月。后来他的伯父用一千银圆、五十两鸦片烟的代价把他保了出来。贾植芳从日本回国后，1944 年 12 月到徐州担任汪伪淮海省政府参议，暗中从事抗日策反工作，次年 5 月以策反罪被徐州日伪警察局特高科逮捕关押，三个月后因日本投降而获释。1947 年，他又因为给复旦大学地下学联的进步学生刊物《学生新报》写了一篇名为《给战斗者》的文章而被捕，以“煽动学潮”的罪名被关押了一年多。当贾植芳第三次走出监狱大门的时候，外面已经变了天，“人民已经翻身做了主人”，贾植芳拒绝了仕途的诱惑，选择了回大学教书。那个时候，他没有想到，自己还会第四次走进监狱，这次是因为胡风。

贾植芳最早是在日本通过书信与胡风来往的。他在神田的内山书屋，看见了上海生活书店出版的《工人与学习丛刊》，贾植芳就将小说《人的悲哀》投给了丛刊，不久，他收到了三十日元的稿费和主编胡风的来信，从此跟胡风有了书信往来。回国后，贾植芳辗转各地，跟胡风的书信从未间断。直到 1939 年，贾植芳到重庆一家报馆谋事时，胡风跑遍了重庆大大小小的报馆，终于找上门来，并带来了贾植芳所写文章的稿费，两人从此建立了友谊。在重庆期间，贾植芳写了一系列短篇小说和杂文，矛头大多指向国民党政府。1947 年，贾植芳被国民党政府关押时，在狱中就有特务以“提供胡风地址”为释放条件引诱贾植芳屈服，但贾植芳坚持说他根本不认识胡风。几年后，到了“不该”认识胡风的时候，他又偏偏死不改口，一口咬定自己跟胡风是朋友。

1955 年正是全国批判“胡风反革命集团”的时候，一天，当时的上海市高教局局长把贾植芳叫到办公室，问他对胡风的思想作何表态，贾植芳回答说，胡风只是为了文艺事业的繁荣，向党提意见。局长大怒说："你还为胡风辩护！你跟胡风是什么关系？"贾植芳针锋相对地说："我跟胡风是写文章的朋友，在旧社会共患难，他在我最困难的时候帮助过我，就是这么个关系！"高教局长最终宣布贾植芳停职检查，到公安局去交代。此后十年，他一直被关押在上海的第二看守所。直到 1966 年，形势有所变化，贾植芳的问题才被当作"人民内部矛盾"，后来终于走出了监狱大门，但还要在复旦大学的印刷厂改造，一改造就是十几年，1981 年才彻底平反。贾植芳晚年回忆起这段经历时说，当年的"胡风分子"都是些理想主义者，他们正直、真诚、善良，为了理想而活。"我是向来不搞文学理论，也没有什么大的兴趣，所以对胡风的理论一直不甚了然，但我尊重的是他正直的人格力量，是与胡风几十年来生死相连的友谊，更难忘的是胡风曾在我最困难的时候给予我帮助，我们是朋友，不背叛友谊是中国传统做人的基本信条，而卖友求荣又向来为士林所不齿。"

贾植芳和妻子没有子嗣，他们把学生当作自己的孩子一样看待。他在复旦大学第九宿舍的家，有一张大圆桌，有好多年，每逢周五，便是几代学生加上各种慕名而来者的聚餐日。不必正襟危坐，也不分上下大小，在随兴闲聊中，常有专业研究的火花，更有潜移默化的为人为学之道。他的学生、复旦大学中文系主任陈思和这样深情地回忆自己的老师："没有贾先生，我不会走上今天的道路。这是一种整体的影响，学术研究只是一小部分，更重要的是他待人处世的态度，对历史和现实的深刻理解。"同样，贾植芳也为有这样优秀的学生感到高兴，他在为陈思和的著作《一个人格的发展：巴金传》写的序言中写道："我和思和是十多年的老相识了。虽然我们是属于两个不同世代的人，但我们能一见如故，声息相通。我在与世隔绝的二十多年之后，在人生的暮年时刻，有缘与像他这样在'文革'的苦难中长成，而又能在做人上有品有德，在做学问上也有胆有识的青年一代相识和交往，真像在荒凉无垠的沙漠中长途跋涉的旅人，突然发现了草地和清泉一样地感到莫大的欢欣和慰藉，因为在他们身上，我看到了历史的现在和未来。”

2008 年 4 月 24 日，贾植芳病逝于上海，享年九十二岁。他的一生，用他自己的说法就是，“出入于黑黑白白之间，周旋于人人鬼鬼之中，但心里所向往、所追求的理想之光，从未熄止。所以合则留、不合则去，虽漂泊四方，心却一念系之，问心无愧”。

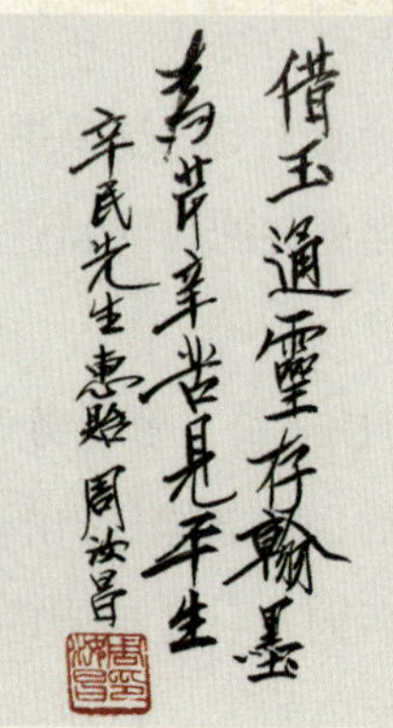

为芹辛苦见平生

——周汝昌《石头记鉴真》

> 《红楼梦》成书二百多年来众说纷纭。清末报人邹弢所著《三借庐赘谈》曾记载说，“许伯谦茂才（绍源）论《红楼梦》，尊薛而抑林，谓黛玉尖酸，宝钗端重，直被作者瞒过”。又说：“己卯春，余与伯谦论此事，一言不合，遂相龃龉，几挥老拳，而毓仙排解之。于是两人誓不共谈‘红楼’。秋试同舟，伯谦谓余曰：‘君何为泥而不化耶？’余曰：‘子亦何为窒而不通耶？’一笑而罢。嗣后放谈，终不及此。”

友人之间因对宝钗、黛玉评价不同而“几挥老拳”，这恐怕只有红迷们才做得出来，红学中人争论起来，大有天翻地覆的味道。纵观近百年红学，周汝昌可能是最饱受争议的一位。刘再复评价周汝昌是“中国文学第一天才的旷世知音”，认为他的红学研究创造了曹学、版本学、脂学、探佚学互参的红学四维结构，是《红楼梦》考证的总集成者（梁归智《红学泰斗周汝昌传》序言），聂绀弩却说“周汝昌根本不懂红楼梦”（林东海《文林廿八宿　师友风谊》），王利器也说周氏《新证》几乎每页上都有错误（《〈红楼梦新证〉证误》）。周汝昌在八十寿辰时曾赋诗自勉，其中有两句：“遍体鳞伤还是我，一心横霸岂由他”，既表达了红学界对他围攻的不满，也坚信自己的考证派红学能够压倒其他红学同行的观点。

周汝昌，字玉言，别署解味道人，1918 年 4 月生于天津咸水沽，是我国著名红学家、中国艺术研究院终身研究员。这本《石头记鉴真》，是周汝昌与四兄周祜昌合著，1985 年 5 月由书目文献出版社出版。作者写作该书的目的是为了“斥伪返本”，以甲戌本、庚辰本、戚序本等版本为依据，通过文字、脂批和笔迹的比较鉴定，努力还原曹雪芹创作的本来面目，推翻了胡适作序流行较广的程乙本。作者在前衬页上题签：“借玉通灵存翰墨，为芹辛苦见平生。辛民先生惠贻　周汝昌”，并钤印。周汝昌曾请人在自己的石镇纸上刻下过这两句诗，并题写于《献芹集》的扉页，这是他和兄长周祜昌一生的写照。

周祜昌年长周汝昌五岁，1913 年生于天津，曾就读于南开大学，新中国成立后在天津咸水沽供销社工作，后担任中学教师。一生倾心红学研究，做了大量的校勘考证工作，与弟周汝昌合著《石头记鉴真》《红楼梦真貌》《石头记会真》等。1947 年秋，周祜昌在读亚东图书馆排印的《红楼梦》时，发现卷前胡适的考证文章中提到，清宗室诗人敦敏的《懋斋诗钞》中必有关于曹雪芹的材料，但胡适一直没有找到这本诗集。于是他写信给在燕京大学就读的弟弟周汝昌，让他留意这本诗集。周汝昌接信后，即到燕京大学图书馆查找，很容易便找到了。果如胡适所言，他在敦敏的《懋斋诗钞》中发现了六首与曹雪芹有关的诗作，便根据这份资料写出了《曹雪芹生卒年之新推定》，发表在 12 月 5 日天津《民国日报》副刊上。此文发表后，引起了胡适的关注，他给周汝昌写信讨论，后经赵万里先生介绍，1948 年 6 月底，周汝昌拜访了胡适。他向时任北大校长的胡适提出借阅《乾隆甲戌脂砚斋重评石头记》，胡适没问任何原因就答应了周汝昌的请求，把这一珍贵典籍让周拿去了。他对一个陌生青年的信任，使周汝昌永难忘怀。

借到书后，周汝昌和四兄周祜昌发现，社会上通行的《红楼梦》早已不是曹雪芹的原文真句，有很多篡改之处，于是他和周祜昌发愿，誓为《红楼梦》校订出一部接近曹雪芹原文的真本。1948 年暑假，在周祜昌的提议下，他们兄弟二人用了两个月的时间，用朱墨两色为这个纸张黄脆的古本抄下一部副本，以便深研细读。之后周汝昌给胡适写信，一是告诉他为了保护原本，冒昧录了副本，如不同意这样的做法，当将原本和副本一并归还；二是提出，当前一大要事是聚集真本，汇校出一部接近曹雪芹原著真手笔的好版本，不要再宣扬流布那种被伪续者删改的版本了。胡适复信说："我对于你最近的提议——'集本校勘'——认为是最重要而应该做的，但这是笨重的工作，故二十多年来无人敢做。你若肯做此事，我可以给你一切可能的便利与援助。"周汝昌从天津返校后，胡适就托孙楷第把另一部二十册两大函的大字《戚序本》捎给了周汝昌。胡适用报纸包好，以很浓的朱笔大字写在外面：燕京大学四楼周汝昌先生。胡适对周汝昌的倾力支持，为周汝昌的《红楼梦》研究开启了大门。

但令周氏兄弟没有想到的是，随着入手的材料越来越多，这个学术工程过于繁重，加之社会动荡不安，也阻碍了研究进程。在"文革"前，周祜昌因校勘《红楼梦》被抄家三次，所有书籍手稿、巨册零笺被扫荡一空，在那场灾难之后，他们又重新开始逐字经营。从1948年发愿，到1985年出版初级本《石头记鉴真》，到2004年5月，由海燕出版社推出精装十卷本五百多万字的《石头记会真》，消耗了兄弟俩五十六年的心血。上世纪60年代胡适早已作古，周祜昌也在1993年辞世，他们都没有看到这部最终版的《石头记会真》。2004年7月22日，周汝昌在《光明日报》发表《五十六年一愿酬》，回忆了《石头记会真》万言难罄的撰写过程，令人唏嘘不已。

周汝昌红学研究最具代表性的作品是《红楼梦新证》和《石头记会真》，一为“作者”考据，一为“版本”考订，可谓双峰并峙，他的其他文章都是从这两部书中阐发出来的。

《红楼梦新证》的核心观点是“自传说”，在此基础上提出“红学”的四个分支，即曹学、版本学、脂学、探佚学，形成了自己的红学体系。在考证过程中，他把小说中的贾家、史家和历史上的曹家、李家互相比照，强调小说人物和历史人物的同一性。周汝昌在一次访谈中说：“这两部书应该说是‘表里’关系，表里就是内外，表里相依、相关不可分割的两部东西。这个话的意思是什么呢？《石头记会真》是为了作品、文本，《红楼梦新证》是为了创作的背景、时代、社会、政治、作者、家庭身世，一切一切的文化都包括在内”，“假如我是出版社老板，为了中华文化，不光是为了赚钱，一部《新证》，一部《会真》都弄好了，把这两部书合在一起，用一个很好的厚厚的盒子装在一起，作为一部书卖，将来就会明白这样做是对的”。

但学术界对周汝昌的红学研究看法不一，有论者认为，他的功力全在史学层面的考证上，与文学理论层面的研究对立起来，他对《红楼梦》文学研究的贬低，是他晚年红学研究走向偏执的表现。我认为，刘梦溪所著《红楼梦与百年中国》中，对周汝昌的评价是较公允的："总的看，考证曹雪芹的家世生平，周汝昌颇多真知灼见，于版本、于脂批、于文物，虽不乏创建，但主观臆断成分经常混杂其间，减弱了立论的说服力。""他主张红学包括曹学、版本学、探佚学、脂学，研究《红楼梦》本身的思想艺术不属于红学范围，置考证派红学于压倒一切的地位，这正是学术宗派的所谓'严家法'。周汝昌先生自己或许并未意识到，他这样做，实际上局限了包括考证在内的红学研究的天地。"

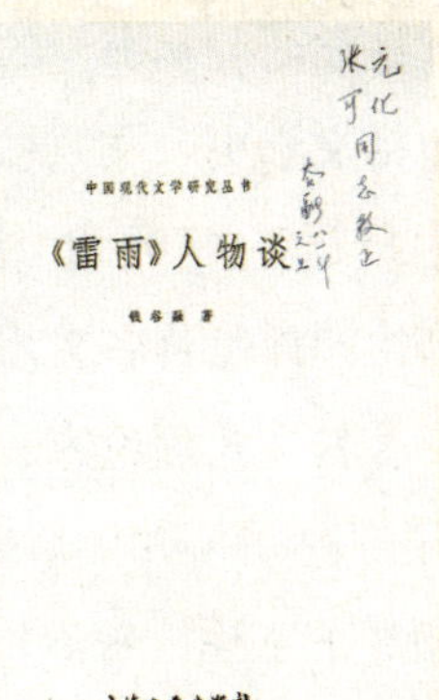

文学是人学

——钱谷融《〈雷雨〉人物谈》

2016年11月30日，中国作协第九次代表大会在人民大会堂开幕。会场上，一位清瘦矍铄的老人，戴着标志性的八角帽，笑容澄澈开怀，言谈恬淡从容，接受着大家的问候，这便是此次作代会参会年龄最大的代表、九十八岁的著名文艺理论家钱谷融先生。

钱谷融，原名钱国荣，1919年生于江苏武进，1942年毕业于重庆国立中央大学国文系。历任重庆市立中学教师，交通大学讲师，华东师范大学讲师、教授、博士生导师、文学研究所所长，《文艺理论研究》主编，中国现代文学研究会副会长。长期从事文艺理论和中国现代文学的研究和教学。著有《论“文学是人学”》《文学的魅力》《散淡人生》《〈雷雨〉人物谈》等。

这本《〈雷雨〉人物谈》，1980年10月由上海文艺出版社出版，是“中国现代文学研究丛书”的一种。该丛书除了对作家作品的专题研究外，还包括文学史、文艺思想史、文艺运动等研究著作。作者在本书扉页右上角题签：“元化　张可同志教正　谷融　八一年元旦”，说明该书是赠给同样是著名文艺理论家的王元化夫妇的。

王元化，著名文艺理论家、作家、学者，1920 年生于湖北武昌。1935 年参加了“一二·九”学生运动，1938 年加入中国共产党，在江苏省文委领导下工作。曾编辑《文艺通讯》、《奔流》、《时代日报》副刊《热风》、联合晚报副刊《夕拾》等。新中国成立后，曾任上海市文委文学处处长、上海新文艺出版社副社长。1955 年批判胡风文艺思想时，王元化受到牵连。1981 年平反后，任上海市委宣传部部长、华东师范大学教授、复旦大学兼职教授。著有《文艺漫谈》《文心雕龙创作论》《向着真实》《王元化文学评论选》《文学沉思录》《传统与反传统》《清园近思录》等。张可是王元化的妻子，也是学术助手，两人曾合著研究莎士比亚的著作《莎剧解读》。钱谷融曾写《谈王元化》一文，详述他与王元化的友谊以及王元化在思想文化领域做出的贡献。

钱谷融走上学术研究之路，是以一篇论文成名，那就是《论“文学是人学”》。1957 年 3 月，华东师大召开一次大规模的学术讨论会，邀请全国各地兄弟院校参加，号召大家写论文，钱谷融在“双百”方针的鼓舞下，写了《论“文学是人学”》，5 月 5 日的《文艺月报》正式刊出了这篇文章。苏联文艺理论中的人道主义理论对钱谷融影响很大，在这篇文章里，他把高尔基曾经建议的“把文学叫作人学”作为开头，认为对于人的描写，是文学的目的所在，任务所在。在文学领域内，一切都决定于怎样描写人，怎样对待人，真正的艺术家决不把他的人物当作工具，当作傀儡，而是把他当成一个人，当成一个和他自己一样的有着一定思想感情、有着独立个性的人来看待的。他认为，人道主义原则不是评价文学作品的唯一标准，但是一个最基本的、最必要的标准。作品的历史地位与社会意义可以从它描写人、对待人的态度上来估量。但在当时的社会环境中，流行文学反映现实、为政治服务的观点，一提人就觉得是“人性论”。所以讨论会一结束，马上有人批评钱谷融论文中的人道主义思想，后来还结集出版了《〈论“文学是人学”〉批判集》。但历史是公正的，经过岁月的淘洗，那些批判文章都已烟消云散，唯独钱谷融“文学是人学”的理论及其人道主义情怀，成为评价文艺作品的重要标准，在学术界不断被继承和阐释，影响深远。

这本《〈雷雨〉人物谈》，也是在“文学是人学”的理论指导下的重要学术成果。《雷雨》是由著名剧作家曹禺在二十三岁时创作的一部话剧，此剧以 1923 年前后的中国社会为背景，描写了一个带有浓厚封建色彩的资产阶级家庭的悲剧。剧中以两个家庭、八个人物、三十年的恩怨为主线，写了伪善的资本家家长周朴园，受新思想影响的单纯少年周冲，被冷漠的家庭逼疯和被爱情伤得体无完肤的女人蘩漪，对过去所作所为充满了罪恶感、企图逃离的周萍，还有几十年沉冤意外归来的鲁妈，单纯着爱与被爱的四凤，受资产阶级压迫的工人鲁大海，狡黠贪婪的鲁贵等，这八个人物，每个人物都写得非常深刻生动，每个人物都从一个特定的角度，揭露了那个社会的某些本质。剧本情节扣人心弦，矛盾冲突紧张，语言精练含蓄，人物各具特色，所有的矛盾都在雷雨之夜爆发，在叙述家庭矛盾纠葛、怒斥封建家庭腐朽的同时，反映了更为深层的社会和时代问题，是中国现代话剧成熟的里程碑。钱著《〈雷雨〉人物谈》，对剧中主要人物进行了细致入微的分析，对深入理解这部经典作品有很好的帮助。

钱谷融在《我的自白》中曾说："文章要写得好，必须逞心而言，无所顾忌，使语言皆从肺腑间流出。能如此，则入人必深，其动人之力也必大。"回顾先生的学术人生，可能文章数量没那么多，头衔没那么大，文凭没那么高，但是因为他坚持做学问出自内心，又恪守文人风骨不为世俗所动，所以先生的文章和人品，历来为学界称道。

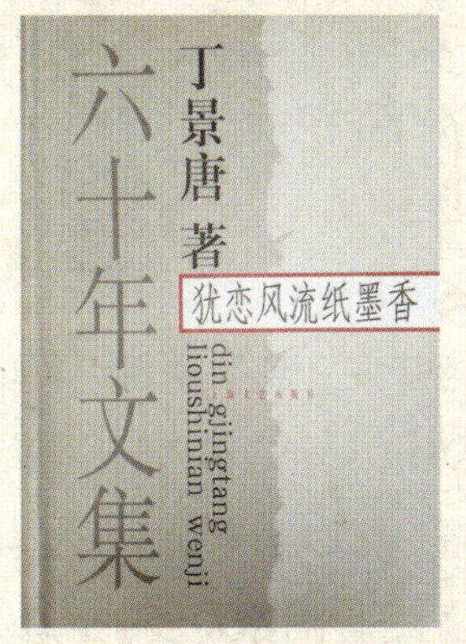

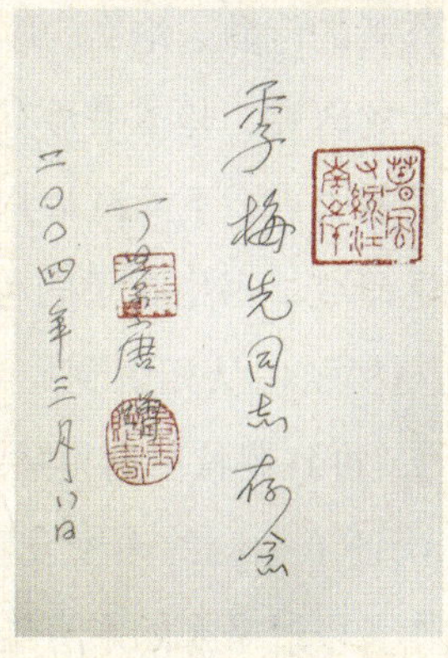

毕生钩沉文学史料

——丁景唐《犹恋风流纸墨香》

这本厚厚的著作，是著名学者、出版家丁景唐先生从事文艺创作六十年的选集，2004 年 1 月由上海文艺出版社出版。该书共一千余页七十五万字，书前收录三十九幅作者与文朋师友交游的珍贵照片。作者在书前衬页上题签：“季梅先同志存念　丁景唐　二〇〇四年三月八日”，并钤三方印章，一枚闲章是“春风又绿江南岸”，还有一枚名章和一枚赠书章。资料显示，该书受赠者季梅先（女）曾任上海市纪委筹备组成员，2010 年 8 月在华东医院逝世，享年八十七岁。

据作者讲，该书书名“犹恋风流纸墨香”取自著名女诗人关露的诗句。在书前，有他的两位老友——著名文学评论家、中国社科院文学研究所原所长许觉民和著名作家、人民日报社文艺部原主任袁鹰分别撰写的序言。该书内容以 1949 年新中国成立为界，分为上下两编，主要收录了作者的诗歌、论文、序跋和回忆文章，他对鲁迅、瞿秋白以及“左联”的研究，是本书最有特色的部分，也是作者一生从事文学史料钩沉的着力点，下面试举几篇例文。

关于鲁迅研究，书中收录的《鲁迅和瞿秋白的革命友谊》，仔细梳理了鲁迅与瞿秋白从相识到成为挚友，到瞿秋白为鲁迅编辑《鲁迅杂感选集》，再到瞿秋白逝世后鲁迅为他编辑出版《海上述林》的整个过程，论证了他们的亲密友谊。《四十年代上海的鲁迅研究工作》一篇，作者以过来人的亲身经历，全面论述了鲁迅逝世后的十几年上海各界的鲁迅研究情况，保存了较早的史料。关于瞿秋白研究，书中收录的《瞿秋白在介绍马克思列宁的生平和理论上的贡献》《瞿秋白——中国无产阶级革命文学运动的主要奠基者》等文章，详细阐述了瞿秋白的革命活动和文艺创作，对这位早逝的革命者和文艺家做出了较为客观公允的评价。关于“左联”的研究，《关于参加中国左翼作家联盟成立大会的盟员名单》《中国左翼文化总同盟的机关刊物——〈文报〉》等文章，通过各种材料比较论证，拂去岁月的尘埃，努力还原历史现场。关于革命作家研究，尤其是“左联五烈士”，他写出了《“左联”成立前后的柔石》《殷夫——革命家和革命诗人》等文章，还对潘漠华、应修人等革命烈士的事迹进行了考证，让人们永远铭记他们。

除了这几个侧重点之外，本书还收录了大量考证和回忆文章，涉及郭沫若、茅盾、郑伯奇、丁玲、老舍、巴金、夏衍、许广平、冯雪峰、王任叔、李何林、许杰、胡乔木、赵家璧、吴朗西、戈宝权等二十多位现代文学史上的知名人物，为学界提供了许多鲜为人知的史料。特别需要提及的是，陶晶孙和关露两位作家，他们虽然在现代文学史上有一定的创作实绩，但由于历史原因，他们或泯灭无闻，或形象被歪曲，丁景唐出于历史责任感，冒着可能遭到的非议，为这两位作家写文章、编文集，还他们清白的名声，让他们的作品重见天日，这是难能可贵的。

上世纪 60 年代，丁景唐担任上海市出版局副局长，他深深感到保存和抢救文学资料的迫切性，在他的建议和主持下，上海文艺出版社先后影印出版了二三十年代的四十余种革命文学期刊，包括“左联”的《前哨》《文学导报》《十字街头》《北斗》《大众文艺》，创造社的《文化批判》《新思潮》，太阳社的《太阳月刊》《时代文艺》等，为现代文学研究保存了一大批珍贵史料。

丁景唐的编辑生涯中，最值得书写的一笔，是出版《中国新文学大系（1927—1937）》。大家都知道，著名编辑家赵家璧曾主编过第一套《中国新文学大系》，收录了 1917 年到 1927 年的新文学作品和理论，包括建设理论、文学论争、小说、散文、戏剧、诗和史料、索隐等七个门类十卷，分别由胡适、郑振铎、茅盾、鲁迅、郑伯奇、周作人、郁达夫、朱自清、洪深、阿英编选并撰写序言，蔡元培作总序，1935 年和 1936 年由上海良友图书印刷公司出版，这套大系的出版影响深远。1979 年，丁景唐担任上海文艺出版社社长兼总编辑，他开始考虑续编《中国新文学大系》。1983 年春，由他主持，赵家璧担任顾问，启动了《中国新文学大系（1927—1937）》的编辑工作。这套大系分文学理论、小说（短篇、中篇、长篇）、散文、杂文、报告文学、新诗、戏剧、电影和史料、索引，共二十卷，一千二百余万字，收录的都是作品的初版本，集中展示中国新文学第二个十年的辉煌成就，分别约请周扬、巴金、吴组缃、聂绀弩、芦焚、艾青、于伶、夏衍撰写序言，到 1989 年全部出齐。在这个过程中，丁景唐作为主要负责人，付出了大量心血。大系出版后，被文坛称之为传诸后世的经典工程，称丁景唐做了一件功德无量的好事。后来，上海文艺出版社的年轻一辈继承了这个好传统，又编辑出版了《中国新文学大系（1937—1949）》。至此，现代文学三十年的大部分作品，得以集中呈现在读者和研究者面前。

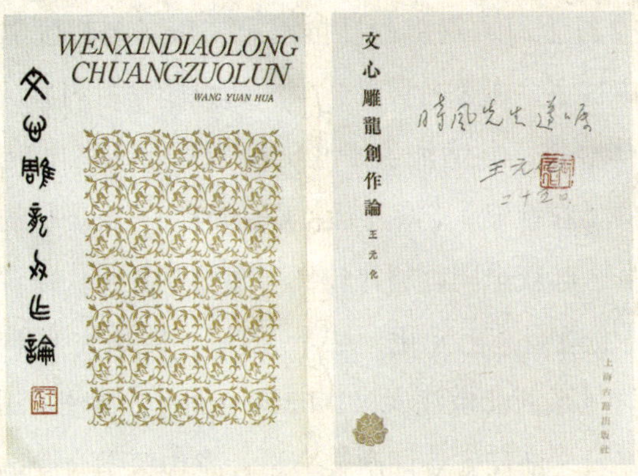

追求有思想的学术

——王元化《文心雕龙创作论》

对于王元化，学术圈外的人可能不熟悉这个名字，但在上世纪90年代，学术界就有“北钱南王”之说，“钱”是指北京的钱锺书，“王”是指上海的王元化，虽然王元化明确表态此说不妥，认为钱锺书是前辈，在学术上不能和他相比，但由此也能看出王元化在许多学人心中的分量。

王元化祖籍湖北江陵，1920年生于武昌，1955年受胡风案牵连，1981年平反后，任上海市委宣传部部长、华东师范大学教授、中国《文心雕龙》学会名誉会长、中国文艺理论学会名誉会长。有《向着真实》《文心雕龙创作论》《文学沉思录》《文学风格论》《传统与反传统》《清园论学集》《九十年代反思录》等十余种著作行世。

这本《文心雕龙创作论》是王元化的代表作，于1979年10月初版，1984 年 2 月上海古籍出版社推出第二版。与初版本相比，封面书名改为篆体古字，由著名目录学家顾廷龙题写，内容从初版的简体横排改为繁体竖排，并增加了一些资料图片。该书出版后，在 1990 年与钱锺书的《管锥编》《谈艺录》《七缀集》、季羡林的《中印文化关系史论集》一起获全国首届比较文学图书荣誉奖。作者在扉页上题签："时风先生遵嘱　王元化　二十五日"。时风先生即陈时风，资料显示，陈时风系浙江椒江人，1962 年 4 月生，台州市中医院医生，文史书画爱好者，浙江省诗词学会会员，省中医学会会员，收藏当代名人书画作品五百余件，在台州开有画廊，有王元化写给陈时风的信札和书法作品在网上展示。

《文心雕龙》研究，在 20 世纪成为一门显学，较有影响的专著有黄侃《文心雕龙札记》、范文澜《文心雕龙注》、王利器《文心雕龙校证》、陆侃如牟世金《文心雕龙译注》、周振甫《文心雕龙今译》等。1955 年，王元化作为"胡风反革命分子"遭隔离审查，之后安排到上海市作协文学研究所工作，在枯寂的岁月里，他开始着手研究《文心雕龙》。1962 年，王元化将部分研究文章呈时任文学研究所所长郭绍虞先生审阅，郭绍虞看后致信王元化，认为"我信此书的出版，其价值不在黄季刚《文心雕龙札记》之下也"，并将这些文章作为自己研究生的参阅资料。果不其然，此书出版后广受学界赞赏，也奠定了王元化在文艺理论界的学术地位。郭绍虞先生"识佳文于未振"也成为一段学界佳话。

该书上篇包含三篇独立论文：《刘勰身世与士庶区别问题》《〈灭惑论〉与刘勰的前后期思想变化》《刘勰的文学起源论与文学创作论》，其中对刘勰身世重新进行考辨，以坚实的证据得出刘勰出身家道中落的贫寒"庶族"而非"士族"等观点，影响深远。下篇论及八对审美范畴，分别是：审美主体与审美客体的关系（心物交融说）、艺术材料与艺术想象的关系（杼柚献功说）、风格与个性的关系（才性说）、表象与意向的关系（拟容取心说）、思想与情感的关系（情志说）、创作过程三步骤（三准说）、艺术整体与部分的关系（杂而不越说）、创作自觉与非自觉的关系（率志委和说）。

王元化在写作本书之前，已经有了深厚的学术积累，他的阅读和研究兴趣主要包括三个方面，一是中国古典文化，二是19世纪西方文艺理论，三是黑格尔哲学美学系统，据说黑格尔的《小逻辑》他就精读过四次。正因如此，在写作本书时，他才能够游刃有余地运用综合研究方法，打开了中国古代文论研究的新天地。

所谓王元化的综合研究法，学界归纳为三个结合，即古今结合、中外结合、文史哲结合，追求学科间的融合与时空的贯通。著名学者李衍柱在一篇文章中做出了这样的概括：

> 古今结合，就是把古代文论中的理论命题与当代文艺理论中的重大命题联系起来，用今天发展了的文艺理论去审视剖析古代文论，在比较考辨中，探其渊源，明其脉络，加深问题思考，赋予中国古代文论崭新的现实意义；中外结合，就是把中国的古代文论和外国文论加以比较，辨别同异，探究中外相通的，带有最根本最普遍的艺术规律和方法；文史哲结合，就是将古代文论置于广阔的历史背景中来考察，从哲学方面追溯其思想发展根源。王元化的文心雕龙研究，坚持打通古今，汇通中外，力求在哲学观照和历史考辨中把握艺术创作的一般规律，这对中国特色文艺理论的发展具有重要学术意义。

王元化特别强调学术研究的思想性，学术可以充实思想，思想更能提高学术。对于“宣传部长”的官衔，他并不放在心上，但成为一个有思想的学者，却是他毕生的追求。他的一生，有三次深刻的反思，第一次是在1940年前后，第二次是在1955年以后受审查期间，第三次跨越了整个90年代。他的反思不是个人的冥思苦想，而是联系所处的时代境遇，联系中国历史，进行深刻的观照，具有浓郁的人文关怀和强烈的理性批判精神。他十分认可陈寅恪评价王国维的“独立之精神，自由之思想”，晚年在病床上，他跟自己的学生、华东师范大学教授胡晓明说得最多的一句话是：“要把眼光转到思想的大事上”。他的弟子这样看待王元化：他的生活道路的确干扰了学问世界，但同时，他将时代生命的体验，点滴融入学问生命之中，使学问生命与时代痛痒相连，其思也深，其言也切，这正是一般书斋学者所未能企及的。

今天来看，王元化是作为思想家留在学术史上的，这也正是他怀着对学术事业的真诚和勇敢，追求“有思想”的学术的结果。1988年，王元化在回答剑桥国际传记中心访问时，说了一段寄语：“我希望于将来的是人的尊严不再受到凌辱，人的价值得到确认，每个人都能具有自己的独立人格和独立意识。我期望于青年的是超越我们一代，向着更有人性的目标走去。”

三十年过去了，我们是否超越了他们那一代呢？

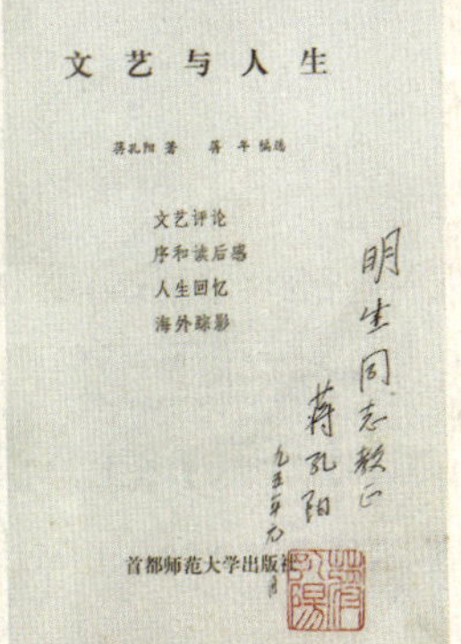
文艺与人生

蒋孔阳 著　蒋 年 编选

文艺评论
序和读后感
人生回忆
海外踪影

明生同志教正
蒋孔阳

首都师范大学出版社

把生命和美奉献给人间

——蒋孔阳《文艺与人生》

蒋孔阳先生是复旦大学教授、著名美学家，曾任中国美学学会副会长。1991 年春，首都师范大学出版社的胡乃羽向他约稿，请他把近年来写成的，尚未收进集子的文章，如文艺评论、序言、人生回忆等，结集成一本书出版。蒋孔阳委托三女儿蒋年帮他编成了这本书。全书分为四编，第一编是文艺评论，第二编是序和读后感，第三编是回忆人生的散文，第四编是海外游记。

蒋先生在后记中说，“文艺离不开人生，人生也不能没有文艺。文艺与人生，是一对孪生兄弟。我这一生，就在文艺与人生中打滚。我或则站在人生的讲坛上讲文艺，或则拿起笔来解剖文艺中所反映的人生”，所以这本书取名为《文艺与人生》，1994 年 2 月由首都师范大学出版社出版。作者在该书扉页上题签：“明生同志教正　蒋孔

阳 九五年元月”，并钤印。该书受赠者系上海市社科院研究员、哲学研究所副所长范明生，他著有《柏拉图哲学述评》《从晚期希腊哲学到基督神学》等著作，曾承担蒋孔阳和朱立元主编的《西方美学通史》项目，是第一卷《古希腊罗马美学》的作者。

蒋孔阳先生 1923 年 1 月生于四川万县，童年时非常热爱大自然，夏天的傍晚，爬到家乡的山上，看那群山万壑，红霞满天，就会让幼小的蒋孔阳欣喜若狂，如痴如醉。他晚年还经常回忆起家乡的满溪乱石，松涛鸟鸣，这应该是他对美的最初启蒙。1942 年他在中央政治学校读书时，读到宗白华先生的文章，深受启发，曾给宗白华写信，并前往重庆沙坪坝国立中央大学拜访宗白华，受到宗先生热情鼓励。1946 年，他在南京夫子庙逛旧书店，猛然发现了朱光潜的《文艺心理学》，书的名字像磁铁一样吸引着二十多岁的蒋孔阳，他用身上仅有的钱买了这本书，从此以后，他知道了天地间有种学问叫美学。宗白华和朱光潜的文章，促使一个年轻人走上了美学的道路，并做出了非凡的成绩。

蒋孔阳的学术成就主要体现在四个方面。一是文艺理论与批评，著有《文学的基本知识》《论文学艺术的特征》《形象与典型》等；二是西方美学研究，撰写了《德国古典美学》——这是我国第一部西方美学断代史研究专著，还协助伍蠡甫先生主编了《西方文论选》，翻译了《近代美学史述评》等；三是中国古典美学研究，主要包括唐诗美学、中国绘画美学和先秦音乐美学思想研究；四是美学理论研究，著有《美和美的创造》《美学新论》，形成了以实践论为核心，立足于审美关系的实践创造论美学体系。先生晚年还主编了《哲学大辞典 · 美学卷》和《西方美学通史》两个大部头著作，为学界奉献了最翔实的中西美学研究成果。1991 年，蒋孔阳获上海市首届文学艺术杰出贡献奖。

自上世纪五六十年代美学大讨论开始，美学界学派林立，各自为战，有人问蒋孔阳是哪一派，他说他从每一派都学习到了很多东西，好像呼吸空气，很少注意哪些是氧气，哪些是二氧化碳，只是呼吸，只要能营养身体，就感到满足。他兼收并蓄，融会贯通，形成了广义的实践观和审美关系论。他的学生、著名学者朱立元认为，“把人对现实的审美关系作为美学研究的出发点，把一切美学问题都放在人对现实的审美关系中加以考察的思想，是对当代各派美学中形而上学主客二元对立的实在（体）化思维方式的超越和对现成论思想的突破”。蒋孔阳自己认为，他的美学理论“之所以觉得它新，是因为它处处有我自己的感受，它们处处都带着我身体的温暖，浸渍着汗水和感情。旁人觉得无非是老生常谈，而我自己却的确是出之肺腑，出之于全身心的真诚”。他在晚年，总结了三点自己的治学体会：兼收并蓄，博采众家之长；真情实感，说真心话；力求平易浅显，让读者懂。这三条，既是蒋孔阳美学思想的魅力所在，也给其他学人提供了一种启迪和遵循。

作为一名大学教师，蒋孔阳培养了许多文艺美学人才。朱立元、朱志荣、郜元宝、邱紫华等一大批有影响的学者，都曾受教于蒋先生。他非常注重培养学生的自主科研能力，学生一入学，他就要求学生精读柏拉图的《理想国》、亚里士多德的《形而上学》、黑格尔的《小逻辑》和马克思的《巴黎手稿》。他热情提携后学，晚年不顾身体病痛，为晚辈学人出版的专著撰写了一百多篇序言，他不是好为人师喜欢作序，而是觉得自己年轻时曾受到宗白华、朱光潜先生的帮助，所以觉得年轻人的忙，应该帮。

蒋孔阳先生不但培养了大批青年学子，他的家庭教育也很成功。

他和妻子濮之珍都是复旦大学中文系教授，蒋先生是上海市美学学会会长，濮先生是上海市语文学会会长，蒋先生著有《美学新论》，濮先生著有《中国语言学史》，夫妻可谓比翼双飞。据《蒋孔阳评传》介绍，他们共有四个女儿，也都在相应的领域做出了成绩：大女儿蒋濮，毕业于日本庆应大学文学部，获博士学位，1980 年开始发表作品，长篇小说《东京没有爱情》影响很大；二女儿蒋红曾担任美国科罗拉多大学文学系主任，著有《中国现代美学论著译著提要》等；三女儿蒋年任复旦大学生命科学学院副院长；四女儿蒋渝从事文学创作和翻译，她翻译的日本池泽康郎的《人体美学》影响很大。

蒋孔阳先生晚年多病，于 1999 年 6 月在上海逝世，享年七十七岁。当年 12 月，四卷本《蒋孔阳全集》由安徽教育出版社出版。他晚年曾在一篇文章中说："人的价值，不在于战胜他人，夺取个人的桂冠，建立自己的体系，而在于把自己提高到宇宙社会中来看，让人认识到天地之大，人生之广阔，真理不是一个人独占或包办得了的。我们应当像庭前的阳光和绿草一样，多做贡献，把生命和美奉献给人间。"

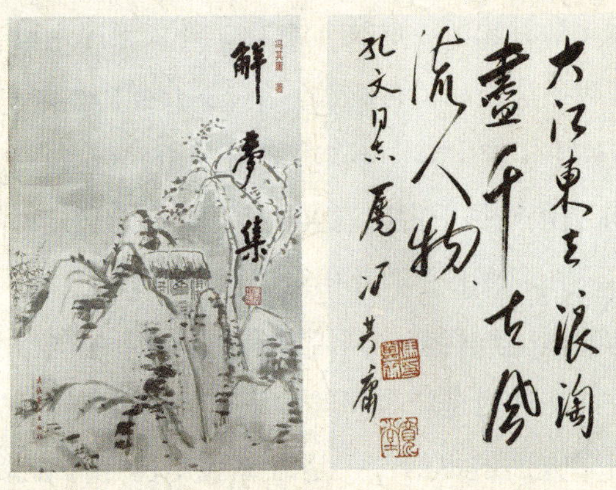

几度相逢梦里人

——冯其庸《解梦集》

2017年2月5日上午，我和同事一起，到八宝山送别九十三岁的红学家冯其庸先生。在现场，冯老的许多学生、读者排成长队，依依惜别这位世纪老人。门厅两侧，和冯其庸同龄的南开大学教授、古典文学研究专家叶嘉莹先生撰写的巨幅挽联格外醒目：“瓜饭记前尘中道行宽写梦红楼人共仰，天山连瀚海西游乐极植莲净土世同钦”。

冯其庸，名迟，字其庸，号宽堂，斋名瓜饭楼，1924年生于江苏无锡。他原名冯奇雄，是他大哥起的，希望他成为一个杰出的人物。他的初中语文老师方伯肯认为这名字太露，便建议他改为“其庸”。他曾任中国艺术研究院副院长、中国人民大学国学院院长、中国红楼梦学会会长、《红楼梦学刊》主编等职，著述颇丰。

这本《解梦集》，是冯其庸的《红楼梦》研究文集，2007年11

月由文化艺术出版社出版，收文十五篇，外加自序一篇，后记一篇。书前附有冯其庸书法作品《自题解梦集》：卅年解梦梦真深，几度相逢梦里人。我亦十年梦中客，不知是假还是真。作者在该书前衬页上题签："大江东去浪淘尽千古风流人物　孔文同志属　冯其庸"，并钤名、号印章各一方。该书受赠者孔文资料不详。

冯其庸是我国《红楼梦》研究的代表人物，山东大学教授、红学家马瑞芳曾撰文称他是新时期红学研究的"定海神针"。他的《红楼梦》研究有多方面的贡献：一是对曹雪芹祖籍、家世等问题的研究，出版了《曹雪芹家世新考》，指出曹雪芹祖籍是辽宁辽阳。二是对《红楼梦》版本学的研究，出版了《论庚辰本》《〈石头记〉脂本研究》等专著，并赴苏联考察鉴定了列宁格勒藏本《石头记》。三是《红楼梦》的注释校订，他曾担任 1975 年国务院文化组成立的《红楼梦》校订组副组长（组长是袁水拍），以庚辰本为底本，以己卯、甲戌本为主要参校本，以其他各脂本及程甲本为参校本，集中了国内十多位专家经历七年校注完成，1982 年由人民文学出版社出版。此书出版后，国务院古籍整理出版规划小组组长李一氓先生曾撰文称赞这个校注本，认为校订精审、注释繁简得宜，可作定本。人民文学出版社老社长严文井曾说，出版社每次遇到经济上有困难了，就再印一次《红楼梦》，该书现已发行五百多万册。2009 年，冯其庸和胡文彬、吕启祥、李希凡一起又从头至尾校改了一次，现在书店里卖的大都是这个版本。另外，冯其庸将自己毕生的研究成果汇集成《瓜饭楼重校评批红楼梦》，2005 年由辽宁人民出版社出版。四是主编了《红楼梦大辞典》《八家评批红楼梦》等著作。五是参与创立中国红楼梦学会，担任首届副会长兼秘书长（会长是吴组缃），并从 1985 年起长期担任会长，参与创办《红楼梦学刊》，与王朝闻共同担任首任主编。

在这本《解梦集》中，冯其庸根据自己研读《红楼梦》的体会，谈了怎样才能读懂《红楼梦》。一是要正确地弄清曹雪芹的百年家世，曹雪芹写《红楼梦》的生活素材取自他自己的家庭和舅祖李煦的家庭。二是要正确理解曹雪芹的时代。18世纪初的中国封建社会正处在缓慢转型期，旧封建制度仍处在统治地位，但新的经济因素和思想意识正在暗暗滋长。三是要认真研究《红楼梦》的早期抄本，只有这样的稿本才是纯真的曹雪芹的思想原貌，现在公认“甲戌”“己卯”“庚辰”三个本子是最早的本子。四是要参照《红楼梦》同时代的作品，比如写作时代几乎与它相同的《儒林外史》，还有略早一些的《聊斋志异》等。

对于《红楼梦》，冯其庸爱得情真意切。1968年造反派抄家，把他家里的庚辰本《石头记》影印本抄走了，并且当黄书展览。他怕万一此风刮向全国，那《红楼梦》就要遭灭顶之灾了，于是想偷偷抄一部保留下来。他请朋友从学校图书馆借了一本庚辰本《石头记》影印本，每天夜里等大家睡了，十点以后开始，按照原行款、原页码，用朱墨两色誊抄，一般抄到十二点或凌晨一点，用的笔和墨都很讲究，纸是荣宝斋的老纸。从1967年12月3日起，到1968年6月12日止，把整部《红楼梦》八十回全部抄完了，正文带批语共七十万字。抄完那天他写了一首诗：“《红楼》抄罢雨丝丝，正是春归花落时。千古文章多血泪，伤心最此断肠词。”

冯其庸做学问，和其他学者最不一样的地方，是特别重视实地调查。他在《风雨平生——冯其庸口述自传》自序中说：“我的学术道路，是重视文献记载，重视地面遗迹的调查，重视地下发掘的新资料。三者互相印证，才作定论。”60年代他被派到陕西参加“四清”运动时，曾实地考察王维诗中的香积寺，在西安寻觅大明宫和未央宫遗迹，并在南堡寨发现了仰韶文化留存的遗迹。70年代他在江西干校，曾到鹰潭考察悬崖上的悬棺葬。80年代后，他三次前往垓下、东城、全椒、乌江等地调查，走了很多地方，查证了项羽死在东城而非乌江，写了《项羽不死于乌江考》。他四次到辽阳查实《辽东五庆堂曹氏宗谱》和“辽阳三碑”，弄清了曹雪芹的家世，写了《曹雪芹家世新考》，并在北京房山张坊镇沈家庵实地查到了五庆堂曹家坟地，在苏州找到了清初大诗人吴梅村的墓。后来他又十赴新疆，三上帕米尔高原，查实了玄奘取经回归入境的明铁盖山口和经公主堡到达塔什库尔干石头城的瓦罕古道，并穿越米兰、罗布泊、楼兰、龙城、白龙堆、三陇沙入玉门关，查实了玄奘自于阗回归长安的最后路段。虽然以上这些考古成果，在学术界也有各种质疑的声音，但不管是否都是定论，最起码这种注重实地调查的艰苦跋涉精神，值得学界同仁学习。

2012年，一千七百万字、三十五卷的冯其庸《瓜饭楼丛稿》由青岛出版社出版，基本收录了他所写的文章，另外，十五卷的《瓜饭楼外集》也由商务印书馆出版，收录了他收藏的文物、印章、瓷器、紫砂壶、书信，以及他自己的摄影书画作品等。这是一笔丰厚的文化遗产。“瓜饭楼”是冯其庸的书斋名，源于少年时代以瓜当饭借债读书的日子。他曾回忆说：“小时候最难过的是早秋青黄不接的日子，一大半时间是靠南瓜来养活的。但我家自种的南瓜也常常不够吃，多亏了好邻居邓季方每每采了他家的南瓜送来，才帮助我们勉强度日。我的书斋起名瓜饭楼，我画画常画南瓜，都是因为那段日子让我刻骨铭心。”晚年他还在自己所作的南瓜画上题诗：“老去种瓜只是痴，枝枝叶叶尽相思。瓜红叶老人何在？六十年前乞食时。”

瓜红叶老人何在？如今的冯其庸先生，和他的《红楼梦》中人相会去了。

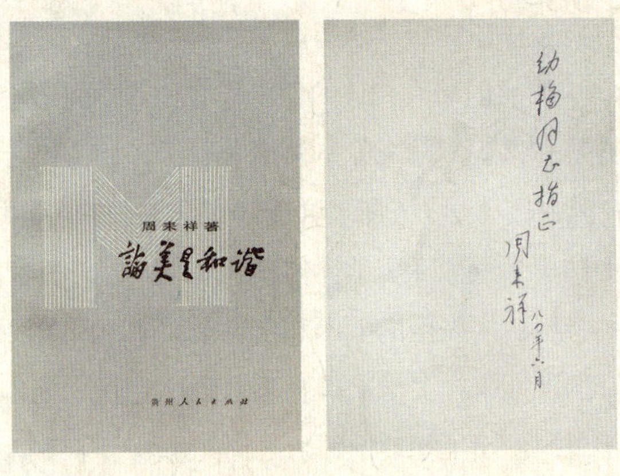

山大再无周先生

——周来祥《论美是和谐》

山东大学著名学者周来祥所著《论美是和谐》，是周先生第一部系统论述自己美学观点的专著，1984年4月由贵州人民出版社出版，著名美学家朱光潜题写书名。作者在前衬页上题签“幼梅同志指正　周来祥　八四年六月”。这里说的“幼梅同志”，是指山东大学原党委副书记、副校长乔幼梅。这说明，该书是周先生赠送给同事的，后来流落到济南中山公园旧书市场，被我购得。

我第一次听到周来祥的名字，是在大三那年徐良老师的美学课堂上。徐老师是复旦大学教授、美学家蒋孔阳先生的研究生。在课上，徐老师讲到中国当代美学派别，提到了几位关键人物，有主观论的吕荧和高尔泰，客观论的蔡仪，主客观统一论的朱光潜，实践美学论的李泽厚，以及和谐美学论的周来祥。我知道其中几位早已仙逝，高尔泰、李泽厚与周来祥还健在，前两位早已定居海外。山大的周来祥先生是和谐美学学派的创始人，他的代表作有《美学问题论稿》《文艺美学》《论美是和谐》《再论美是和谐》《三论美是和谐》《中国现代美学》《中国古代美学》《周来祥美学文选》《中华审美文化通史》等多部，在中国美学及国际美学界都享有较高声誉，随着国家提出建设和谐社会的方针，周先生的学术观点也更加体现出时代价值。1999年在北京召开的《周来祥美学文选》学术研讨会上，季羡林和张岱年都对他的美学思想做出了很高的评价。周先生六十年来培养了许多美学人才，桃李遍天下，有人曾风趣地说，中国美学界的学术会议，周门弟子占半壁江山。

该书受赠者乔幼梅女士，1935年生于江苏建湖，其父是抗日战争时期著名民主人士乔耀汉，堂兄是赫赫有名的外交家乔冠华。她1957年7月毕业于山东大学历史系，毕业前夕被错划为学生右派，度过了十几年下放劳动的生活，直到1975年才调入山东工学院。1978年，在山东大学孙汉卿书记、吴富恒校长和历史系主任王仲荦教授的召唤下重返山大。回到山大后，她一面做行政工作，一面搞学术研究，著有《宋辽夏金经济史研究》《辽夏金经济史》（合著），发表论文数十篇。担任山东大学历史系教授、博士生导师，兼任教育部历史学科教学指导委员会副主任、中国宋史学会副会长等职。

2010年我到山大中文系读研究生时，两位先生早已退休。但我曾多次见到周先生在校园里散步，有一次是在南门小树林，有一次是在文史楼前的小花园，还有一次是在十号宿舍楼前的路上，其他时候我都忘记了，但总不下四五次。周先生散步时，精神矍铄，腰杆笔挺，满面红光，有时候穿着一件白衬衫和黑灰色西裤，有时候里面一件坎肩，外面穿一件米黄色长风衣，颇有大家风范。我是一介学子，刚来山大，先生不识我，故我也未主动上前行礼，即使是和先生擦肩而过。但每次遇到先生，都为他的身体康健而高兴，心里默默地祝福仁者长寿。

2011 年 7 月，我在青岛得知周先生逝世的消息，刚开始以为是谣言，因为我知道先生身体很好。我立即给山东大学文艺美学研究中心的肖家鑫兄发信，他回复："是真的，因为癌症。"呜呼，长歌当哭，又一位尊敬的先生辞世了。后来陆续看到一些悼念文章，有些中年学者对周先生的去世，感情悲凉但比较释然，可能年龄大的人已经悟透了生死，人人都有这一步，周先生八十三岁也算高寿。有些青年学子的回忆，笔调就显得伤心悲戚，将恩师的逝去看作精神支柱的坍塌。当时作为山大文学院的学生，我的感觉是在悲悼之余，心里空落落的，今人已成古人，能亲身感受到的先生成为流传的故事。先生健在时，提到美学，山大可以自豪地说，我们周来祥先生如何如何；先生健在时，学院可以请先生再给学生们开一堂美学课，接受美的熏陶；先生健在时，学子们还可以在小树林看到满头白发的周先生精神矍铄地散步，那么亲切，那么真实。可当周先生真的离去后，才知道这一切已经成为过去，成为历史。随着先生的辞世，许多东西被带走了，包括山大人内心的精神慰藉，包括经历过民国的那代学者的风骨，这怎能不令人感到悲凉中的虚无。

2011 年 7 月 6 日下午，我与好友刘树升一起到济南粟山殡仪馆送别周先生。在现场，周先生的生前好友、亲人弟子几百人一起参加了告别仪式。当我听到周先生亲人那呜咽的哭声时，当我看到现代文学界名宿朱德发、孔范今等白发苍苍的教授步入灵堂悼念时，顿感鼻腔一阵酸楚，泪水盈眶。学术界损失了一位巨擘，学子们也失掉了一位良师。

周先生走了，留下了等身的著作名流后世，嘉惠学林。他提出的“和谐美学”开宗立派，影响深远。谨以此文纪念先生。

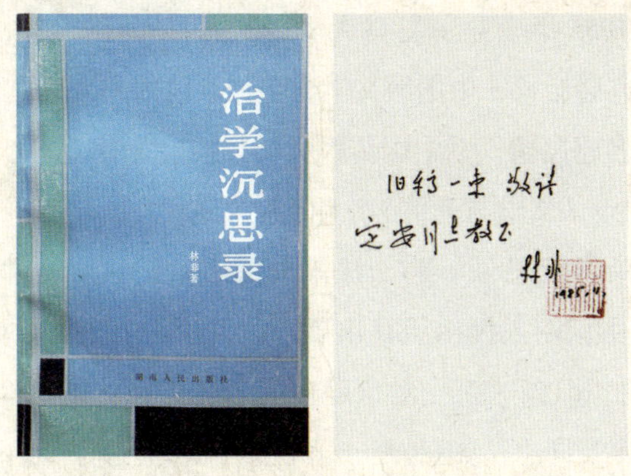

鲁迅研究的同路人

——林非《治学沉思录》

第一次看到“林非”这个名字，是在 2002 年，我正在读高二，那一年，一篇署名林非的散文《话说知音》，被选作高考语文试卷（全国卷）阅读理解题范文，正在备战高考的我们，自然对这篇文章进行了认真研读，这时候我想，林非应该是个著名散文家。

读大学后，爱上了中国现代文学，在阅读鲁迅作品的时候，想进一步了解他的生平，于是在图书馆借了一本《鲁迅传》，一看作者，是林非和刘再复，心里在想，此林非是彼林非吗？他不是散文家吗？怎么研究起鲁迅来了？后来又进一步阅读了他的《鲁迅和中国文化》，才知道他不仅写散文，还是著名鲁迅研究学者，是学术研究和散文创作的两栖大家。

林非，原名濮良沛，1931 年 7 月生于江苏海门，1949 年曾参加渡江战役，1955 年毕业于复旦大学中文系。曾任中国社科院教授、中国鲁迅研究会会长、中国散文学会会长。他的夫人肖凤，是一位传记作家，原名赵凤翔，系中国传媒大学教授，著有《冰心传》《萧红传》《庐隐传》《文学与爱情》《肖凤散文选》等。

这本《治学沉思录》购于沈阳旧书店，是林非的学术论文集，1985 年 7 月由湖南人民出版社出版，收录论文二十五篇。作者在前衬页上题签："旧稿一束　敬请定安同志教正　林非　1985.11"，并钤印。这"定安同志"，就是辽宁著名文学研究专家彭定安先生。

彭定安，1928 年生于江西鄱阳，1950 年毕业于北京新闻学校。先后任《东北日报》《辽宁日报》文艺编辑，辽宁省社科院文学所所长、副院长，东北大学文法学院院长。兼任辽宁省作协副主席、社科联副主席，中国鲁迅研究会副会长。主要著作有《鲁迅评传》《鲁迅思想论稿》《鲁迅杂文学概论》《突破与超越——论鲁迅和他的同时代人》《走向鲁迅世界》《鲁迅：在中日文化交流的坐标上》《鲁迅学导论》《创作心理学》《文化选择学》《离离原上草》等。

彭定安和林非都是老一辈鲁迅研究专家，可以说是同道中人，对鲁迅研究都有筚路蓝缕之功。学者李春林撰文认为，彭定安首倡将鲁迅研究从中国现代文学研究中独立出来而成为鲁迅学，在鲁迅百年诞辰时，他撰写了两篇重要文章：《一个建议：创立鲁迅学》和《关于鲁迅研究的设想》，论述了建立"鲁迅学"的必要性和可能性，提出了"鲁迅学"的研究体系，包括鲁迅生平传记研究、鲁迅思想研究、鲁迅著作研究、"鲁迅面面观"研究、鲁迅研究之研究、鲁迅研究史之研究、外国鲁迅研究之研究、鲁迅研究文献学等，得到国内同行的广泛认同。另外，彭定安较早将比较文学研究方法引入鲁迅研究，他较早地撰写了《鲁迅的〈狂人日记〉与果戈里的同名小说》《鲁迅的艺术思维与艺术世界里的中西文化》等文章。他主编的九十万字巨著《鲁迅：在中日文化交流的坐标上》，是鲁迅学与比较文学的坚实之作，使鲁迅研究得到深化拓展，别开生面。辽宁省文联原主席牟心海著有《彭定安的学术世界》，全面论述了彭定安的学术研究概况，有兴趣的读者可参考。

林非的《治学沉思录》共分四辑，第一辑收录《治学方法漫议》《治学方法漫议续篇》两篇文章，与从事学术研究的青年朋友们分享心得体会；第二辑是关于鲁迅研究的论文；第三辑是对具体文艺作品的评论，包括对阮章竞《漳河水》、聂鲁达《伐木者，醒来吧！》、柯岩儿童诗、臧克家《凯旋》、冰心《樱花赞》、郭沫若早期诗歌、李季《王贵与李香香》、韦君宜散文的评论；第四辑是关于“五四”文学问题的论文。

纵观林非的成就，主要集中在三个方面。一是鲁迅研究，出版过《鲁迅前期思想发展史略》《鲁迅传》《鲁迅小说论稿》《鲁迅和中国文化》等专著，其中《鲁迅和中国文化》一书，从鲁迅论中国传统文化、论启蒙主义、论“人”的命题、论国民性、论中国新文化建设等方面，着重从精神文化视角探讨鲁迅与中国文化的关系，在鲁迅研究界具有里程碑的意义。二是散文研究，出版过《现代六十家散文札记》《中国现代散文史稿》，奠定了散文史家的地位，还出版了《散文新论》《散文的使命》《林非论散文》等理论著作，构建了自己的散文理论体系，并主编了《中国散文大词典》《中国当代散文大系》等。三是散文创作，出版了散文集《访美归来》《林非散文选》《林非游记选》《云游随笔》《离别》《中外文化名人印象记》《世事微言》《人海沉思录》《当代散文名家精品文库·林非卷》等，他的散文创作，以学者的睿思思考现实，强调抒真情、讲真话，坚守情感世界的真善美，体现了知识分子的责任担当。

一般情况下，兼备学术研究和文学创作的人很是少见，因为学术研究以逻辑推论为主，文学创作重视形象思维，但是林非做到了。在他这里，研究和创作相得益彰，创作变得更加深刻，学术变得更加丰盈。

研究了一辈子学问的林非，已近九十高龄，2016年10月26日的《中华读书报》，用大半个版的篇幅对这位学者进行了介绍，题目是《林非：做学问要讲学术良心》，并配了大幅照片。在该文的最后一段，作者舒晋瑜写道："林非儒雅、随和、谦逊而豁达，走近他，才知道在他温和宽容的笑容背后，掩藏着真实、善良而倔强的心灵。如他在《平庸而又奇异的历程》一文中说：'在经历了多少艰辛和忧患之后，我愈来愈变得乐观起来。眺望着生命的夕阳冉冉下降时，确实应该更豁达一点儿，更潇洒一点儿，更高兴一点儿。'"

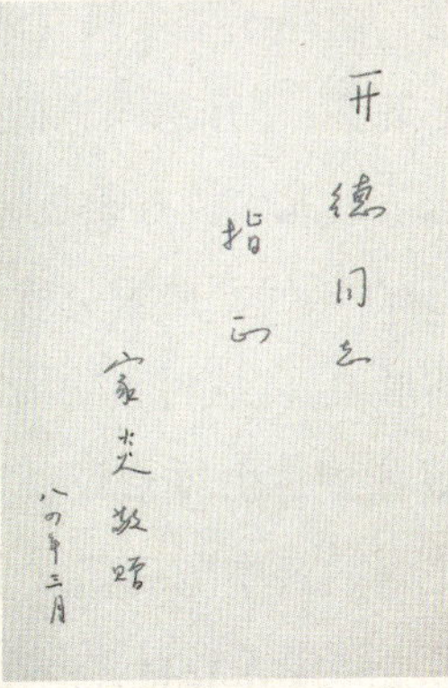

写史之笔重于千斤

——严家炎《求实集》

严家炎先生是北京大学资深教授、我国著名现代文学研究专家，他1933年11月生于上海宝山，1956年考入北大中文系攻读副博士研究生，1958年留校任教。曾任北大中文系主任，兼任中国现代文学研究会会长、中国丁玲研究会会长、北京市文联副主席等职。著有《知春集》《求实集》《中国现代小说流派史》《论鲁迅的复调小说》《金庸小说论稿》等，主编《中国现代文学史》（与唐弢共同主编）、《二十世纪中国文学史》等。

这本《求实集》，1983年11月由北京大学出版社出版，是严家炎关于中国现代文学的论文集，由著名学者唐弢作序。全书收论文十八篇，分别论述了鲁迅、郭沫若、茅盾、丁玲、徐志摩等重要作家的作品，还综合探讨了中国现代文学研究的学科方向、研究方法、评价标准等问题，总结了学术研究的经验教训，提出了若干新见解。作者在前衬页上题签：“开德同志指正　家炎敬赠　八四年三月”。受赠人“开德同志”系北大校务委员会副主任闵开德。

在上世纪 60 年代，严家炎就在《文学评论》发表《谈〈创业史〉中梁三老汉的形象》，探讨人物描写典型性等问题，引起了广泛讨论，他的文章见解独到，力排众议，得到邵荃麟等人的称赞。70 年代他与唐弢共同主编的《中国现代文学史》，成为高校通用教材，影响巨大，获全国第一届优秀教材奖。在《求实集》序言中，唐弢深情回忆了他们一起编写《中国现代文学史》时的感人景象：

> 教材进行到最后阶段，只留下路坎、樊骏、家炎和我，为了统一全稿，要求在两个月内（后来延长到两个半月）将“五四”、“左联”两段写出。我们四个人边琢磨，边润饰，灯下苦干，往往直到午夜后三四点钟，才上床合眼片刻，每晚平均只睡两个小时多一点。家炎同志患有胃病，常用左手抵住胸部，忍痛坚持，劝他先去休息，总是不肯。古人说：观人于微。我和家炎同志本来并不认识，终于能够莫逆于心，的确是从一件一件日常生活的小事中，慢慢地认识到家炎的为人的：他正直，有点固执，肯承担责任；对于工作，即使不能说是忘我，也很少有为个人利益着想或者打算的时候。

现代文学史的写作，是把现代文学的发生、发展，把作家们的创作实绩和文学思潮，客观真实地记录下来。但历史书写中，最难实现的往往就是真实地书写历史本身。新中国成立后有许多现代文学史的版本行世，但因长期受“左倾”思潮等影响，文学史有时候成了被随意打扮的姑娘。在本书开篇《从历史实际出发，还事物本来面目——中国现代文学史研究笔谈之一》中，严家炎写道："建国初年王瑶同志的文学史，写到的作家、用到的史料是比较多的。到刘绶松同志一九五六年出版的文学史，就对胡适、胡风采取否定的态度，而对周文、彭柏山、路翎、鲁藜、绿原等作家则完全不提。一九五八年以后出版的现代文学史，丁玲、艾青、冯雪峰、姚雪垠、秦兆阳、黄谷柳等几十名作家都突然失踪。"针对这种随意修改历史、隐瞒事实真相的写史方法，严家炎感到痛心，他认为，能不能坚持从实际出发，从原始材料出发，敢于实事求是，在任何压力面前不畏缩，不后退，这是史学工作者的职业道德问题。他在文中重点阐述了实事求是的重要性。

> 我认为只有坚持从历史实际出发，才能科学地评判现代文学史上发生的那些争论，才能破除历来陈陈相因、沿袭下来的一些并不正确的说法，才能纠正历史上的一些冤案和错案。我们虽然写的只是一种专史、一种文学史，但我们的笔同样应该是太史公的笔。这支笔关系到许多作家生前死后的命运，它重于千斤。从某种意义上说，这支笔比生活中的一个法官的笔要重得多。法官判错了，涉及的只是一个人或一家人；文学史写错了，它在社会上在整个意识形态领域中会引起一系列可能是相当严重的后果。因此，我们只有立足于历史事实，坚持从作品和史料的实际出发，充分注意掌握各种第一手材料，才能运用好我们手中的笔，发挥它应有的作用。

《中国现代文学史》出版以后，他又用了八年的时间，撰写了我国第一部从流派发展的角度来研究现代小说的专著——《中国现代小说流派史》。为此他做了大量的史料钩沉工作，对现代文学史上的乡土小说派、自我小说派、革命小说派、新感觉派、社会剖析派、京派、七月派、后期浪漫派等主要流派进行研究梳理，总结了小说流派不同的审美特征、流派之间的竞争和互补关系，尤其是从历史尘埃中发掘出了“新感觉派”这个重要流派，以客观公正的态度进行了评价，颇具史家风范。

2001年，六十八岁的严家炎先生退休了，但他的学术研究工作却没有停下来。由他牵头主编，会聚了陈思和、方锡德、关爱和、解志熙、孟繁华、王光明、黎湘萍、程光炜等十余位学养深厚的中年学者，联合撰写了三卷本一百多万字的《二十世纪中国文学史》，2010年由高等教育出版社出版。这部书强调文学研究的原创性，从发掘、占有原始材料做起，努力还原历史的复杂性和丰富性，更好地揭示现代文学发展的真实状况，对作家作品的研究达到了一个新的高度。另外，该著拓展了现代文学史的“时空”边界，从时间上来说，以1878年黄遵宪的《日本国志》、1890年陈季同的《黄衫客传奇》和1892年韩邦庆的《海上花列传》为标志，用足够的论据（主体由白话文构成、具有鲜明的现代性、与世界文学相交流相参照），把中国现代文学的开端前移到清末，上溯了三十多年。从空间上来看，覆盖了华人外语写作、少数民族语言写作以及通俗文学、旧体诗等，证明了现代文学多元共存的客观事实，这都是以往文学史所忽略的。

已步入耄耋之年的严家炎，依然在思考如何为深爱的现代文学发挥余热。随着年龄增大和身体原因，读书的时间少了，他觉得冷落了珍贵的书籍，愧对这些生命的智灵之物，应该让它们发挥更大作用，让更多的人阅读共享，于是产生了捐赠个人藏书的念头。原想捐给自己求学执教了四十年的北京大学，后来考虑到北大馆藏资源丰富，门类齐全，了解到中国现代文学馆藏书量不足，而自己的藏书主要集中在现代文学领域，所以决定捐给现代文学馆，使研究者更便捷地利用。2014 年 8 月 23 日，严家炎先生藏书及文物捐赠仪式在中国现代文学馆举行，他将自己的近万册藏书和汪曾祺、马识途等名家赠送他的书画作品，金庸赠送他的活动写字台等，全部捐赠给了中国现代文学馆。这位几十年来一直坚持实事求是，强调做学问从史实出发的文学史家，不但用自己的深邃思想努力还原文学真相，也用这种忘我精神感召着学界同仁，堪称楷模。

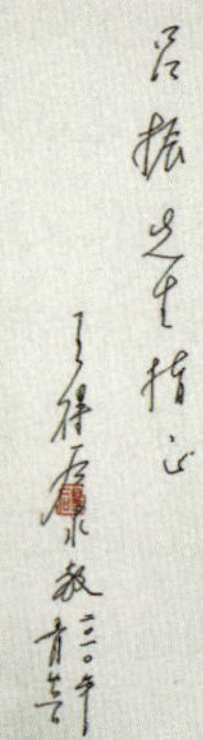

难以忘怀的教益

——王得后《鲁迅与孔子》

我脑海中，经常会浮现起一个情景：在北京朝阳区安贞里，有位七十多岁的老者，头发花白，前倾着身子坐在电脑前面，努力克服着视力衰退带来的困难，用大号字艰难地给有求于他的学子解答着学术问题。夏日里，他顶着太阳，腋下夹着一本书，去邮局，给一个远方并不熟悉的学子寄出最新的专著。这个学生便是我，这位老者，便是著名鲁迅研究专家王得后先生。

一次偶然的机会，知道了王先生的邮箱，这让我一惊。他是现代文学界的老一辈学者，1934 年生人，据我所知，这一代学者会上网的很少，但是王先生却能够自如地收发邮件，由此便知，他是个喜欢接受新事物的人，乐于挑战自己的人。

在与先生邮件往还之前，已经读过他的学术著作《两地书研究》

《鲁迅心解》，随笔《垂死挣扎集》等。我喜欢读先生的杂文随笔，经查阅得知，他还有《人海语丝》《世纪末杂言》等杂文集出版，但当时我在青岛，像样的文史类书店不多，许多学术著作特别是多年前出版的，已经难以觅到。于是想给先生写信，看看他是否还有存书。邮件发出后第二天，就收到了先生的回信，他说等他到鲁迅博物馆书屋找一找，如果有，就给我寄来。但后来发现那里也没有，只能满足我的另一个心愿，寄来了他的夫人赵园老师签赠的一本著作《北京：城与人》。

我知道王先生是以鲁迅研究名世的，是李何林先生的弟子，于是在阅读和研究鲁迅的过程中遇到什么问题，就会给王先生发邮件请教。有一次，我在信中告诉先生，我自己最感兴趣的是鲁迅思想对当代社会的指导意义，确切地说，即，鲁迅过时了吗？他对国情和国民性的认识对当今社会及国人的意义何在？我知道这个问题不容易谈，谈浅了说不明白，谈深了可能触及其他敏感问题。我在信中跟先生举例，如《聪明人和傻子和奴才》一篇，我即联想到如今有些官员具有扭曲的奴才人格，而一味追逐政治地位和金钱的某些学者教授们，则与其中的聪明人无异，傻子们则越来越少。于是向先生请教，这个题目值不值得做？从何处下手来做？需要哪些准备工作？对此，先生回复说："研究只是对研究对象的一种发现，恰如天文学家观察星空一样。根柢在非常熟悉对象，发人之所未发。不读原著，不熟悉原著，仅凭一点观感，是难成大的成就的。"先生的话，让我那颗狂热的心逐渐冷静下来，知道了自己的盲目肤浅，知道了学术研究并不是凭空想象，需要坐得住冷板凳，需要认真阅读原著，有了真切的体会才有发言权。先生的话，我一直谨记，也作为日后做研究的一种警醒。

2010 年 1 月，先生的新著《鲁迅与孔子》在人民文学出版社出版，先生寄我一册，并在前衬页上题签：“吕振先生指正　王得后求教　二〇一〇年五月廿一日”。这使我诚惶诚恐。先生这部书，从“生死”“温饱”“血统”“妇女”“发展”等论题入手，深刻分析了鲁迅与孔子的根本分歧，说明了鲁迅为什么绝望于孔子，为什么反对中庸。

2012 年 4 月，我的硕士论文《论鲁迅书信的当代意义》开题在即，这时候，我又想起了王先生，想听听他的意见，于是给先生发去了邮件和论文提纲。还是第二天，便收到了先生的回信，提出了自己的意见。先生说：

> 我双目黄斑变性，视力大减，已经不能读书读报，只能在电脑上把字放大，阅读与写作。但我愿意拜读您的大作，开题报告也浏览了一下，意义部分写得很好。“书信”“日记”，初衷本是不发表，不给公众看的，似乎不说“著作”更准确，换一个名词如何。虽然如此，已经公开发表，它的意义自然起了变化，不妨碍人们研究。只是正如您开题报告后面也提到了的，不能不看到它的“私密性”。因为收信人不同，写法，内容也不同，有些是“应酬”，不可不注意。

另外，先生还在信中提到另外一件事：

> 鲁迅博物馆有一个“鲁迅全集检索系统”，后又稍稍改变了一些，成“鲁迅用语汇典”，以 1981 年《鲁迅全集》为底本，输入一个，或两个，最多七个字，可以检索《全集》中全部相关的内容。只是当年手工录入，有错字；格式也是文本式，应用时校对后就好用的。检索出来后，可以直接

“复制”，也可以集中“阅读”和“保存”。不知道您有没有？如果没有我可以发给您一个，您自动安装就能运用了。自然，这只是工具，功底还在自己熟读《鲁迅全集》。比如书信，鲁迅对收信人的称呼不是一个，必须分别输入每一个称呼，才能检索齐全。

这对于研究鲁迅的人来说，是一件大好事，因为《鲁迅全集》需要时时查阅，但是十八卷的全集，要查到哪句话哪篇文章在第几卷，着实是个难题，会耽误很多工夫。先生提到的检索系统，可以节省很多时间，于是给先生回信，希望能够发我一份，便于研究和写作。先生又跑了一趟邮局，给我寄来一个光盘。安装成功后，解决了我查阅电子版《鲁迅全集》的问题。

如今我卧室的书架上，摆着两摞先生的著作，一摞是学术专著，计有《两地书研究》《鲁迅心解》《鲁迅与中国文化精神》《鲁迅教我》《鲁迅与孔子》，一摞是杂文随笔集，计有《人海语丝》《世纪末杂言》《垂死挣扎集》。先生既搞学问也坚持写作杂文随笔，两条腿走路，感性思维和理性思维结合得非常完美。先生认为，研究鲁迅而不写杂文，是说不过去的，不能更深层次地了解鲁迅的心智结构，了解鲁迅的杂文创作。

记得在先生的一篇散文中曾提到过这样的事，妻子赵园曾问他，如果有下辈子，你会选择怎么生活，先生说，如果真有来生，我还是要研究鲁迅。落笔至此，我心头一热，充满了感动。先生何幸，与大师鲁迅精神相遇；青年学子何幸，有这样谦虚热忱的先生为我们答疑解惑，阐释鲁迅。我从王得后先生和赵园先生的著作中，获得了深远的教益，在此，向未曾谋面的二位先生真诚地说一声：谢谢！

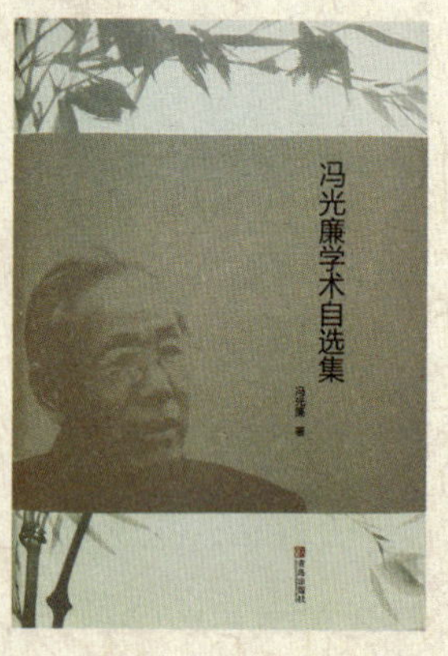

吕振存念

光廉 2016.2.22.

学术与人格的师承

——冯光廉《冯光廉学术自选集》

新年伊始，收到一个从青岛寄来的包裹，打开一看，是八十二岁高龄的恩师、中国现代文学学者冯光廉先生新出版的学术自选集。翻开封面，看到扉页上先生花白的头发，慈祥的笑容，回想起在美丽的海滨跟随先生求学的快乐时光，内心暖意融融。

先生的自选集计有学术总论、鲁迅综论、鲁迅小说专论、鲁迅作品新论、文学史论、王统照臧克家论、序文评论等共七编，从中可以看出先生学术研究的着力点集中在鲁迅与现代文学史两个领域，这也是中国现代文学学科的难点和制高点。细细阅读文本，感到既熟悉又陌生，熟悉是因为有些文章以前就读过，陌生是因为今日对文章的理解已与昨日不尽相同。灯下掩卷沉思，咀嚼文字，反观自我，这才发现，我受先生潜移默化的影响太多太多，先生的学问和人格，无形中滋养着众多学子，成为我们人生路上的精神之钙、力量之源。

从冯先生那里，我爱上了文学，爱上了鲁迅。在大学期间，每隔十天半月，我就到先生那满是书香的房间里，和先生对面而坐，桌上放着几碟水果和糕点，我剥着香蕉，先生摇着蒲扇，开始神聊起来，从“五四”说到今天，从鲁迅说到莫言，从文学说到传媒，从学术说到生活，时光就在这亲密的话语中渐渐远去。回忆起来，我们聊天的核心，还是鲁迅，还是中国现代文学。正如这本八十万字的《自选集》，仅研究鲁迅的文章即占了三分之二的篇幅，有单篇作品的解析，有小说专题的探讨，有宏观综合的建构，清晰地勾画出了冯先生的鲁迅研究路径。从“鲁迅综论”一辑来看，先生力主“综合创新说”，坚持以客观冷静、公平公正的心态，从具体历史环境出发，结合社会实际存在的诸多问题，充分认识鲁迅的丰富性和复杂性，充分认识社会变革和文化发展的艰巨性，在多元并存、多元互补的研究规范下，探讨鲁迅的历史地位，深入剖析鲁迅精神文化遗产在现在和未来的价值，努力做到评述全面、准确、深刻，使文章具有科学性和说服力。受先生熏陶，我逐渐爱上鲁迅和中国现代文学，本科四年，我购买文学类书籍千余册。和先生一起撰写文章收到的稿费，先生分文不取悉数给我，我用这笔稿费购买了一套人民文学出版社最新版的十八卷本《鲁迅全集》。先生说他 1958 年刚去山东师大工作的时候，节衣缩食买了第一套《鲁迅全集》，那年先生二十四岁；我用先生的稿费也买了我生命中的第一套《鲁迅全集》，很巧，那年我也是二十四岁。再后来，我本科和硕士毕业论文也都是做的鲁迅研究，冯先生也给予了悉心指导。我对中国现代文学尤其是鲁迅产生感情，感佩于他那深邃的思想世界、强烈的忧患意识、艰难的自我剖析、韧性的改革精神、博大的人间情怀，与冯先生的引导有莫大的关系。

从冯先生那里，我接受了专业的学术思维训练。翻阅这本《自选集》，便想起了先生经常强调的创新思维、辩证思维和宏观视野，他这样教育学生，同时也在自我实践。比如《创新：鲁迅精神的灵魂和价值核心》一文，从创新欲求、创新思维、创新能力、创新综合素质等方面，总体把握鲁迅的精神核心，深入洞见鲁迅和当代中国最重要最根本的关联之处，对“批判精神”“反抗”“反思”“民族魂”“立人”等观点进行了补正，具有很强的创新性。比如《鲁迅与孔子研究的另一面》一文，从仁爱思想与人道精神、积极入世的行为模式、重视道德品格修养三个方面，深入探讨了鲁迅与孔子思想的通连性，摆脱了孔子与鲁迅二元对立的思维束缚，得出了“孔子与鲁迅我们同时都需要”的结论，具有很强的辩证性。再比如冯先生领衔主编的《中国近百年文学体式流变史》（人民文学出版社 1999 年出版），打破了近代、现代、当代的机械切割，以文学的现代化为中心，系统总结了百年文学文体发展的基本经验，概括了多种值得关注的文体现象。先生与其学生谭桂林合著的《中国现代文学史研究概论》（南京大学出版社 1995 年出版），从研究历史的鸟瞰、历史结论的重估、创作评论的商兑、研究前景的构想等方面，全面系统地对以往现代文学史著作进行评析，较早地填补了学术空白，被北大中文系原主任温儒敏先生推荐为考研重点参考书目。这些文学史著作的尝试，都体现了冯先生宏观的学术视野和独特的学术追求。求学期间，先生常常跟我讲学术思维的重要性，希望我看待事物能够发散思维，勤于思考，不人云亦云，不剑走偏锋，不断提出新问题新思路，并将创新思维、辩证思维运用到自己的学习和生活中。现在想来，虽然自己成果无多，但依然在按照先生的教诲读书写作，受益匪浅。

从冯先生那里，我学到了做人的道理。先生曾将自己的学术个性总结为“平实不华、明晰不晦、沉稳不激、坚定不移”，文如其人，先生的平和性格也是出了名的。他的学生、近代文学研究专家徐鹏绪教授曾撰文写道：“冯先生温婉厚重，喜怒不形于色。平心静气，面带笑容，眼里流露着智慧和慈祥，让人感到可敬可爱。几十年来，我从未见过他的怒容，更没见过他与人争吵。持重平静如此，诚然是一种先天的禀赋，但更是一种后天的修养。这种修炼，实在是一般人难以企及的。”这也是我所感受到的冯先生。另外，先生为人谦逊，写了文章总是要征求很多学生的意见。他曾在《今晚报》著文《感恩向学子》，表达老师应该对学生怀有感恩之情，这种情怀，堪称教师楷模。说到淡泊名利，先生曾几次婉拒担任校内及社会上的领导职务，他常说，既当官又搞学术，两头忙，顾不过来的。我如今在党政机关工作，作为想要进步的青年人，要做到淡泊名利确实很难，但每当想起先生时，自己就会冷静许多，清醒许多，平和许多，少了些虚浮的功利主义，多了点踏实的做事精神。

从一本书想起了许多事。《冯光廉学术自选集》的出版，对先生而言，既是自己学术之路的总结检视，也给青年学子提供了借鉴参考。对我而言，是又一次向先生学习的宝贵机会，也使我意识到了学术与人格的一种潜在传承，正是这种师承，才使人文精神之光不灭，想起来就让人觉得温暖。

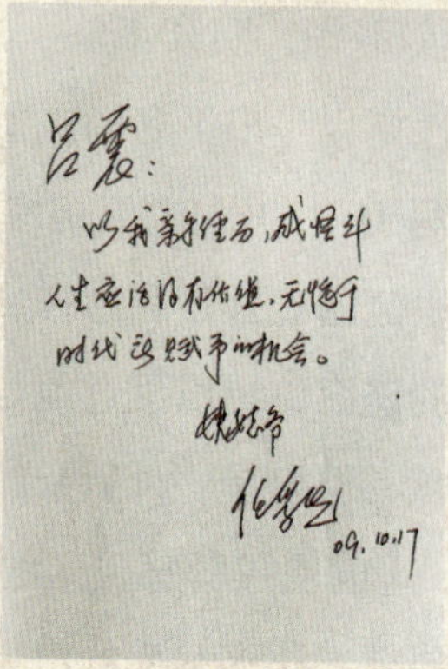

山东当代文学的见证者

——任孚先《片羽集》

在我的老家山东莱芜，提起从这方热土走出去的现当代文学名人，第一位当属吴伯箫。他 1906 年生于莱城吴花园村，三四十年代就以散文创作成名，代表作《记一辆纺车》曾收入中学语文课本，新中国成立后，曾任人民教育出版社副社长、中国社科院文学研究所副所长、中国写作研究会会长等职，有散文集《羽书》《北极星》等十余种行世。第二位是诗人吕剑。他 1919 年生于口镇林家庄，年轻时做过教师、记者，后任《人民文学》编辑部主任、诗歌组组长，出版有诗文集《溪流集》《燕石集》《吕剑诗钞》等。前两位都是现代文学界的知名人物。这第三位，就是当代文学评论家、山东省作协副主席任孚先先生了。

我和任先生既是老乡，又是亲戚，我喊他姨姥爷。他 1935 年生于莱城东关，高中时到徐州读书，因成绩优异被推选为徐州市学联学习部部长。一次偶然的高中生夏令营，他和同学到了红瓦绿树碧海蓝天的青岛，也第一次到了山东大学（山东大学 1958 年才从青岛迁往济南），因为喜欢青岛的环境，于是他立志报考山东大学。

高考之后，他如愿以偿进入山大中文系读书。那时候的山大可谓名师云集，中文系有“冯陆高萧”四大导师（冯沅君、陆侃如、高亨、萧涤非），历史系有“八马同槽”八大教授（杨向奎、童书业、黄云眉、张维华、陈同燮、郑鹤声、王仲荦、赵俪生），在这样优越的学术环境中，本来学习就认真刻苦的他，取得了更大的学术成绩，在著名学术刊物《文史哲》发表了《谈〈青春之歌〉》《论“厚古薄今”》，在《山东大学学报（人文版）》发表了《论〈红旗谱〉》等文章，在《山东文艺》发表了评论当时出现的肖端祥、邵勇胜等农民作家的文章，在《大众日报》《青岛日报》《济南日报》等报刊发表了数十篇文艺思想杂谈及评论。作为一名还未毕业的学生，能够取得这样的成绩，是很让人惊异的，所以引起了当时文学界的关注。1960 年先生毕业后，被分配到山东省文联文学研究所，成为省文联第一位科班出身的专职文学评论工作者，之后四十余年笔耕不辍，撰写了大量评论文章。1983 年 9 月，山东人民出版社出版了任孚先文学评论集《片羽集》，这是改革开放后山东省出版的第一部个人文艺评论专著。1985 年，时任山东省文学研究所所长的任孚先，创办了山东省第一份也是唯一一份文学理论刊物《文学评论家》，并担任主编。该刊以理论性、当代性、探索性并重的特点，发表了一系列有重大影响的理论、评论文章，为新时期当代文学的发展提供了一方争鸣的园地。

任孚先学术研究的着力点在现当代文学领域，最能代表其学术水平的，是新时期以来的当代文学批评，尤其是对山东本土的作家，他倾注了大量心血，对刘知侠、冯德英、王火、李存葆、张炜、王润滋、矫健、李贯通、毕四海等作家的创作都有独到深刻的评析，文章收入《片羽集》《文学创作漫谈》《山东解放区文学概观》《山东新时期小说论稿》《任孚先文艺论集》《任孚先序跋集》《现代诗歌百首赏析》等著作中。另外，在古典文学领域，他还撰写了《白话插图〈山海经〉》《〈聊斋志异〉评析》《〈聊斋志异〉艺术论》等著作。在文学资料方面主编有《中外文学评论家辞典》《齐鲁文化大辞典》《山东新文学大系（当代文学部分）》等。

我手中这本《片羽集》，是2009年秋天去济南看望任老时，他赠予我的。先生在前衬页上题写："吕震：以我亲身经历，感悟到人生应活得有价值，无愧于时代所赋予的机会。姨姥爷任孚先 09.10.17"。该书收文三十篇，有宏观的理论论述，如《浅谈艺术的目的性》《谈文艺的地位和作用》《文艺创作要回答时代、人民的要求》《谈文艺批评的标准》等，也有具体的作家作品论，如《论鲁迅小说中的农民问题》《读杨沫的〈青春之歌〉》《通往心灵之路——评王润滋的小说创作》《辛勤笔耕的收获——谈王火的短篇小说创作》等，文风质朴，观点鲜明，论据充分，且少有同时代其他文章所常见的政治烙印，实属难得。

任先生晚年，回忆起自己的研究之路，也有不少遗憾。他曾对我说，在最好的年华，受"文革"影响，没做多少研究，80年代后，又一直担任省作协领导职务，耽误了不少时间，用在文学研究和批评上的精力不足三成，如果再多下一些功夫，肯定会有更坚实更深入的成果。2014年，任老身患胃癌，身体每况愈下，曾到北京、上海等地诊治，效果不佳，于2015年10月14日凌晨逝世，享年八十岁。

当时我因在京有重要会议，未赶到济南参加 10 月 16 日下午的追悼会，深感遗憾。后来听友人、作家张期鹏说，他曾试图将任先生的著作、手稿、资料、藏书等进行系统整理，联系莱芜市图书馆或档案馆妥善保藏，却因种种原因无奈搁浅。另外，任老在晚年还撰写了一部未完成的自传，已有十余万字，他在山东文学界驰骋五十载，称得上是“百科全书”式的亲历者，他的自传定有一些鲜为人知的史料，但如今随着先生的逝去，这部未完成的传记也不知下落如何，不知是否还有面世的机会。

任孚先先生年少时历经乱世，求学之年勤奋刻苦，佳作迭出，待工作后，一头扎进山东当代文学评论领域五十载，默默耕耘，不改其志，奖掖后辈，尽力竭心，不辱文艺评论家之使命，也“无愧于时代所赋予的机会”，山东文坛永远记得您！

理论研究是为拯救自己的灵魂

——李准《仰望高山：李准理论著作选》

李准是我国著名文艺评论家，可我最早知道他，却不是因为读了他的哪篇文章，而是社会关注度很高的中央电视台青年歌手大奖赛。记得好像是2004年，那年我十九岁，央视正在举办的第十一届青歌赛，不但有音乐专业评分，还有综合文化素质评分，那一年的综合素质评委就是李准。记得他总是面带微笑，即使有的歌手答错了一些文化常识题，他也不愠不火，用自己渊博的知识给大家娓娓道来，让参赛者和观众学到了很多东西。那是在荧屏上初识李准。

1939年李准生于山东邹平农村，他自己曾说，读大学之前的活动范围从未超出五十华里的半径。1964年他毕业于山东大学中文系，任马列主义研究院文艺组业务干部，《光明日报》编辑部编辑。对于如何走上了文艺评论之路，他在本书前言中做了这样的描述：

1978年夏，我正在《光明日报》当编辑和记者，为给热火朝天的真理标准讨论敲敲边鼓，忽然心血来潮地写了一篇《不能把客观真理和客观现实混为一谈》的文章，很快在《光明日报》用黑体字刊出。这一偶然举动带来两个意外：其一，没想到我公开发表的第一篇文章不是文艺学而是哲学文章，报社同事们很感意外。其二，没想到《人民日报》立即全文转载，接着又发表一位著名哲学家的文章批评我的观点，激动中的我一个晚上写出五千多字的《再谈客观真理与客观现实》进行答辩，结果引发了广泛的关注，成为真理标准大讨论中一个很有意味的插曲。短短一个月，我收到的来信有六十多封（还有一些来信寄到了著名作家李准那里），多数来信支持我的观点，少数来信要求继续展开辩论。这个意外的开端激发了我的自信和兴趣：我这样的人也可以尝试写跨界的理论文章，至少可以参加讨论。从此开始，文艺学的、艺术管理学的、文艺理论的，乃至哲学的、政治学的、伦理学的，我都不避浅陋地去尝试写作和发表。

走上文艺评论之路的李准，开始发表大量文章。这时候，文坛出现了“大李准”和“小李准”之说，也就是上文提到的读者寄错了信的另一位李准，这就引出了一则改名逸事。有一位蒙古族作家李准，曾任中国作协副主席，在五六十年代写过《不能走那条路》《李双双》《老兵新传》等作品。80年代初，报刊上出现了署名李准的评论文章，有些人以为作家李准改行写评论了，后来作家李准才弄明白，这是和他同名同姓的一位青年评论家。为了防止混淆，他于1984年在《人民日报》公开发表声明，改原名“李准”为“李凖”，以示区别。后来，李凖又写出了长篇小说《黄河东流去》，获得第二届茅盾文学奖，并担任《牧马人》《高山下的花环》《清凉寺的钟声》《老人与狗》等著名电影的编剧。

“小李准”从1978年开始，陆续发表了许多文章，主要是从哲学和文艺学的交叉点上去分析文艺思潮和文艺领域的热点现象，并陆续出版了《毛泽东文艺思想新论》（合作）、《文艺方法与观念新探》（合作）、《艺术·现代意识与它的参照系》《繁荣与选择》《全球化浪潮中的民族文化》《最美丽的垂钓》《读剧札记》《李准电视评论选》《滴血的皇冠》《仰望高山：李准理论著作选》等专著。1983年在《光明日报》总编室副主任任上调中宣部文艺局，后任局长，之后又担任中国文联副主席、书记处书记，重大革命历史题材影视创作领导小组副组长等职务。2014年5月30日，中国文艺评论家协会在京成立，李准被推选为名誉主席。

我到北京工作以后，曾在单位几次见到这位比我大四十六岁的文艺评论家，单位也邀请他来给我们开过一场专题讲座，主要探讨马克思主义文艺理论与当下文艺思潮。因为我也是山东大学中文系毕业，所以跟他讲，您是我们中文系的著名校友，母校以您为荣。他谦虚地说不敢当，自己也没做出多少成绩。感觉他谈话睿智洒脱，没有省部级领导的架子，很易相处。2015年春日的一天早晨，他因开会又来到我所在的单位，这次他带来了新出版的《仰望高山：李准理论著作选》，给我和同事每人送了一本，并且戏说自己来日无多，送书权当是处理后事。我知道他近几年身体不太好，病痛缠身，他也曾在文章中说，已进入生命的倒计时，但以他这样豁达的心态，对待生死的乐观，我觉得，他的强大精神力量已经在无形中战胜了病魔。事实证明，他的病痛亦无大碍，如今的李准，依然活跃在影视评论第一线，在一些重大题材的影视剧研讨会上，依然能够看到他矍铄的身影，听到他深刻的发言。

《仰望高山：李准理论著作选》，2014 年 12 月由中国文联出版社出版。本书收文三十四篇，都是有关文艺学、艺术管理学、文化理论和与之相关联的哲学理论文章。作者在前衬页上题签："吕振同志指正　李准　2015 年春"。"指正"二字让我这无名小辈感到惶恐和感动。读完该书后，有几点感受，一是作者立论宏阔，高屋建瓴，看问题有宏观视角；二是文风严谨，引经据典必有出处；三是马克思主义文艺理论素养深厚；四是充满哲学思辨精神；五是注意理论与实践相结合，提出问题的同时，努力思考解决问题的思路。

从事了一辈子理论研究的李准，把这项工作看得很重，他说："马克思曾感慨地说：搞理论研究，攻克理论难题，首先是为拯救自己的灵魂。年轻时看到这句话，在理解上有点老虎吃天、无从下口的感觉。经历了中国和世界五十年的风云变幻，五十年个人命运的起伏跌宕，五十年理论钻研中的酸甜苦辣，对这句话的理解逐渐接近了真谛。虽然我已进入生命的倒计时，明白了这一点也是令人欣慰的。只要一息尚存，我会沿着拯救自己的灵魂的方向再做努力。"

红学研究的传承与创新

——刘梦溪《红楼梦新论》

著名学者、中国艺术研究院研究员刘梦溪的《红楼梦新论》，1982年7月由中国社会科学出版社出版。作者在扉页上题签："孚先同志指正　梦溪　一九八二年十一月"，并钤印。该书系作者赠送文学评论家任孚先先生。我在山东大学读研究生期间，去拜访任先生时，他知我喜爱签名本，故将此书转赠与我。

1962年，刘梦溪还在大学攻读文学理论专业，为了弄清文艺学的一些基本理论，如艺术典型和创作方法等问题，他想重点解剖几个作家和几部有代表性的作品，外国作家他选择了巴尔扎克和托尔斯泰，中国作家他选择了曹雪芹和鲁迅，于是便爱上了《红楼梦》。就如他在该书自序中说，《红楼梦》是这样一部作品——拿起来，就休想放下；红学是这样一门学问——钻进去，就不容易出来。刘梦溪发表的第一篇红学论文是《探春新论》，冯其庸帮他校改后，1963 年发表在《光明日报》上。之后他又陆续写了不少红学研究文章。《红楼梦新论》收录刘梦溪十七篇红学研究论文。所收论文虽是单篇文章，但也自成体系，从时代背景、作者问题，到作品的思想主题和人物形象、版本源流，以及红学研究史的得失，都有独辟蹊径的探讨和评论。该书前有著名红学家冯其庸的序言和刘梦溪的自序，书后有著名红学家李希凡的跋文和刘梦溪的后记。

本书最大的特点，是刘梦溪对《红楼梦》三个“特殊性”的解读。他认为《红楼梦》不是一般的小说，而是在特殊的时代，作者经过特殊的经历之后，用特殊的艺术表现手法，写出的一部具有划时代意义的伟大作品。要正确理解和认识《红楼梦》的思想艺术成就，科学阐释这部书的价值和作用，就必须充分注意这三个“特殊性”。李希凡在跋文中说，对这三个“特殊性”的分析和论述，渗透着强烈的历史感，灌注着《红楼梦新论》的所有命题，可以看作是作者立论的一个纲领。

下面我们来具体了解一下这三个“特殊性”。

一是时代特殊。是指产生《红楼梦》的清乾隆时期，已经进入封建社会的末世，虽然还是封建社会，但已经有了日益发展的资本主义生产关系的萌芽；表面上尽管维持着盛世的局面，骨子里早已溃烂不堪。《红楼梦》正是反封建的早期民主主义思潮的产物。

二是作家经历特殊。是说曹雪芹的家族不同于清朝一般的达官显贵，而是作为汉人早年加入旗籍后备受恩宠的百年望族，是一个颇具文化教养的诗礼之家。就是这样一个贵族世家，在康熙和雍正政权交替期间，受统治集团内部斗争牵连，遭到了抄没家产的悲惨命运，曹雪芹由钟鸣鼎食的贵公子变为罪囚的后代，晚年流落北京西郊，过着饥寒交迫的生活。这种生活剧变，让曹雪芹饱尝人间冷暖，历尽世态炎凉，促使他反思，对封建王朝的腐朽感受也更加深刻。

三是艺术表现手法特殊。除了人物形象塑造、情节提炼、结构安排、文学语言运用，《红楼梦》都达到了我国古典艺术的巅峰，最特殊的是书中提出的真、假观念和对真、假相映的手法运用，有独特的含义和妙处。在书前楔子里，作者反复阐明“真事”与“假语”的关系，真事隐（甄士隐），假语存（贾雨村），但联系作者经历来看，书中所写大都有生活依据，是真中有假，假中有真，既不能一味索隐，也不宜一味考据。

该书末尾一篇《红学三十年》，全面回顾了新中国成立后三十年间（1950—1980）《红楼梦》研究的历史，对胡适、俞平伯、吴组缃、周汝昌、吴恩裕、吴世昌、刘大杰、冯其庸、李希凡、蓝翎、蒋和森、王昆仑等红学家的研究成果作了新的评述，同时注意到了其他领域学者所撰写的一些有价值的红学论文，如邓拓的《论红楼梦的社会背景和历史意义》，翦伯赞的《论十八世纪上半期中国社会经济的性质——兼论〈红楼梦〉中所反映的社会经济情况》，何其芳的《论红楼梦》等，并从学术思潮发展的角度总结了一些带有规律性的东西，探讨了新时期《红楼梦》研究如何突破的问题。

刘梦溪认为，研究《红楼梦》的思想艺术和考证的关系问题处理得正确与否，直接关系红学的命运。《红楼梦》研究最容易犯的毛病就是脱离开作品本身，不把《红楼梦》当作文学作品。历史上的旧红学、新红学以及庸俗社会学的红学或“借题发挥”式的红学，都是在这里失的足。当然并不是说不需要研究作品产生的时代背景和作者的身世经历，做这样的研究是完全有必要的，只是这种研究只有和作品本身紧密结合起来，才有意义。单纯研究《红楼梦》产生的历史背景，单纯研究曹雪芹的家世生平，那是历史学或“曹学”，与红学不能同日而语。《红楼梦》研究要想取得新进展，就要在发展考证和吸取科学考证的成果的同时，跳出考证的圈子，把主要的注意力放在对作品本身的探讨上，从作品的实际出发，结合曹雪芹所处的时代和他的独特经历，充分吸取新旧红学的合理成分而避其所短、弃其所失，加强对《红楼梦》的思想艺术的综合研究，并注意从理论上进行概括，使《红楼梦》研究真正变成研究《红楼梦》。

他在梳理红学研究史之后得出结论，发展固然是对以前事物的否定，但同时也是对以前事物的继承。红学的发展前后相继，没有旧红学就没有新红学，无论新红学还是旧红学，都是红学发展链条上的一个环节，强行割断它们之间的联系是行不通的。学术研究的目的是为了探讨真理，而真理是具体的，朴素的。红学不同学派的出现和发展是好事情，但切不可沾染任何门户之见。随着时间的推移和社会审美观念的发展变化，不同时代的读者和研究者都能够从《红楼梦》的艺术世界里领悟到区别于以往的新东西，并为红学发展的宝库增添新鲜内容。就这个意义而言，《红楼梦》研究是没有止境的，它将保持永久的魅力，达到一个高峰，新的高峰还在前头。

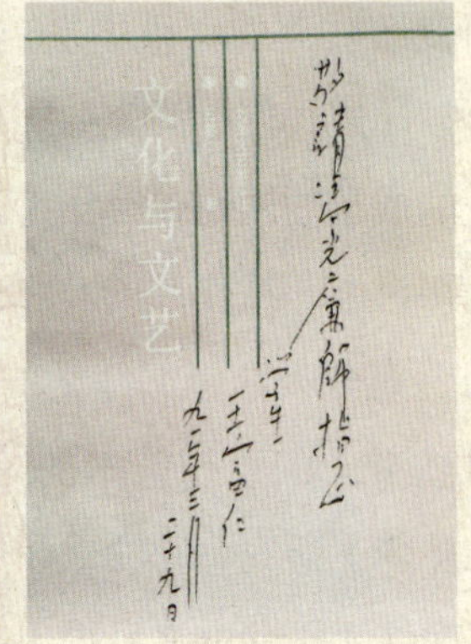

治学路上的三位先生

——王富仁《文化与文艺》

王富仁是我国第一位现代文学博士，他的博士论文《中国反封建思想革命的一面镜子——〈呐喊〉〈彷徨〉综论》出版后，曾在学界引起很大反响，一跃而成为鲁迅研究的代表人物。后来他曾担任中国现代文学研究会会长。

这本论文集《文化与文艺》，1990 年 12 月由北岳文艺出版社出版，作者在扉页上题签：“敬请冯光廉师指正　学生王富仁　九一年三月二十九日”。冯光廉先生是我的恩师，原青岛大学中文系主任，1934 年生于河南平舆，著有《鲁迅小说研究》《中国现代文学史研究概论》等，主编《多维视野中的鲁迅》《中国新文学发展史》《中国近百年文学体式流变史》等。该书由王富仁先生签赠给年长自己七岁的冯光廉先生。我在冯先生书架上曾看到两本相同的签赠本，可能王富仁先生签赠一次之后忘记了，后来又赠了一次，冯先生知道我喜欢现代文学，于是赠我其中的一册留念。虽然冯先生没有直接教过王富仁，但冯先生在学界资历深，口碑好，上世纪 70 年代后期，王富仁先生还在聊城四中教书时，冯先生已是山东师范大学现代文学教研室主任了，所以王富仁先生对冯先生以师相称，也在情理之中。

这本书包括五部分内容。第一部分是一篇关于中国文化研究的论文，《两种平衡、三类心态，构成了中国近现代文化不断运演的动态过程》。“两种平衡”是指自我的内部平衡及与西方各强大国家的外部世界平衡，“三种心态”是指传统文化心态、慕外崇新文化心态和中西融合文化心态，具有很强的思辨性和创新性。第二部分是鲁迅研究，包括鲁迅与中外文化、鲁迅与世界文学、鲁迅与辛亥革命以及鲁迅的婚姻爱情等。第三部分是一些零散的评论文章，论及女性文学、人物塑造、长篇叙事诗研究、戏剧研究等，其中贯穿着他的批评观——“不断寻找我自己能说的那一两句未必正确但我觉得还有点道理的新话的过程”。第四部分是电影评论，包括对电影《喜盈门》《人生》《野山》《乡民》等的评论。第五部分是附录，收录了一篇悼文，《我在人生歧路上徘徊的时候，他伸出了一双温暖的手——沉痛悼念恩师薛绥之先生》。

书中具体篇章，不再单独评论，只想选一个角度，从附录入手，聊聊王富仁先生治学之路上遇到的三位先生。

薛绥之先生，是著名鲁迅研究专家和现代文学史料专家，曾任山东师范大学、聊城大学、山东大学教授。上世纪 70 年代初，王富仁先生在山东聊城四中教语文，薛先生带领山东师大聊城分院的中文系学生到聊城四中实习，听了王富仁的一堂公开课，讲的是鲁迅的《记念刘和珍君》，薛先生很满意，鼓励王富仁可以业余搞点鲁迅研究。

这时候，在“人生歧路上徘徊”的王富仁，“在这个曾被打成右派的老人身上，却感到一种倔强的力，一种不可摧折的向往光明、追求真理、忠于自己的事业、不敢沉埋在庸俗无为生活中的倔强的心力”。在薛先生的鼓励下，王富仁踏入鲁迅研究领域，薛先生不厌其烦地给王富仁写信、寄书，答疑解惑，修改文章。在该书序言中，王富仁先生写道：“‘恩情’是与人生的艰难紧密联系在一起的，我不愿宣扬这种恩情关系，也不愿我们的社会上充满太多的这种关系，但一经经历过艰难，一经体味着艰难，这种‘恩情’也便不期而然地在人心中扎下根了。薛绥之先生去世已经两年多了，我几乎没有一天不记起他，他永远鼓舞着我，在艰难的人生之途上，向前跋涉。”

薛先生在中国现代文学史料研究领域做出了巨大贡献，他吸收王富仁参加《鲁迅杂文中的人物》书稿的编写，他主编的十一册一百五十万字的《鲁迅生平资料丛书》，王富仁等协助编定了《鲁迅在日本》分册，后来薛先生又主编了五卷本近三百万字的《鲁迅生平史料汇编》，以及《鲁迅杂文辞典》《鲁迅大词典》等重大项目，相信王富仁能打下学术研究的坚实功底，与老师薛绥之先生重视文学史料的搜集研究有很大关系。

1978年，王富仁考取西北大学中文系研究生，跟随单演义先生从事鲁迅研究。单先生早年从事庄子研究，成果丰硕。新中国成立后，改治中国现代文学，特别是将鲁迅研究作为主攻方向，创建了国内第一家鲁迅研究室，出版了填补学术空白的专著《鲁迅在西安》。王富仁曾在《西北大学学报》发表《单演义先生与中国现代文学研究学科的建立与发展》，站在学术史的角度，全面论述了单先生的学术贡献。在《怀念单演义先生》一文中，对于单先生耗几十年之功研究“鲁迅在西安”的课题，王富仁评价道：“大概谁也不会认为这是一项多么了不起的大工程，但当一阵风把那些冠冕堂皇的大批判文章吹了个烟消云散之后，在这片白茫茫的大地上却仍然留下了单先生的劳绩。”在单先生的指导下，王富仁写出了《鲁迅前期小说与俄罗斯文学》，这是国内较早的一部比较文学专著。单先生不但在学术上指导王富仁，也在物质生活上帮助他度过了窘迫的岁月，直到单先生去世后，王富仁在怀念文章中说：“我至今还欠着单师七十元钱，但我欠的何止是这七十元钱呢？我欠的是他的爱。”

1982 年，王富仁又考取了北京师范大学中文系博士研究生，跟随李何林先生研究鲁迅。李何林先生是我国第一代现代文学学者，曾任北京师范大学、南开大学教授，鲁迅博物馆馆长，著有《鲁迅论》《近二十年中国文艺思潮论》《关于中国现代文学》《鲁迅的生平和杂文》《鲁迅〈野草〉注解》等，主编了《鲁迅手稿全集》《鲁迅年谱》《鲁迅研究资料》和《鲁迅研究动态》等。在李何林先生的指导下，王富仁写出了在学术界引起强烈反响的博士论文——《中国反封建思想革命的一面镜子——〈呐喊〉〈彷徨〉综论》，该书从“思想革命”这一角度分析《呐喊》《彷徨》的思想内容，在思想文化史背景下研究现代文学，更能贴近鲁迅小说创作的思想原点。李何林先生在为该书所写序言中评价道：“着重从中国反封建思想革命的镜子这个角度来评价《呐喊》《彷徨》，而不只是从社会政治意义上来评价它们；又从多方面细致深入地分析了两部小说集的所有作品，有了充足的论证，在鲁迅研究界开辟了一片新天地，是颇有创见的。”李何林先生逝世后，王富仁撰写了《我爱我师——悼李何林先生》《他擎着民族精神的火把——纪念李何林先生一百周年诞辰》两篇文章，他这样怀念自己的老师：“李何林先生，我知道我没有能力实现你的一切的遗愿，但我，将永远想着你，记着你的一生的业绩，一生的努力和奋斗，记着你为之奋斗的一切，让你那颗永远发光的心灵在茫茫的人生道路上为我照出一条依稀可辨的途路，我就沿着这条道路走下去，走到我能够走到的地方去。”

虽然王富仁在一篇文章中曾说，“假如可以说我的‘师承’的话，一个是鲁迅，一个是从19世纪到20世纪初的西方文学”，但不可否认的是，薛绥之、单演义、李何林先生，是王富仁治学之路上的三位恩师，对他的学术研究有重要的引导作用。在这里追述他的求学过程和师承关系，并不是想把他归于哪门哪派，也不是说没有这些先生，王富仁就不能取得这样大的学术影响，而是以他为例，聊一聊现代文学研究中的代际问题，聊一聊第一代现代文学学者对后学的影响。关于这种师承，现代文学界还有很多，比如王瑶先生指导的温儒敏、钱理群、陈平原、赵园、吴福辉，唐弢先生指导的汪晖，贾植芳先生指导的陈思和等。

王富仁先生的学术兴趣在晚年发生了转变，由现代文学研究转入新国学研究，由他领衔在汕头大学成立了新国学研究中心，担任博士生导师，带出了许多研究生，写出了《新国学论纲》等专著。

2017年5月4日，我收到青岛大学刘增人教授一条微信：“曾经秋肃临天下，独托幽岩展素心。瑶瑟凝尘清怨绝，风波浩荡足行吟。集迅翁句送富仁兄远行。”我这才知道，七十五岁的王富仁先生因肺癌已于5月2日在京离世。几天后，看到了王富仁先生的许多学生撰写的悼念文章，之前王先生撰文悼念自己的恩师薛绥之、单演义、李何林，如今他却成了学生们悼念的对象，悲乎！长歌当哭。对于死亡，他在多年前就有清醒的认识：“当人生无梦的时候，死亡也就不是一件多么奇怪的事情。死亡是苦难人生的真正休息，死亡是这个宇宙的唯一的真实。所有的人生都是相对的，只有死亡是绝对的。”虽然他走的时候身体很痛苦，但相信在精神上他已经超脱了，他清楚地知道，每个人都是这个世界的“过客”。

王富仁先生一路走好！

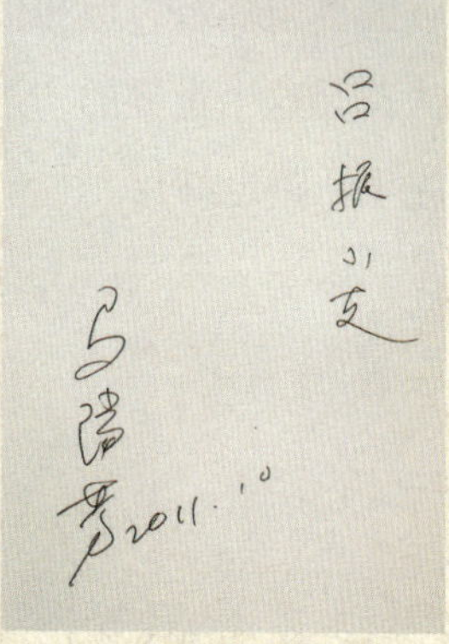

室雅停芳草 聊斋堪比红楼

——马瑞芳《马瑞芳趣话〈红楼梦〉》

马瑞芳，1942年3月生于山东青州一个回族中医世家，1965年毕业于山东大学中文系，先后在中国医学科学院、淄博日报社工作，1978年任山东大学中文系教师，从事古典文学研究与教学。兼任中国作协全委会委员、中国红楼梦学会常务理事、山东省作协副主席。

她在蒲松龄和《聊斋志异》研究方面成果丰硕，著有《蒲松龄评传》《幽冥人生》《聊斋志异创作论》《聊斋人物论》《聊斋志异全文鉴赏》《从〈聊斋志异〉到〈红楼梦〉》《马瑞芳重校点评〈聊斋志异〉》等。《蒲松龄评传》曾得到程千帆、萧涤非等先生的赞赏。程千帆先生收到《蒲松龄评传》后，曾给马瑞芳去信说：“只有具有诗人气质又兼学者谨严作风的人，才能在文学研究中取得成果，你跨出了很好的，可以说是很漂亮的几步，值得祝贺。”

在文学创作方面，她著有反映大学校园和知识分子生活的“新儒林”长篇小说系列《蓝眼睛·黑眼睛》《天眼》《感受四季》，散文集《学海见闻录》《野狐禅》《假如我很有钱》《煎饼花儿》《漏泄春光有柳条》等。

这本《马瑞芳趣话〈红楼梦〉》，是“马瑞芳趣话经典系列”中的一本，另外三本是《马瑞芳趣话王熙凤》《马瑞芳趣话聊斋爱情》《马瑞芳趣话〈金瓶梅〉》，2008 年 8 月由上海文艺出版社出版。作者在前衬页上题签：“吕振小友　马瑞芳　2011.10”，是我在山东大学读书时请马老师题写的。

为什么说是“趣话”呢？这是马瑞芳对待这几部文学经典的态度。她在该书第一节中讲了胡适和他的学生唐德刚的一段对话，这是历史学家唐德刚从纽约到哈尔滨参加国际红学会时讲给马瑞芳听的。胡适说《红楼梦》不是好小说，没有主题。唐德刚问他，没有主题你为什么还研究《红楼梦》？胡适说“好玩啊”。对于胡适的态度，马瑞芳认为：“胡适是新红学鼻祖，我认为‘好玩’两个字，在他所有红学观点里，最重要、最精辟、最到位。《红楼梦》为什么好玩？因为有趣。《红楼梦》充满了情趣、谐趣，还有一般小说没有的雅趣。……为什么地不分东西南北，人不分工农商学，都爱《红楼梦》？就是因为《红楼梦》一等一地有趣，登峰造极地好玩。”

马瑞芳是怎么趣话的？在这里试举一例。在《空排场和真情感——元妃省亲》一节中，谈到元妃和家人见面的情景，她论述道：“为什么祖母、母亲跟孙女、女儿见面却满腹心事都说不出？不是说不出，是不敢说。作为祖母和母亲很想问问女儿，你的婚姻幸福吗？但是她们不敢问，因为被问者的婚姻对象是至高无上的皇帝，一语不合就可以下令罢官、下令抄家、下令杀头的皇帝。贾元春的婚姻是否幸福，是绝对不可以问也绝对没人敢问的。祖母和母亲见到出嫁的孙女、女儿，还想问的一个问题是：什么时候可以抱外孙？可是贾府的人敢问吗？皇帝有三宫六院七十二妃，谁知道贾元春到底在皇帝那儿占据什么地位？所以，寻常人家出嫁女儿回娘家常谈的话题，在元妃归省时，都成了雷区。”这是用常人生活化的眼光去看《红楼梦》中的人物和情节，就看出了其中的韵味和意趣。

老百姓知道山大有个马瑞芳，那是从 2005 年才开始的。当时中央电视台正在办《百家讲坛》栏目，请一些著名学者在电视上为观众普及文化知识，编导了解到山东大学马瑞芳教授对《聊斋志异》有深入研究，并且她行文风趣，为人潇洒，适合这个栏目的风格，于是邀请她到《百家讲坛》主讲《马瑞芳说聊斋》，共录制播出了二十四讲，收到了很好的效果，在社会上掀起了“聊斋”风。这个电视栏目捧红了一大批学者，使他们成了人尽皆知的学术明星。后来，马瑞芳还写了一本《百家讲坛：这张“魔鬼的床”》，将易中天、于丹、阎崇年、王立群、纪连海等主讲人“一网打尽”，用幽默的笔法讲述了“讲坛”背后的趣事。

2009 年 4 月 24 日，马瑞芳和易中天受邀在山东大学科学会堂举办了一场题为“曹操 PK 王熙凤”的讲座，现场热闹火爆，对话妙趣横生。易中天赠送给马瑞芳一副对联，上联是“春和待清风青柳直追白羽”，下联是“室雅停芳草聊斋堪比红楼”，上联嵌进了马瑞芳的丈夫牛运清的名字，以及他的现代文学研究对象柳青和刘白羽（牛运清也是山东大学教授，1940 年生于山东淄博，著有《大地之子的抉择》《刘白羽评传》等）。下联嵌进了研究《聊斋志异》《红楼梦》的马瑞芳的名字。横批是“牛头对上马嘴”，虽然搞笑雷人，但也算是点睛之笔。

2011年我在山东大学读研期间，写了一本关于大学生活的书，二十多万字，一是为了铭记我的大学岁月，二是与大学生们分享一些有益的经验，使他们少走弯路。该书定名为《大学，梦想与青春赛跑》，由中央广播电视大学出版社出版。策划编辑从出版营销的角度考虑，希望我能联系一些有知名度的专家学者写一句推荐语印在腰封上，这可把我难坏了，我只是一个学生，哪有认识名家的机会，何况还要请名家为我这本小书“吆喝”。正在此时，突然想到山大马瑞芳教授，我的硕士生导师郑春教授是马瑞芳和牛运清的学生，牛运清还是郑春的硕士生导师。于是，我抓紧跟郑春老师求助，郑老师随即帮我联系了马瑞芳老师，我即给马老师发邮件，将书稿电子版发过去请她浏览，几天后她给我回信，写了推荐语：“享受青春的同时，为实现梦想拼搏。一位优秀大学毕业生的经验结晶和深情追述，值得后来者参考。”这是对我极大的鼓励。后来拙作出版，我到马老师家中登门拜谢，送上这本小书，她和牛老师热情接待了我，询问了我的生活和学习情况，并鼓励我继续写出更多的作品。

研究生毕业后，因为来京工作，就没有再见到马老师，前段时间，中国作协召开第九次全国代表大会，在网上看到山东代表团在天安门广场的合影，七十五岁的马瑞芳教授穿着大红色羽绒服站在最前排，满脸笑容，风采不减当年，真为她高兴，祝愿马老师健康长寿。

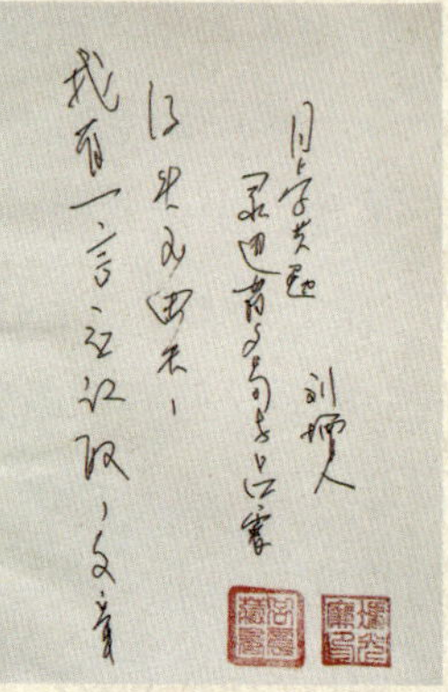

文章得失不由天

——刘增人《中国新文学发展史》

我到青岛大学读书的时候，中文系原主任刘增人老师已经退休，所以没有听过他的课。2007 年秋，刘老师在图书馆报告厅开了一场关于鲁迅的讲座，那天听讲的人很多，过道和门口都站满了人，刘老师讲得很精彩，主要探讨了鲁迅深刻的精神世界以及与当下的联系。讲座结束后，我送刘老师回家，并请他在他和冯光廉先生主编的《中国新文学发展史》上题字，他写道：“我有一言应记取，文章得失不由天。录迅翁名句与吕震同学共勉　刘增人”。

这两句诗，取自鲁迅写的七绝《别诸弟三首》中的一首，是鲁迅 1900 年于南京矿务学堂求学时，回家省亲返回学校后写的。全诗是：“从来一别又经年，万里长风送客船。我有一言应记取：文章得失不由天。”主要是告诫弟弟们，做学问写文章不能靠上天赐予，全在于自己的勤奋努力。

《中国新文学发展史》一书，由冯光廉、刘增人主编，安徽大学、山西大学、郑州大学、山东师范大学等十六所院校的二十多位学者共同撰写完成，由王文彬、冯光廉、刘增人、孙宝林、贾玉民、黄彩文、谭桂林统稿修改，1991 年 8 月由人民文学出版社出版。该书分为三编，上编是中国新文学的发展过程，从发生背景和发展轨迹两个方面展现了中国新文学的发展历史；中编是中国新文学的创作现象，探讨了启蒙文学、情爱文学、叛逆文学、感伤文学、乡土文学、通俗文学、左翼文学、都市文学、现代派文学、救亡文学、历史文学、讽刺文学、工农兵文学等十三种创作现象；下编是中国新文学的历史整合，从社团流派、文学批评、文学体式三个部分，进一步强化了文学史的完整性。其中最有特色的当属中编，以文学主题现象为中心线索，进行多维度论述，建构了全新的文学史框架。有学者称，本书是继王瑶、唐弢本之后，中国现代文学史的第三个里程碑，打破了以往文学史编年体与文体评述相结合的方式，以及编年体与作家评传相结合的方式，实现了文学史对现代文学政治功利内容的关注转变到对文学自身内容的关注。当然，该著也有诸多不足，比如，一些作家被分割到不同的创作现象中，破坏了完整性，有些章节写作质量参差不齐等。总体来看，该著的成功与局限是统一体，它以其创新的特色，在中国现代文学史编纂史上占有一席之地。

刘增人，1942 年生于山东潍坊，1963 年毕业于山东师范大学中文系，分配至泰安师专（现泰山学院）中文系任教。1987 年调至青岛大学中文系任教，先后担任中文系副主任、主任，中外文化交流中心主任，鲁迅研究中心主任，兼任青岛市文联副主席。

纵观刘老师五十年的读书写作生涯，他的主要着力点在以下四个方面。

一是鲁迅研究。上世纪70年代初，刘老师就与泰安师专中文系主任书新先生一起，编著《鲁迅生平自述辑要》，这部六十万字的书稿于1979年由山东人民出版社出版。到青岛大学以后，与冯光廉老师主编了百万字的鲁迅研究巨著《多维视野中的鲁迅》。2001年起，受邀参加新版《鲁迅全集》修订工作，负责第四卷，是全国十四位编委之一。另外，从2002年起，刘老师担任青岛大学与北京鲁迅博物馆合作组建的鲁迅研究中心主任，先后主编了2002年至2007年和2010年的《鲁迅研究年鉴》，以及《1981—2005：多维视野中的鲁迅研究》《鲁迅新论》等著作。他自己曾经总结说："鲁迅，就是我不在迷茫中迷路、不在混沌中陷落的精神港湾！"

二是山东现代作家研究。上世纪70年代末，由中国社科院文学所发起编纂《中国现代文学史资料汇编》，冯光廉、刘增人二师接受了叶圣陶、王统照、臧克家三位现代作家的研究资料编纂任务，之后他们在京、沪、宁、津、济、青等地的图书馆查阅大量资料，北京的国子监、上海的徐家汇、南京的龙蟠里、济南的大明湖、青岛的大学路……都留下了他们的身影。功夫不负有心人，他们陆续出版了《叶圣陶研究资料》《王统照研究资料》《臧克家研究资料》《臧克家作品欣赏》。在此基础上，又一起编选了《中国现代作家选集·王统照》《中国现代作家选集·臧克家》《臧克家集外诗集》等著作，刘增人师还编选了《臧克家序跋选》，独立撰写了《中国新诗启示录——臧克家论纲》《王统照论》《王统照传》《叶圣陶传》，对现代作家研究和文学史料工作，做出了重要贡献。

三是现代文学期刊研究。受唐弢先生《晦庵书话》影响，刘老师开始关注现代文学期刊。1990年前后，人民文学出版社邀请山东师大韩之友教授编纂《中国现代文学期刊史》，韩先生因眼疾无法撰写。刘老师基于自己多年的积累，毛遂自荐承担起这一任务。2003 年他获批国家社科基金项目《中国现代文学期刊史论》，2005 年由新华出版社出版，2006 年以优秀等级结项。这部书梳理了从 1915 年 9 月《新青年》杂志创刊至 1949 年 7 月全国第一次文代会召开期间创刊发行的三千五百余种文学期刊，力图在宏观的历史原生态场景中还原并揭示现代文学期刊的真实面貌，其工作量之巨大、研究之烦琐可想而知。该著出版后，曾获省社科优秀成果一等奖、中国高校人文社科优秀成果二等奖，从这个特别的角度，也反映出近年来学术界拒绝空疏、看重实证的倾向。2007 年刘老师又获批第二个国家社科基金项目《中国现代文学期刊叙录》，经过三年努力，2010 年又以优秀等级结项。2015 年 12 月，刘老师编著的四卷本五百万字的《1872—1949 文学期刊信息总汇》，由青岛出版社出版，汇集了自 1872 年中国第一份文学期刊《瀛寰琐记》创刊，到 1949 年新中国成立，七十七年间面世的一万零二百零七种文学期刊原始信息，收录一千五百一十幅图像，是国内迄今为止最完备、翔实、厚重的文学期刊叙录。

四是现代文学史研究。刘老师与冯光廉老师共同主编了《中国新文学发展史》《中国近百年文学体式流变史》，前者是国内第一部从文学现象角度出发论述现代文学的史著，后者是国内第一部从小说、诗歌、戏剧、散文、文学批评五种体式来系统论述百年中国文学史的著作，都有填补学术空白的重要意义。

刘老师今年已经七十五岁，桃李满天下的他，在家依旧笔耕不辍，保持着对学术的一腔热情，除了读书写作以外，还会同学生交流，参加一些学校活动。报刊上亦时常见到他的学生们撰文回忆恩师。刘老师曾说："时时被读者记起的作家，才是堪称优秀的作家；

时时被学生想到的老师，才是做老师最理想的境界。”这一点，刘老师做到了。

“文章得失不由天”。虽然我已毕业将近十年，但我依然记得刘老师给我题写的鲁迅先生的这句话，时时鞭策自己，警醒自己，更努力地在文学之路上前行。

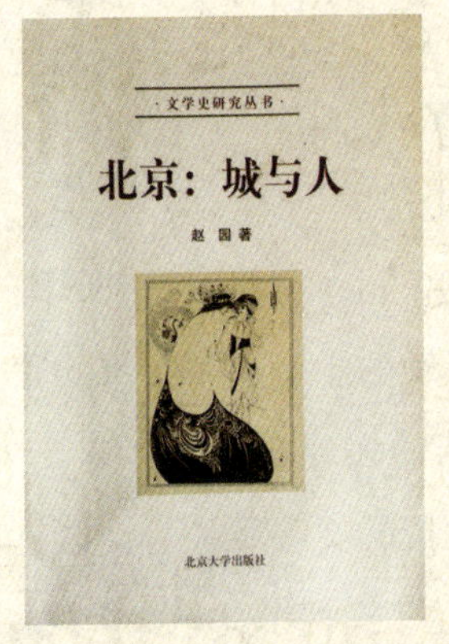

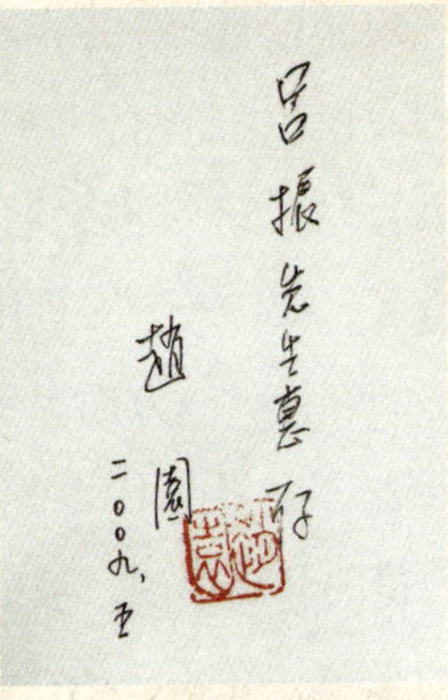

在对象世界中体验自我生命

——赵园《北京：城与人》

著名学者赵园的《北京：城与人》，作为陈平原主编的“文学史研究丛书”的一种，2002年1月由北京大学出版社出版，该丛书还包括孙玉石的《中国现代主义诗潮史论》，李欧梵的《上海摩登》，陈平原的《小说史：理论与实践》。

我本科毕业的时候，写的论文是关于鲁迅的，曾写信向著名鲁迅研究专家王得后先生求教，后来先生的《鲁迅与孔子》出版，寄我一册，同时应我所求，寄来了他的妻子赵园女士的《北京：城与人》，令我万分感动。赵园在前衬页上题签：“吕振先生惠存　赵园　二〇〇九、五”，并钤印。

赵园，原籍河南尉氏，1945年生于兰州，1981年毕业于北京大学中文系研究生班，导师为王瑶先生。现任中国社科院文学研究所研究员。著有《艰难的选择》《论小说十家》《北京：城与人》《地之子》《明清之际士大夫研究》《想象与叙述》《昔我往矣》，以及散文随笔集《独语》《窗下》《红之羽》等。

对于《北京：城与人》的写作缘起，在赵园看来，既有理性的选择，也有情感的守护。一方面源于她的学术积累。她的硕士论文研究老舍，名为《老舍：北京市民社会的表现者与批判者》，后来又读了邓友梅、汪曾祺的几篇小说，被他们的文字所吸引，也就自然地将当代京味小说与老舍挂在了一条线上，找到了“纵深”。她之所以选择这个研究对象，就是因为找到了文字感觉。另一方面，可能与女性的情感细腻有关。她对自己所生活的城市，对周边的人，有独特的感情。在书后《琐语》中，赵园说：“我承认自己对于胡同特有的人间气味有持久的依恋。日落时分胡同口弥散升腾的金色光雾，街灯下忽长忽短的行人身影，邻里街坊间的琐语闲话，晚炊时满街流淌的饭香——在最深最无望的孤独中，我所渴望过的，正是这和煦亲切的人的世界。”

该书从中国现当代文学史上描述北京的文学作品入手，包括老舍、邓友梅、刘心武、汪曾祺、陈建功的作品，来探讨文学中的北京的城市文化性格，以及这种性格在居民中的具体体现。由城市文化性格而探索人，再由那些久居其中的人们，来搜寻城市的文化底蕴，城与人的多种形式的精神联系，是赵园关注的核心。虽然从整体来看，这本书散文式的叙述有些琐碎，以艺术感受为基础的批评有些散漫，但细细品味，她这漂亮的文章都是从心灵深处流淌出来的，同时具备深邃和质感，让其他学者可望而不可即。中国人民大学教授孙郁说：“她把小说的景观、文化的景观，与人的生命价值，放置到了一个多色调的理性图式中”，“她是用生命来书写自己的文字，来呼吸历史和文化的”。

对于这本书，赵园自己也是较为满意的。“前两年编《自选集》时就发现，我的几种关于文学的研究中，《城与人》是较能经得住时间的一本。”该书出版后，不仅为赵园在学术界赢得了声誉，也受邀参政议政，北京市的城市规划建设会议也邀请她参加。她谦虚地认为，“《城与人》更意外地使我与身居的城市结了某种缘，俨然城市研究专家，我没有机会澄清误解。其实对于书中所谈论的胡同，我是不折不扣的外人。我何尝真了解这城！那本书只是对诠释的诠释。在这大城中，我更像是寄居的乡下人”。

写完这本书后，赵园对学术研究本身产生了怀疑，对学术生涯感到了厌倦。此时，好友陈平原、夏晓虹夫妇建议她“试试明清”，这促成了赵园学术生涯的转型。顺着历史往前回溯，她从现代文学研究跨入了明清之际士大夫研究，先后出版了《明清之际士大夫研究》《易堂寻踪——关于明清之际一个士人群体的叙述》《制度·言论·心态——〈明清之际士大夫研究〉续编》《聚合与流散》《明清之际的思想与言说》《家人父子——由人伦探访明清之际士大夫的精神生活》等著作。

这样一位学术成果丰硕的学者，是什么精神支撑着她一路走来的呢？她在《论小说十家》的跋语中说：“倘若有人追问我从事文学研究的动因、最初始的原因时，我只能回答说：认识我自己，认识我生存的这世界……在我，最猛烈的渴望是认识这个世界，同时在对象世界中体验自我的生命。”虽然赵园曾表示厌倦过学术研究，但她依然认为，学术是一种积极的生活方式，经由学术读解世界，经由学术完善自我，是一件很美好的事情，即使无人喝彩，也不影响兴致。

在随笔集《独语》中，赵园写了一篇《从前，有个老头和他的老太婆》，作为送给丈夫六十岁生日的礼物。如今的赵园，也已经成为七十二岁的老太太了，她的丈夫王得后先生，也成了八十三岁的老头，在北京的学界，他们是情深志投的夫妻搭档，曾有北大学生撰文，写到 1993 年冬夜，赵园到北大中文系与研究生座谈，王得后等在外面为妻子加披围巾的感人情景。赵园曾多次表示，学术只是人生的一部分，不希望学术覆盖了自己的全部生活。他们都是智者，祝愿二位先生身体康泰，尽情享受夕阳之美。

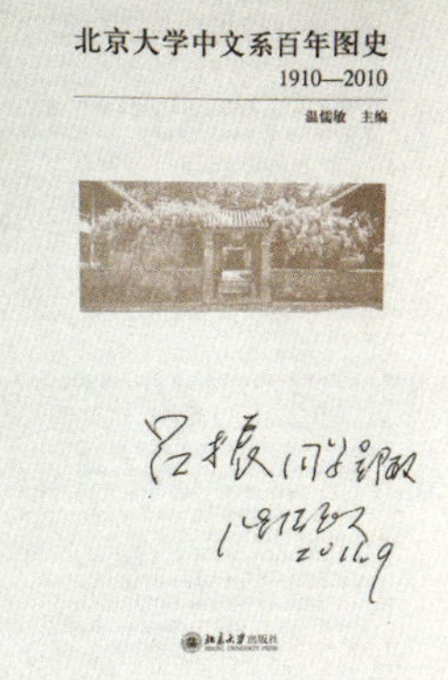

将“文学生活”纳入研究视野

——温儒敏《北京大学中文系百年图史：1910—2010》

这虽然是一本写北大的书，但是本文想谈的是温儒敏先生在我母校山大的情况。

按照惯例，先来讲讲这本书。2011年9月1日，北京大学中文系原主任、中国现代文学研究会会长温儒敏来山东大学文学院任教，受聘就任山大人文社科一级教授。消息一出，全国现代文学界都感到惊讶，温老师为什么选择来山大呢？为了向校内外关心温老师、关心山大的朋友们一个解答，我受学校委派，和《山东商报》首席记者徐玉芹一起，对温老师进行了两个小时的专访，并写成文章分别发表在《山东大学报》和《山东商报》上，回答社会各界关切。这本《北京大学中文系百年图史：1910—2010》，就是在采访温老师时他赠予我的，他在扉页上题签：“吕振同学郢政　温儒敏　2011.9”。该书2010

年10月由北京大学出版社出版，围绕北大中文系教学与科研这条线，理清学术倾向、教研模式的变迁，从一侧面勾勒出人文学科的百年流脉。前半部分“史事述要”，包括重要事件、人物传略、代表性著述、教学变革等，以专题方式叙述评说，并配有三百多幅老照片。后半部分“编年叙录”，以年表方式逐年记载百年来发生在北大中文系的大事要事，正面负面都有客观呈现。

在该书序言中，温老师说，人有人格，系有系格，北大中文系的系格，一方面是思想活跃，学风自由，环境宽容，但同时还有严谨求实的风尚；另一方面，办学理念不搞急功近利的职业培训，而是力图让学生学会寻找最适合自己的人生之路，打下厚实的基础，使整体素质包括人格精神都有健全的发展。大学之大，在于大师，北大中文系百年史，不乏星光璀璨的名师，陈独秀、胡适、鲁迅、黄侃、钱玄同、吴梅、沈兼士、唐兰、刘文典、闻一多、罗常培、杨振声、沈从文、游国恩、杨晦、王力、王瑶、袁家骅、魏建功、林庚、吴组缃、朱德熙、乐黛云、严家炎、袁行霈、谢冕、徐通锵、裘锡圭……这一连串在学术史上震古烁今的名字，铸就了北大中文系的百年辉煌。

2011年，六十五岁的温儒敏来山大任教。按照北大规定，教授博导六十三岁退休，少数影响大的学科带头人可以适当延缓退休。六十五岁的温老师尚未完全退休，聘期也还没有到。但他觉得“北大的教授比较多，适当流动一下很正常，虽然学校很照顾我，但不好老是占着在职的名额”。当然，以他的身份和学识，退休后无疑仍是国内外知名大学高度关注的人物。他透露，以前也有一些学校请他去，包括海外一些学校，但自己都没有去。“南方或海外有些学校待遇比这里更好，但我岁数大了，生活也可以，不图这些东西。”

温老师说，他之所以离开北京选择山大，主要有三个原因：一是他在北大的工作可以告一段落了；二是山大是一个很好的学校，学风比较淳厚，是学术重镇，也是他年轻时很向往的学校，济南离北京比较近，来回也方便；三是在京事情太多，杂务缠身，出来后可能能安静下来再做点事情。所以当山大文学院院长郑春教授跟温老师联系，热情邀约他来山大时，温老师几乎在第一时间就同意了。

温老师极为认真和敬业，为了上好山大第一学期的课，温老师与夫人在暑假期间就入住山大，并在炎热的夏季把大量书籍从北京的家中运来济南。报到之后，他整理好学院特别配备的一级教授办公室，便一一走访了学院的每间办公室，熟悉同事，了解工作。他在接受采访时明确表示，来山大的第一件事，就是给本科生上课。“这个学期就开课，而且是本科生的大课。”温儒敏说，这是来之前与学校接洽时他就提出来的。“我在北大差不多三十年，连续的、几乎每隔一个学期，最多两个学期，都要给本科生上课，已经成了习惯。”资料显示，1984年已经留校任教三年的温儒敏继续师从王瑶攻读博士研究生，成为北大中文系第一届博士。从那时起，他的人生便没有偏离过教书育人这个轨道。即便后来他担任了北大出版社总编辑、北大中文系主任，还兼任中国现代文学研究会会长等职务，他依然坚持给本科生上基础课。

温老师到山大来，还做出了一个不论对山大还是对整个现代文学界都很重要的贡献，那就是把“文学生活”纳入了现代文学研究视野，开辟了新的学术生长点，赋予了文学研究更多的现实情怀和精神活力。

文学生活，主要是指社会生活中的文学阅读、文学接受、文学消费等，也牵涉到文学生产、传播、读者群、阅读风尚等，甚至还包括文学在社会生活各个方面的影响、渗透情况，范围很广。温老师在

2012年第八期《中国现代文学研究丛刊》发表《“文学生活”：新的研究增长点》，在2013年第三期《北京大学学报》发表《“文学生活”概念与文学史写作》两篇论文，对“文学生活”概念的内涵、外延、意义等做了具体阐发。从2013年开始，山东大学文学院成立了当代中国文学生活研究中心，启动了以温儒敏教授为首席专家的国家社科重大项目“当前社会‘文学生活’调查研究”。著名学者贺仲明认为，“文学生活”的调查研究意义是多方面的，首先它能够更好地沟通文学与现实社会之间的关系，更好地总结文学与社会大众关系的经验教训，其次能够更好地促进现实文学的发展，对于研究者本身来说，也是一个有意义的锻炼和自我完善。

关于“文学生活”的第一批调查报告包括九个题目：《农民工当代文学阅读情况调查》（贺仲明）、《学校教育背景下的大学生文学阅读状况的调查》（黄万华）、《近年来长篇小说生产与传播的调查报告》（马兵）、《网络文学生态的调研报告》（史建国）、《茅盾文学奖获奖作品接受情况调查报告》（张学军）、《当下文化语境中鲁迅作品的阅读与接受》（郑春　叶诚生）、《金庸武侠小说读者群调查》（刘方政）、《城市白领文学阅读情况调查》（程鸿彬）、《影视互动及观众接受情况调查》（丛新强）。前七项以“文学生活”专题研究形式，集束发表于《中国现代文学研究丛刊》2012年第八期，在学界引起了高度关注。2015年10月30日，“文学生活与学术新视野”学术会议在济南召开，与会学者高度认可了“文学生活研究”作为学术概念的意义，认为这项研究改变和拓展了中国现当代文学研究的现有格局，冲出了“兜圈子”现象，使文学主动走向社会，体现了文学研究的方法学革命。

任何一种文学观念，任何一个研究课题，想推陈出新，做出大成果，都不是那么容易的，也正因为有难度，所以才有值得攻克的价值。温老师曾在《温儒敏论语文教育》这本书的封底上写道："在中国喊喊口号或者写些痛快文章容易，要改革就比想象难得多，在教育领域哪怕是一寸的改革，都要付出巨大的代价。我们光是批评抱怨不行，还要了解社会，多做建设性工作。"他从关注"语文教育"到"文学生活"，都有一个思路，就是使学术更贴近社会。希望温老师能够带领山大的学术团队，扎扎实实搞下去，给学界奉献更多的耳目一新的成果，开启文学研究新风尚。

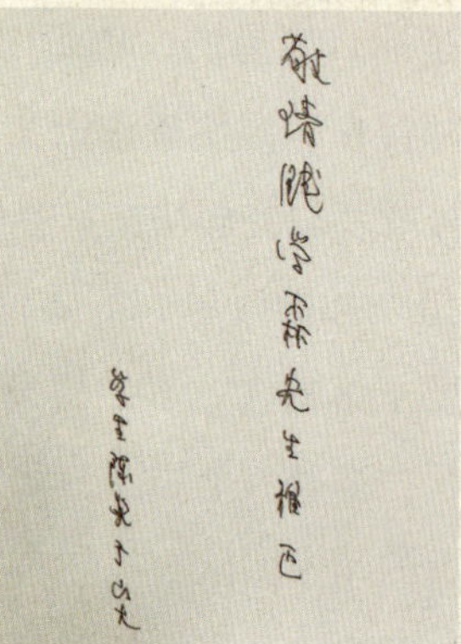

人生有涯，文章不死

——陈炎《中国审美文化简史》

这本《中国审美文化简史》，由著名学者陈炎主编，山东大学廖群、仪平策、陈炎、王小舒四位教授合著，2007年6月由高等教育出版社出版。前衬页上有陈炎教授题签：“敬请钱学森先生雅正　学生陈炎于山大”。由此可知，此书是陈炎老师签赠给著名科学家钱学森的。据报载，当年钱学森先生看到陈老师在《哲学研究》上发表的《论儒、墨、道、法系统》一文后，曾亲笔写信表示赞许，所以钱先生和陈老师之间定有书信和著作往还。

称呼陈炎为陈老师，是有缘由的。2010年我到山东大学中文系读研究生的时候，陈炎是山东大学党委常委、副校长、研究生院院长，另外，他的学术影响也很大，是山大自己培养出来的著名学人、长江学者，他同时兼任教育部中文教学指导委员会副主任委员、中华美学学会副会长、中国文艺理论学会副会长等职务。2013 年 6 月，我硕士研究生毕业，文学院在知新楼给毕业生举办了毕业典礼。记得那年有十几名博士，一百余名硕士，还有几百名本科生一起毕业，山东大学原校长、终身教授、著名美学家曾繁仁先生为博士生授予学位，山东大学副校长、著名美学家陈炎先生为硕士生授予学位，山东大学文学院院长郑春教授为本科生授予学位。当我走上台，从陈炎老师手中接过硕士学位证书时，陈老师面带微笑与我握手，并说：祝贺你。我内心感到十分温暖，并与陈老师一起合影留念。

2014 年，我已经到北京工作一年多，当时单位领导正在研究如何弘扬中华优秀传统文化，计划编写一套适用于当今青少年阅读的传统文化经典教材，于是从全国邀请在传统文化研究领域有名望的学者，到京参加座谈会。我从会议名单上看到了陈炎老师，他主编的《中国审美文化史》影响颇大。开会那天，我提前到会议室，想跟陈老师打个招呼，到会议室一看，他早已在会议室就座，我便上前自我介绍，与陈老师攀谈起来。我告诉他，我是山大中文系中国现当代文学专业毕业的，见到母校的老师，感到很亲切很高兴。陈老师也很高兴，没想到在这里遇到山大的学生，他嘱咐我好好工作，为学校争光。回忆起来，这是最后一次见到陈老师。

半年前，有一次和在教育部工作的同学小聚，他告知我，听说山大副校长陈炎患胰腺癌，正在上海治疗。听到消息，我觉得惊讶，在我心中，陈老师是一位饱读诗书的学者，年富力强的领导，1957 年出生的他，正值事业和学术高峰期，之前读研究生时每次在校园中见他，不是一袭风衣，就是一身西装，气质潇洒，风度翩翩，怎么都难以与恶疾联系起来。自从知道消息后，我便经常关注山大校友朋友圈，衷心希望陈老师能通过治疗早日康复。

半个月前，在网上看到一篇名为《探望病危的陈炎兄》的文章，是山大校董、企业家刘庚子写的，仔细看后，得知陈老师胰腺肿瘤虽然得到一定控制，但又出现了肠穿孔问题，无法进食，病情危重。此时我就有一种不祥的预感，没想到坏消息来得这么快。

5月2日下午14时11分，手机收到朋友微信，转来澳门城市大学杨剑龙教授一首诗：

大江洒泪浪滔滔

——泣送陈炎

泉城呜咽泰山嚎，友朋西去仍年少。

教坛耕耘贡献多，美学探究胆气豪。

名誉过重肩如山，职务太多身像桥。

兢兢业业树口碑，大江洒泪浪滔滔。

2016年5月2日闻友人陈炎仙逝而作

看到消息，胸口一痛，知道陈老师终究还是没有战胜病魔，撒手而去了。随即，又收到几位和山东大学联系密切的校友发来的信息，噩耗得到确认，但同时嘱咐："陈老师九十岁老父尚在，家属望暂不扩散消息。"我想这也是陈老师本人的意思，在自己离开这个世界之前，还怕老父遭受如此打击支撑不住，念及此情，内心无比痛惜。

陈老师离开当天下午，山东大学文学院教授黄万华发微博说："七个多月前，我忍不住用微博表达了对他劳累而病万分焦虑，二百二十一天，每天清晨一条短信，维系对他的陪伴，3月10日那天，他回短信'龙抬头了！'，让人感受到他顽强的生命力。他小我九岁，我始终相信他会好起来，他的乐观坚强也确罕见。今晨

6：48 发他短信时，他已在两小时前走了。我所爱的人们，一定别太累了！”

看到黄老师对陈老师的陪伴和鼓励，让人感动，黄老师那句“一定别太累了”的疾呼，更让人警醒。知道黄老师年轻时生活很累很苦，留下了严重的颈椎病，曾经在上课时晕倒，被学生送往医院急救，这是他切身的体验。陈老师也如前文，“名誉过重肩如山，职务太多身像桥”，他确实太累了，在干了十年党委常委、副校长后，他于 2015 年初主动辞去了职务。

我听说，陈老师病重期间，带着危机感整理了自己的文集，这套《陈炎文集》现在已由高等教育出版社推出。作为一位学者，留下厚重的学术专著，陈老师了却了心愿，但却没有看到文集的最终出版，也是一件憾事。在这期间，他曾经给负责编辑文集的高等教育出版社编辑发信息谈论生死：

> 昨晚疼痛加剧，吃了三次止痛药。黑暗之中，我问佛，为什么给我如此严酷的惩罚？佛没有回答。我领悟到了，所谓癌症，原本是我们身体上的正常细胞，但它变异了，想要寄托于身体营养的同时谋求自身的发展，其结果就可能毁了原本滋养它的身体。当我们想要离开滋养我们的家庭、社会谋求自身的发展和享受时，其结果也是一样。因为这种贪欲本身就像肿瘤细胞一样，是邪恶的。说到底，是对本体的背叛！佛为了惩罚、抑或是挽留我，才及时制止了这种贪恋。从这一意义上说，疾病出现在我身上是必须的！也正是从这一意义上讲，因果不虚呀。一个人，求名、求利都不可怕，怕的是与滋养自己的本体脱离开来、对立起来。进一步讲，

我们只是自然界的一部分，万物都与我们相联。我们如果将自己与万物隔绝开来、对立起来，就是烧一千炷香、磕一万个头，也得不到佛的保佑。因为那就从根本上背离了我佛悲天悯人的初衷。所以，真心向佛，不是要穿什么袈裟、剃什么头发，而是要改变自己与万物的关系，说得彻底一点儿，就是要淡化乃至消弭自我！这种淡化和消弭，要从一点一滴做起，逐渐改变我对金钱观念、财产观念、名利观念、男女观念的看法，使自己在精神上获得解脱。

山东师范大学教授吕家乡看到这条信息后撰文认为："陈炎在癌症的致命摧残下，怀着苛刻的自责自审，对癌症做了哲学的思考，进而对个人和社会、宇宙的关系，对正常欲求和邪恶贪欲的转换，做了哲学思考，他在生命终点对得失、利益、是非、生死诸问题都达到了彻悟，并把这种彻悟落实于身心交融的践行，使他生命的终点成了人格的巅峰。"

5月4日上午，北京下着小雨，社会各界共二百多人，在八宝山殡仪馆参加了陈老师的遗体告别仪式，送他远行。人生有涯，文章不死，谨以此文怀念陈炎老师！

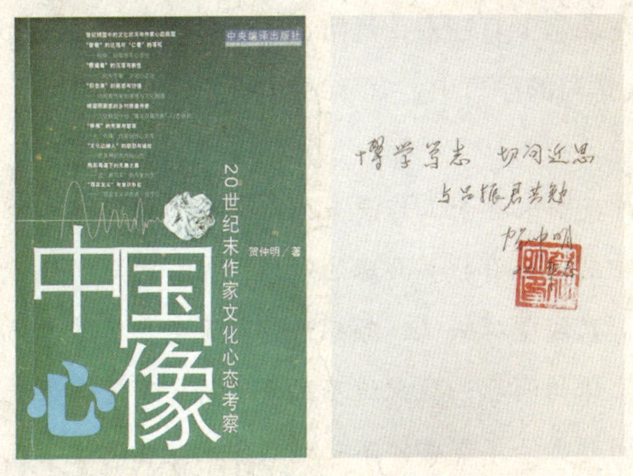

博学笃志，切问近思

——贺仲明《中国心像》

贺仲明教授是著名当代文学评论家，他1966年生于湖南衡东，1981年考入湖南师范大学中文系，毕业后回湘西一所中专任教，1994年又考入南京大学中文系，攻读硕士研究生和博士研究生，跟随叶子铭先生和丁帆先生研习中国现代文学。毕业后曾在南京师范大学、山东大学任教，现任暨南大学教授、博士生导师，兼任中国新文学学会副会长、《新文学评论》副主编等职。

2010年秋，贺老师从南京师范大学调到山东大学任教，而此时的我，也刚刚从青岛日报社考入山东大学中文系，攻读现代文学专业硕士研究生，贺老师在山大教的第一批学生，就是我们这一届研究生。从此便与贺师相识，几年来，无论是做人还是治学上，我都受益良多。

与贺师在课堂下有往来，是始于打乒乓球，贺师在给我的散文集《人间情怀》撰写的序言中，有详细的描述：

> 那时我刚来济南工作没多久，来往的朋友和业余生活都有限。特别是我有打乒乓球的习惯，但一时之间找不到合适的球友，只能望球兴叹，颇感遗憾与无奈。于是，第一次给研究生上课的间隙，我就迫不及待地将“有没有谁爱打乒乓球”的问题抛给了那些还不知道名字的学生。说实在话，看着全班仅有的三个男生，我是没有抱多大希望的。但让我有些意外也更感高兴的是，一个个子高高的、充满朝气又显质朴的男生积极地回应了我，他就是吕振。于是，只要没有其他的事，每周总有两个下午，我与他相约到山大洪家楼校区的大学生活动室，打上一个来小时的乒乓球。之后，又有作家刘玉栋加入进来。我们的乒乓球活动一直持续到一年多后，因为我搬了新居，距离洪家楼远了才作罢。可以说，吕振陪我度过了新到异地的一段寂寞时光。对此，我是颇为感念的。

其实，从贺师来看，我们一起打乒乓球，是陪他“度过了新到异地的一段寂寞时光”，但从我的角度来说，那更是好处多多：一方面每周两次的规律性运动，使我锻炼了体魄；另一方面，打球的间隙，与贺师谈文学艺术，聊社会热点，不经意间就获得了许多课堂上得不到的知识。

我手中这本《中国心像——20世纪末作家文化心态考察》，就是在一次打球结束后，贺老师赠予我的。他在前衬页上题签：“博学笃

志　切问近思　与吕振君共勉　贺仲明　2011年春”，并钤印。该书是贺老师在博士论文的基础上修改完成的，2002年5月由中央编译出版社出版。该书在世纪转型之际的文化背景下，专题讲述了几个作家群体的文化心态，如杨绛、孙犁晚年心态，“归来作家”文化心态，“知青作家”文化心态，“青年农裔作家”心态，“先锋作家”创作心态，王朔反传统心态，“新写实”作家创作论，“现实主义冲击波”创作论，“新生代”作家论等，20世纪后二十年中国作家的重要创作，几乎都被贺老师一网打尽。他力图通过个别反映一般，个人反映时代，使本书真正成为一个时代精神的缩影。

2013年上半年，我计划把自己十年来写的二十多万字的散文结集出版，想请贺师作序，为这本小书增光添彩。贺师不顾我是文坛无名之辈，欣然应允，几天之后即发来了两千七百多字的序言，文中回忆了我们之间的交往，并评价道：“我很看重我与吕振之间的情谊，也很看重吕振的为学和为人”，认为我的散文突出的特点是真诚，另外还有积极向上的朝气和独立思考的勇气。同时，贺师对于我未来的人生路，也提出了殷切的期望，他说：“吕振将要走上的工作岗位是党政机关，他肯定需要对自己作一些调整和改变。但我相信，他身上基本的品质，他的真诚、热情和向上的精神，是不会随着时间流逝而消失，是会与他人生的发展相始终的。那样，吕振的发展将不只是他个人的发展，更是一种精神的发展，能够更多地促进我们社会的发展——我们当前的中国，最需要的就是这种精神，我们的青年也最需要这样的品格。”这段论述，令我非常感动，就像鲁迅在回忆藤野先生时所说的那样，每当深夜疲倦，正想偷懒时，想起这些话，便使我忽又良心发现，而且增加了勇气，继续投入到紧张的工作和学习中去。

2014年国庆节期间，我和相恋多年的女友在山东莱芜举办婚礼，贺师不顾路途遥远，和师母一起从济南赶来参加我们的婚礼，给我和妻子当证婚人。在老师的见证下，我和妻子携手步入婚姻殿堂，感觉非常幸福。我在致祝酒词时说了三层感谢，一是感谢生养我的父母和亲人，二是感谢培养我的诸位老师，三是感谢支持我的五湖四海的朋友。我这一路走来，如果说做出了一点小小成绩的话，离不开多位如贺师一样的恩师给予我的无微不至的关爱和指导。

2015年，因为诸多原因，贺师离开山东大学，到广州暨南大学任教，而我在北京工作，一南一北，见面自然就少了，但依然保持着密切联系。2016年10月，贺师到天津南开大学参加纪念鲁迅逝世八十周年学术研讨会，顺道来京，那天晚上我们促膝长谈至深夜，聊中国当前学术研究现状，聊高等教育问题，他对我们这一届研究生毕业时没有一个人读博，没有一个人走上学术研究之路感到有些惋惜，他认为学生的底子都很好，还是老师引导得不够，博士生的就业状况堪忧也是一种客观制约因素。他知道前段时间我女儿出生，还专门给我妻子带来了桂圆，给我带来了茶叶，这再次让我对这份师生情满含感动。

这些年来，贺师不慕名利，默默耕耘，在20世纪中国乡土小说和当代作家评论领域，奉献了不少质量上乘的学术成果，出版了《中国心像——20世纪末作家文化心态考察》《喑哑的夜莺——何其芳评传》《真实的尺度》《一种文学与一个阶层——中国新文学与农民关系研究》《理想与激情之梦：1979—1992》《重建我们的文学信仰》等专著，在《中国社会科学》《文学评论》《文艺研究》等权威期刊发表论文近百篇，都在学界取得了良好反响。

中国现代文学研究会会长、南京大学丁帆先生对贺老师的学术研究有一个中肯的评价："他有了两个最基本、也是最重要的素质：首先，经过多年的学术积累，他在知识结构上完成了较为合理的布局，古今中外重要作家作品与思潮的知识储备，为他的理论遴选作出了殷实的铺垫；更为重要的是，他在治学思想与方法上都逐渐形成了自己一个较为稳固的体系，有独立的思考与判断能力，而不为时尚所左右。"

"不为时尚所左右"，这在贺师身上体现得非常明显。他做学问不求全面，但有侧重，从自己的兴趣出发，从学术积累出发，选择两三块芳草地，深深耕下去，就结出了喜人的硕果。他心很沉静，不愿意到处走穴参加研讨会，不跟风不逐利，和当代作家也适当保持距离，喜欢踏踏实实研究点问题，对作品评价客观公允，有好说好有坏说坏，不像有些评论家只讲一些"贴金子""抬轿子"的话。

贺师如今已到了做学问的黄金年龄，广东省也聘他做了"珠江学者"特聘教授，他对现当代文学研究还有很多想法，还有很多课题等待他去做，我热切地期盼着，贺师有更多有影响的学术成果，奉献给他所热爱的这方文学天地。

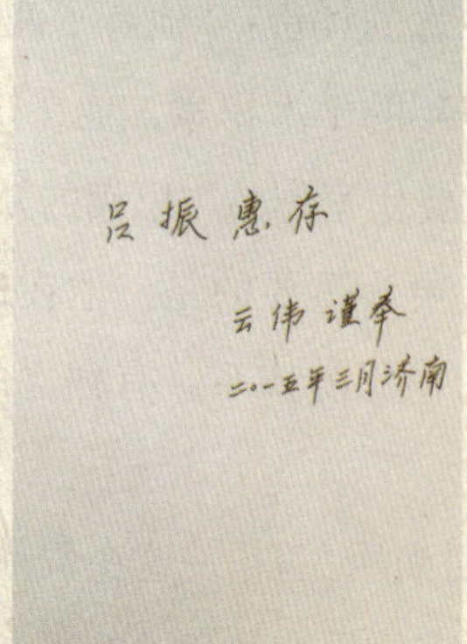

十年辛苦不寻常

——崔云伟《2001—2010鲁迅研究述评》

云伟师兄1974年生于山东邹平，高中毕业后考入青岛大学中文系读书，本科毕业后跟随刘增人先生攻读中国现代文学专业硕士研究生，博士就读于山东师范大学，导师是魏建先生。如今云伟兄在山东艺术学院任教，已在《鲁迅研究月刊》《文艺争鸣》等刊物发表了数十篇鲁迅研究论文，成为我国鲁迅研究界的学术新星。2014年，由他和张克主编的《70后鲁迅研究学人论文集》在上海三联书店出版。

这本《2001—2010鲁迅研究述评》，是崔云伟和老师刘增人合著，2014年12月由中国社会科学出版社出版。该书是对21世纪第一个十年鲁迅研究的系统述评，在充分占有第一手资料的基础上，描述出每一年度的鲁迅研究实际状况，并做出准确到位的评价。该书由十章组成，即2001年鲁迅研究述评、2002年鲁迅研究述评，一直到2010

年鲁迅研究述评。每一章又具体设置以下小节：鲁迅作品研究、鲁迅思想研究、鲁迅生平研究、鲁迅与翻译研究、鲁迅与学术研究、鲁迅与美术研究、鲁迅与教学研究、鲁迅著作出版研究、鲁迅资料研究、鲁迅研究之研究等，为众多鲁迅学人提供了一个很好的参考资料。

其实，要想写好述评，是很有难度的。其一，要做全面翔实的资料收集整理。一年两千多篇鲁迅研究论文，几十部鲁迅研究著作，光把这些挨个读一遍，就要花费巨大的时间和精力，任何的马虎粗心、偷工减料，都会造成纰漏。其二，需要准确深刻的理论评析能力。整体概述要高屋建瓴，有理论深度，具体评论要恰当确切，抓住要害，没有宏博的知识储备和较好的理论修养是很难做到的。其三，要有学术史的修养。年度性研究述评，不能就事论事，要从学术史的角度，以历时性的眼光和科学的比较方法进行解析。其四，要做到公平公正。对于评述者而言，要处理好亲属、师生、朋友、老乡等关系，不要存心照顾哪种关系，不要出于某种个人利益考虑，要实事求是，从文稿实际质量特色出发，一视同仁，决定取舍和评价分寸。

对于这个艰难的写作过程，崔云伟在后记中深有感慨："全书共有十章，一年一章，而写作时间也正好有十年之久。俗语云：十年磨一剑。我不知道我这把剑磨得怎么样，是闪着锐利的寒光，还是愚钝得连一块木头也砍不断。我只知道在这十年中，我已经倾尽了我几乎全部的心血。每次写作述评之先，我都感到一股沉甸甸的重压；每次写作完毕，我总感到像是解脱了一项极为沉重的劳役。丰收之后的喜悦也是有的吧？但是所感到的更多的还是惶惑与战栗。"

虽然云伟兄对自己的研究，还有不甚满意的地方，但不可否认的是，以崔云伟、邱焕星、袁盛勇、姜异新、鲍国华、朱崇科、符杰祥等为代表的一大批70后鲁迅研究学人，已经走在了学术前沿，以特有的学术个性和崭新形象，频频发出自己的声音。2014年《70后鲁迅研究学人论文集》出版时，原北大中文系教授、生于上世纪30年代末的钱理群先生曾撰文《"30后"看"70后"——读〈70后鲁迅研究学人论文集〉》，指出70后学人所作的三方面努力：一是寻找属于自己的走进鲁迅世界的方式，建立区别于前人的和鲁迅的新关系；二是对鲁迅研究界几乎已成"常识"的命题，进行新的观照与开掘；三是如何发挥自己这一代人的学术优势，以超越前人。同时，钱先生也指出了他们普遍存在的弱点：一是大部分作者运用西方思想资源来观照鲁迅，很少利用古代文化资源，古典文学修养相对不足；二是70后学人成长生存于学院里，如何"伸出头来"，看看外面的世界，如何建立和保持与底层社会的联系，还是一个有待解决的问题。

俗话说，念念不忘，必有回响。2016年初，1934年出生的著名鲁迅研究专家冯光廉先生出版了八十万言的《冯光廉学术自选集》，崔云伟随即撰写了一篇书评发表在《鲁迅研究月刊》上，题目是《70后看30后：我们这一代人的问题与盲点——由〈冯光廉学术自选集〉所想到的》。我认为，这既是一篇关于冯先生著作的书评，也是对钱先生那篇文章的一种回应。云伟兄在文中总结了70后学人存在的问题：一是很少考虑社会现实的需要，过于重视学术性而忽视现实感；二是普遍不够重视马克思主义文艺理论；三是普遍不够重视完整的体系和宏大的主题；四是在国学修养上一直没有大的补足和进步；五是基本史料的掌握和利用程度远远不够。这种深刻的自我反省、寻找差距，令人感动。

其实，学者的代际交替，正如春夏秋冬四季，各有各的特色，也各有各的不足。但与四季交替又有不同的是，学者的代际传承，是螺旋式上升的过程，前辈学者打好了基础，后辈学者就可以站在前辈学者的肩上，站得更高，走得更远，挖得更深。我把这本书放在最后一篇来介绍，也是想表达一种对学术界薪火相传、思想不灭的崇敬，一代代皓首穷经的知识分子，靠着为学界哪怕添加一砖一瓦的勇气和热情，建起了中华民族伟大的学术大厦，使五千年文明得以传承至今。

最后，依然用云伟兄在该书后记中的一段话，结束这篇文字："跋涉者永远在路上。仿佛鲁迅笔下那个荒野穿行的'过客'，一直踉踉跄跄地继续往前走。是的，要走下去，因为我自信还有一股刚刚上路时的激情和冲动，勇气和信心。"

后记

在小书前面，自己写了一篇序言，待写完书后，还有一些感想，于是就有了这篇后记。

本书的写作过程，是回溯历史、熟悉文学现场的过程。书中所记作家学者，有一半以上是现代文学史上的知名人物，他们大都生于晚清或民国，二三十年代走上文坛，新中国成立前已有大量作品问世。这代人大都命途多舛，在时代洪流的裹挟中走上文学之路，创作命运又与政治环境紧密相连。翻阅有关资料，渐趋感到历史愈加复杂，人物愈加立体，遮蔽的事情可以发掘，过去的经验应该借鉴。我们今天看到的他们，仅仅是一个远去的侧影，想做到全面客观公正地评价一个人、一件事，太难。他们的文学作品是否经典，学术研究是否高深，这并不是最重要的，重要的是，在那个开辟鸿蒙睁眼看世界的年代，有这么一群文化人，做出了自己的努力，留在了中国文学史上。

本书总字数只有二十余万字，但自古文人逸事，热闹有趣者多，真实可信者少，书中涉及百年来百位作家学者，参阅的各种资料就有两千余万字，其中甘苦，唯余自知。但即使如此，受本人学识和眼界所限，一些史料存在错误疏漏也

在所难免，对作家学者及其著作的评价，也是一己之见，期待读者批评指正。（我的邮箱是 wscdqmb@126.com）

另外，还要说一说签名本的真伪。任何事物一旦有了商业价值，就会产生赝品，签名本也是如此。我觉得，对签名本真伪的判断，有时候比书画鉴定还难。画家总想认真把画画好，可签名具有很强的随意性：有的签名是毛笔写的，有的是钢笔或圆珠笔；有的是朋友交流的精心之作，有的是书店签售的应景之章；有的作者签赠时身体康泰笔力雄健，有的作者签赠时久病在身字迹游离。这都是作家墨迹的不确定因素。所以签名本真假难辨，即使是同一个人，也会因时间、地点、心情的不同而出现风格迥异的笔迹，只能通过一些细节来做出判断，比如和该作家其他真迹比对字迹，比对印章尺寸和刻印功夫，刀痕凹凸点，书籍出版时间、版本和签赠年代，作者和受赠者之间的关系，以及作者和受赠者当时生活的城市，旧书购于哪个城市，等等。本书收录的一百册签名本，除作者签赠我本人，或者作者签赠别人、别人又转赠予我的之外，其他购入的签名本，我只能凭眼力去判断真伪，在此求教诸位方家，如发现哪些签赠之作疑似赝品，敬请赐教。

该书的大部分篇幅，都是我在上下班的途中，以及夜晚女儿熟睡后写成的。本书出版时，女儿刚满一岁。我的写作过程伴随着她的成长，她清澈的眼神，纯真的笑脸，让我觉得生活充满希望，这本书也算是送给她的一个小礼物。

感谢北京大学中文系范洪杰博士给予的学术支持，感谢著名作家关仁山先生题写书名，承蒙浙江文艺出版社的领导和编辑老师不弃，让这本钻故纸堆的小册子与大家见面，在这里衷心地感谢他们！

已过而立之年，懂得些许道理，事弗求备，心有定衡，不为名利所累，从容地做点自己喜欢的事，相信世间有真善美，足矣。

吕振

于丁酉炎夏

图书在版编目（CIP）数据

书人书事：我收藏的签名本 / 吕振著. —杭州：浙江文艺出版社，2018.5

ISBN 978-7-5339-5243-3

Ⅰ.①书… Ⅱ.①吕… Ⅲ.①作家—生平事迹—中国—现代 Ⅳ.①K825.6

中国版本图书馆CIP数据核字（2018）第051118号

书人书事——我收藏的签名本

吕振 著

责任编辑 陈 坚
装帧设计 水 墨
责任出版 吴春娟
封面题字 关仁山

出版发行 浙江文艺出版社
地 址 杭州市体育场路347号
邮政编码 310006
网 址 http://www.zjwycbs.cn
制 版 浙江新华图文制作有限公司
印 刷 杭州佳园彩色印刷有限公司
经 销 浙江省新华书店集团有限公司
开 本 880毫米×1230毫米 1/32
印 张 13.25
插 页 1
字 数 318千字
版 次 2018年5月第1版
印 次 2018年5月第1次印刷
书 号 ISBN 978-7-5339-5243-3
定 价 58.00元